주식 유튜버 **이상우**의

주식투자
끝장내기

주식 유튜버 **이상우**의

주식투자
끝장내기

| **초판** | 1쇄 발행 2019년 3월 27일 |
| | **5쇄 발행** 2021년 2월 15일 |

지은이	이상우
제작	장지웅
편집	이상혁, 이병철
마케팅	이승아
펴낸곳	㈜이상미디랩
인쇄	재능인쇄

출판등록	2018년 10월 23일(제2018-000139호)
주소	서울시 영등포구 여의나루로 60 여의도우체국 여의도포스트타워 14층
전화	02-6952-5622
FAX	02-6952-4213
이메일	esangbook@lsinvest.co.kr

| **정가** | 22,000원 |
| **ISBN** | 979-11-965244-2-5 (03320) |

주식 유튜버 이상우의

주식투자
끝장내기

이상미디어
LEESANG MEDIA CORPORATION

개미의 선구자,
개선 선생이 되기까지

주식이라는 것을 처음 알게 된 건 군대 있을 때입니다. 우연히 알게된 월가의 투자가 윌리엄 오닐을 통해서였죠. 윌리엄 오닐은 실적과 성장성 및 기술적 주식 차트 분석을 중요시 여기며, 엄청난 수익률을 보여준 투자가입니다. 제가 자칭 멘토라고 생각하는 사람이자, 가장 좋아하는 책인 『최고의 주식 최적의 타이밍』 저자이기도 하죠. 저는 이런 투자가가 되고 싶었습니다. 주식으로 윌리엄 오닐보다 더 훌륭한 투자가가 되고 싶었습니다.

그러나 주식을 어디서부터 어떻게 공부해야 할지 몰랐습니다. 그 당시 사회, 경제, 문화 등 어떤 분야든 관심있는 것이 없었죠. 요즘 언어로 이야기한다면 아싸(아웃사이더)였던 것 같습니다. 그러나 저는 한가지를 집중적으로 분석하는 것에 자신 있었습니다. 주식이 어떤 것인지는 몰랐지만 윌리엄 오닐이 어떻게 공부했고 어떻게 매매했는지 분석하며 쫓아가면 '나도 충분히 할 수 있지 않을까'라는 생각을 갖게 되었죠. 그래서 무작정 시작해보기로 결심했습니다. 그때 가장 먼저 한 것이 자격증 취득이었습니다. 증권투자상담사, 선물거래상담사, 금융자산관리사(증권FP), AFPK, 투자자산운용사까지 주식투자에 도움될 만한 자격증은 모두 취득했죠.

자격증 공부를 하면서 주식투자의 개념과 이론은 배울 수 있었지만 실전 매매를 하기엔 턱없이 부족했습니다. 그래서 '주식을 가장 많이 알고 있는 멘토들이 있는 곳으로 가자'는 생각으로 증권사에 입사하게 되었습니다. 증권사에는 유능한 선배님들이 많이 있었고 그분들의 노하우를 배우기엔 최적이었습니다. 호가창 보는 법부터 기본적인 차트 매매 방법, 기업탐방 및 기업분석 방법 등 자격증에서는 배울 수 없는 다양한 실전 매매 방법들을 체득할 수 있었죠.

그러나 그곳도 한계가 있었습니다. 저는 윌리엄 오닐처럼 성장주를 찾아내고, 수천 퍼센트의 수익을 내는 것이 목표였기 때문이죠. 증권사에서는 고객들에게 밋밋한 매매만을 이야기할 수밖에 없었습니다. 그 당시에는 하루에 수십 개의 상한가가 나왔으나, 제가 추천하는 종목에는 변동성이 작은 대형주만 있었던 거죠.

윌리엄 오닐처럼 더 많은 수익을 내는 방법을 찾고 싶었습니다. 주식 관련 책을 수백 권 넘게 읽으면서 그러한 니즈는 더욱 커져갔고, 증권사 영업맨으로서는 더 이상 불가능하겠다는 생각에 새로운 길을 찾기로 결심했습니다.
증권사를 나온 후에 개인적으로 사업 실패도 경험하고, 경제적으로 힘든 시기가 찾아오면서 주식을 더욱 열심히 공부해야겠다는 각오는 강해졌습니다. 윌리엄 오닐이 과거 패턴 분석을 통해 주식을 끊임없이 연구했던 것처럼 '역사는 반복된다', '동일한 형태는 몇 번이고 되풀이된다'는 생각으로 열심히 공부하고 배우기 시작했습니다.

하지만 혼자 공부하는 것에 한계를 느꼈고, 그때부터 숨은 고수를 찾기 시작했습니다. 여의도에서 진행되는 투자설명회에 참석하고, 전업하는 분들을 찾아가서 많이 만나기도 했습니다. '과연 주식공부를 한다고 투자 실력이 늘어날까?', '주식을 제대로 배울 수 있는 곳이 있을까?', '내가 지금 혼자 이렇게 공부하는 것이 의미가 있을까?'라는 생각이 들었죠. 그래도 제가 할 수 있는 것은 이것이 최선이었습니다.

그러다가 우연히 전문가들이 개인 방송으로 주식 정보를 제공하는 업체들을 알게 되었고, 그 곳에선 주식을 더 잘 배울 수 있을 것이라는 기대감을 갖고 증권정보 제공 회사에 입사를 했습니다.

처음 입사하자마자 정말 깜짝 놀란 것은 당일 추천해서 당일 상한가 수익을 내는 것이었습니다. 그리고 그 다음 날 추가 상승이 나와서 2~3일에 몇십 퍼센트씩 수익 내는 것을 직접 눈앞에서 보자마자 '바로 이거다!' 싶었습니다. 이전에 증권사에서 일했을 때와 혼자 책으로 공부했던 것과는 완전 다른 세상이었죠. 전문가들 중에는 전업으로 투자하는 분들부터 다양한 방법으로 주식을 터득한 분들이 모여 있어서 많은 기법과 투자 노하우를 배울 수 있었습니다.

이때 당시 정말 죽기살기로 주식을 공부했던 기억이 납니다. 매일 퇴근 후 2~3시간씩 그날 전문가들이 매매했던 리딩 과정을 전부 복기했습니다. 주말에는 도서관에 가서 주식 관련 서적을 읽고 나만의 투자방법을 연구했죠. 이미 그전에도 꾸준히 공부를 했었지만 그때는 알 수 없었던 작전주, 급등주, 세력주 등을 매매하는 방법을 하나둘씩 깨닫게 되었습니다. 결국 저도 전문가로 입문하였고 급등주 찾는 법을 연구하며 주식 리딩을 시작했습니다.

저는 주식을 연구하면서 '최소 300% 이상, 최대 1000% 넘는 급등주를 초입에 찾아내자!', '분명 과거 상승 종목의 패턴을 분석하면 그 방법을 찾을 수 있지 않을까?' 생각했습니다. 그러면서 바닥주 매매방법이나 칠삼기법, 파동매매, 심리매매, 스토리매매, 역발상매매, 역망치결합, 옷걸이기법, 삼삼기법 등을 만들게 되었습니다.

주식은 훈련이다!

주식은 참 매력적인 재테크 방법입니다. 20년 전보다 삼성전자는 30배 이상 올랐고 셀트리온은 불과 10년만에 30배 이상 상승했으며, 신라젠도 14배, 한미약품, 영진약품, 에이치엘비도 10배 이상 상승했습니다. 많은 종목들이 상상도 못할 만큼 상승했죠. 그런데 수많은 사람들은 주식으로 정말 힘들게 일해서 번 돈을 게임머니 잃듯이 손해를 보고 있습니다.

왜 개인투자자들만 손해를 보고 주식시장을 떠날까요? 한국 증시를 보고 있으면 화가 나는 것이 외국인들과 기관들은 다양한 정보 매매와 리서치, 공매도 등을 활용해 개인투자자들보다 더 좋은 수익을 내고 있다는 것입니다. 왜 개인투자자들은 큰 폭락이 나올 때 역발상 매수를 하지 못하고 증시가 고점에 있을 때 적극적으로 매수해서 손해를 보는 걸까요?

제 주변에도 주식을 하는 지인들이 많이 있습니다. 저에게 찾아와서 늘 '주식을 어떻게 하면 잘 할 수 있느냐'라고 묻습니다. 저는 그런 지인들한테 '공부'하라고 이야기합니다. 그것도 단순 공부가 아니라 '훈련'을 받아야 한다고 이야기하죠. 골프도 처음 칠 땐 자세 하나 잡는데 많은 시간이 들어갑니다. 몸에 힘을 빼는 데만 2년 넘게 걸리죠. 주식은 더 많은 시간과 노력이 필요합니다.

빠른 대응, 매매에 대한 확신, 심리적 안정, 그리고 자신만의 철학을 가지려면 꾸준한 공부와 훈련이 필요합니다.

주식투자에 성공하기 위해 필요한 것은 '좋은 머리'가 아니라 '합리적 사고'와 '해석력' 그리고 '훈련된 대응법'이다!

그렇다면 경제학을 전공하거나 자격증이 많거나 똑똑한 사람이 과연 주식을 잘할까요?

인류 최고의 물리학자 아이작 뉴턴도 거품증시에서 돈을 잃었다는 일화처럼 주식은 머리가 똑똑하다고 잘하는 것은 아닙니다. 워런 버핏이 주식을 잘하기 위한 조건으로 '합리적인 사고'를 꼽았지만 저는 두 가지가 더 필요하다고 생각합니다.

주식투자에 성공하기 위해 필요한 것은 '좋은 머리'가 아니라 '합리적 사고'와 '해석력' 그리고 '훈련된 대응법'입니다.

지금은 합리적 사고만으로 미래의 주식을 예측하거나 대응하기 어려운 상황입니다. 경제 분석, 산업 분석, 종목 분석을 아무리 하더라도 외국인투자자의 수급, 알 수 없는 정보, 대중들의 기대감, 실망감과 같은 심리적 원인으로 주식이 움직이는 시대이기 때문입니다.

해석력은 '정보의 해석력'을 말합니다. 주식시장에는 정말 많은 정보가 있지만 그 정보를 어떻게 해석할 수 있느냐, 이 정보가 과연 기업에 어떠한 영향을 끼치며, 장차 실적에는 어떤 영향을 주느냐와 같은 해석력이 중요한 상황이 된 것이죠.

그리고 또 한가지 중요한 것은 '대응법'입니다. 아무리 합리적 사고를 하고 정보를 잘 해석해도 포트폴리오 계좌 관리가 안 되거나, 매매에 대한 훈련이 되어 있지 않아 타이밍을 놓친다면 다 잡은 물고기를 놓치는 것과 같죠.

17년간의 주식투자 비기를 한 권에 담다

'주식을 공부하고 주식을 훈련하자! 좋은 멘토가 코칭해준다면 충분히 주식도 쉬워질 수 있고 대응법도 배울 수 있을 것이다! 그렇다면 개인투자자들의 손해가 줄어들고 수익 낼 확률이 더 높아지지 않을까?'라는 생각으로, 나양한 주식 콘텐츠를 만들어 개인투자자들에게 전달하기로 결심했습니다.

그 첫 번째 시작은 초보 투자자를 위한 주식 투자서 집필이었습니다.
이제 막 주식을 시작하는 개인투자자들의 길라잡이가 되어줄 『이상하게 쉬운 주식』을 출간하였습니다.
그 두 번째 시작은 바로 이 책, 『주식 유투버 이상우의 주식투자 끝장내기』입니다.
'이상투자그룹이 갖고 있는 모든 주식 노하우를 개인투자자들에게 아낌없이 알려주자!'는 뜨거운 마음으로 이 책을 집필하였습니다. 제가 17년간 쌓아온 주식투자 비기를 한 권에 모두 담았습니다.
책 출간과 함께, 세상에 없는 온라인 주식 스쿨인 '이상스쿨'을 오픈하여 어디서나 쉽고 편하게 주식 강의를 들을 수 있도록 했습니다.

본 책은 이상스쿨에서 초급 강의 교재로 사용되는 『이상하게 쉬운 주식』보다 조금 더 실전 매매에 적합하게 쓰여졌고, 실전에 도움이 될 수 있도록 절대매매 Tip을 상당히 많이 수록하였습니다.
이 책의 내용만 잘 숙지하고 암기해도 주식투자에서 성공할 수 있도록 짜임새 있게 구성했습니다. 특히 저의 스승이자 멘토인 윌리엄 오닐이 강조한 것처럼 주식 차트 분석 파트인 'PART 5 매수하기 [기술적 분석편]'과 'PART 6 매수하기 [보조지표편]'은 많은 시간을 할애하며 심혈을 기울여 작성했습니다. 또한, PART 7에는 최근 바뀐 제도로 인한 'VI 매매 방법'을 수록했습니다. 특별부록에서는 '급등주 찾기 훈련 차트 50선'을 수록하여 차트 훈련을 강화하였습니다. 예쁜 차트를 많이 봐야 급등주를 잘 찾을 수 있다는 것을 명심하고 차트 모양을 반복해서 보기 바랍니다. 또한, '고수의 실전 검색기 15개'도 수록하여 실전 투자방법을 극대화하였습니다.

이 책은 이상스쿨에서 중급 강의 교재로 사용되고 있습니다. 이상스쿨 중급 동영상 강의와 함께 보며 한층 더 깊이 있는 주식 공부와 훈련을 하시기를 권합니다.

마지막으로 『이상하게 쉬운 주식』 집필에 큰 도움을 주신 변원규 전문가님과 『주식투자 끝장내기』로 인해 밤낮없이 고생한 최준식 전문가님에게 감사의 뜻을 전합니다.

여러분이 주식 고수로 거듭나는 그 날까지, 저는 늘 곁에서 함께 달리겠습니다.

저자 이상윤

이렇게 활용하자!

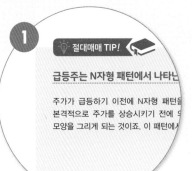

①

절대매매 TIP!

급등주는 N자형 패턴에서 나타나

주가가 급등하기 이전에 N자형 패턴을
본격적으로 주가를 상승시키기 전에 의
모양을 그리게 되는 것이죠. 이 패턴에서

절대매매 Tip!

실전 매매에 적용할 수 있는 팁을 알려
드립니다.

개선 선생이 알려주는 절대매매 팁으로
직접 수익을 올려보세요!

②

개선 선생의 꿀팁!

PER과 같이 자

주식 관련 정보를
PBR과 같은 투자
데이터를 반영하

따라서 하나
어떻게 반

꿀

개선 선생의 꿀팁!

개미의 선구자! 개선 선생만의 꿀팁을 알려
드립니다.

고수는 투자에 대해 어떤 생각을 가지고
있는지, 실전 매매에서 강조하는 부분은
무엇인지 확인해보세요!

③

개선 선생의
TOP
시크릿

폭등주는 역비

역배열 초기

240일 이동평균선
120일 이동평균선
60일 이동평균선

개선 선생의 TOP 시크릿

개선 선생의 숨겨왔던 절대 비기를 담았
습니다. HTS의 숨은 기능부터 실전 매매를
끝장낼 수 있는 강력한 매매 도구까지 모두
전달해드립니다!

오직 이 책에서만 확인할 수 있습니다.

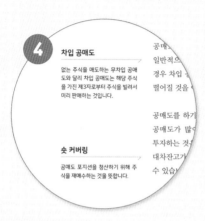

필수 용어 설명

어려운 주식 용어들을 쉽게 설명하였습니다.

굳이 주식 용어 사전을 찾지 않아도 이 책 안에서 모든 내용을 이해할 수 있습니다.

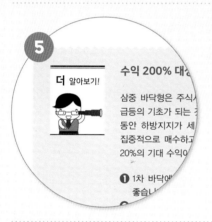

더 알아보기

앞에서 다룬 내용과 관련하여 추가로 알아야 할 사항들을 정리하였습니다.

심화 내용을 공부하여 주식 고수가 되기 위한 발걸음을 한발짝 내딛어 보세요.

QR코드로 강의 시청

책의 내용과 관련된 이상투자그룹 유튜브 강의를 바로 확인할 수 있도록 QR코드를 수록했습니다.

이상투자그룹 최고의 전문가들이 알려주는 주식 강의를 QR코드로 쉽고 간편하게 시청해보세요.

(QR코드로 영상 보는 법은 'QR코드로 유튜브 강의 보는 법(p.12)'에서 확인할 수 있습니다.)

QR코드로 유튜브 강의 보는 법

이상투자그룹 최고 전문가들의
유튜브 동영상 강의를 QR코드로 쉽게 확인!

3대 일간지가 선정한 최고의 주식정보업체!

• 조선일보, 동아일보가 인정한 2018 올해의 브랜드 대상 수상
• 중앙일보가 인정한 2019 소비자 선정 최고의 브랜드 대상 수상

이상투자그룹 최고의 주식 전문가들이 알려주는 유튜브 동영상
강의를 바로 확인할 수 있도록 QR코드를 수록했습니다.

아래 방법을 따라해서 최고 전문가들의 유튜브 강의를 확인하세요.

① 챕터마다 수록된 QR코드를 확인합니다.

네이버나 다음 앱에서 검색 창 우측 끝 옆쪽에 설정 버튼을 클릭하면 QR코드를 인식할 수 있는 메뉴가
나옵니다.

해당 앱을 사용하지 않는 분들은 플레이스토어(안드로이드 스마트폰)나 앱스토어(아이폰)에서 'QR코드'를
검색하시면 QR코드를 인식할 수 있는 여러 가지 앱(ex. QR코드 리더)이 나오니 다운로드 받아 사용해 주세요.

② **스마트폰으로 QR코드를 인식합니다.**

그 다음에 카메라 렌즈를 도서에 수록된 QR코드에 가까이 대면 카메라가 QR코드를 인식합니다.

인식이 완료되면 화면 상단에 링크를 누를 수 있는 알림 창이 뜨고, 해당 알림 창을 터치하면 영상을 볼 수 있는 화면으로 넘어갑니다.

③ **주식강의 무료로 즐기세요!**

QR코드로 이상투자그룹 최고 전문가들의 유튜브 강의를 시청하여 주식을 좀 더 쉽고 재밌게 공부해 보세요. 여의도 최고의 전문가인 개미의 선구자! 이상우 수석 애널리스트의 주식강의를 모두 무료로 확인할 수 있습니다.

그리고 유튜브에서 '이상투자그룹' 검색 후 구독하기 버튼을 누르면 매일 업데이트되는 최고 전문가들의 종목 분석과 주식 강의를 무료로 시청하실 수 있으니 꼭 구독해보세요!

PART 01 에서는 …

본격적으로 주식투자에 나서기 전에, 그동안 많은 투자자분들이 주식투자에 대해 가졌던 궁금증을 하나씩 파헤쳐 볼 예정입니다. 또한, 모든 일은 마음먹기에 달려 있다고 하죠. 어떤 마음가짐으로 주식투자를 시작해야 하는지도 함께 알아보겠습니다.

PART

01

스마트한
주식투자의 첫걸음

CHAPTER 01

주식투자, 그것이 알고싶다

– 양봉이, 음봉이, 개선 선생이 입장하셨습니다. –

음봉이

주식투자를 제대로 한 번 시작해보고 싶다는
생각이 들어요!

양봉이

주식투자는 똑똑한 사람들만 하는 것
아닌가요?

개선 선생

그렇지 않아요. 누구나 성공할 수 있습니다.

음봉이

주식에 대해 궁금한 게 너무 많아요!

개선 선생

저만 믿고 따라오세요! 여러분의 주식투자
궁금증에 대해 빠르게 답변해 드릴게요!

1. 주식투자 스피드 Q&A

Q1 주식투자는 학벌이 좋지 않아도, 똑똑하지 않아도 성공할 수 있을까?

많은 사람들이 막연히 주식은 어렵다고 생각하고 접근하지 않습니다. 주식투자를
하기 위해서 진입장벽이 있는 것은 사실이죠. 그러나 그 장벽은 그렇게 높지도
않을 뿐더러, **주식투자가 무언가 특별한 재능을 필요로 하는 일도 아닙니다.**
우리나라에서 좋은 대학 출신, 저명한 경제학 교수들 중에 주식투자로 큰 성공을
이룬 사람을 찾기가 어려운 것만 봐도 쉽게 알 수 있죠.

이처럼 타고난 머리나 좋은 학벌이 투자 성과를 좌우하지 않는다는 것을 알 수 있는 대표적인 사례가 바로 **월가의 터틀 트레이더 실험**입니다. 이는 30여 년 전, 트레이딩계에서 엄청난 유명세를 누리던 리처드 데니스의 이야기입니다.

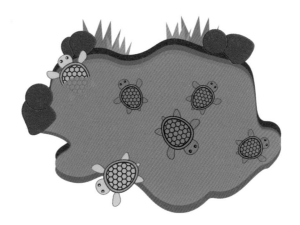

그는 싱가폴의 한 거북이 농장을 방문했을 때 '거북이를 키우듯, 트레이더도 키울 수 있다'라는 생각을 하게 됩니다. 이에 대해 친구와 가벼운 내기를 했죠. 학생, 주부, 엔지니어, 배관공, 농부, 변호사 등 다양한 직업에 종사하던 13명을 선발하여 2주 정도 훈련을 시켰습니다. 훈련이 끝난 후 트레이더들에게

3000만 달러(약 341억원)의 자금을 지원해주고 매매 일지를 작성하도록 했습니다. 이후 3년만에 1,874%의 수익률을 올리며 원금을 5억 달러(약 5687억원)로 불려 시장을 놀라게 했습니다.

이 이야기를 통해 주식투자는 타고난 재능과 머리보다는 후천적 노력이 더 큰 영향을 미친다는 것을 알 수 있습니다. 여러분도 지금부터 하나씩 잘 배워나간다면 성공적인 투자자로 거듭날 수 있을 것입니다.

Q2 주식투자로 과연 큰돈을 벌 수 있을까?

주식투자는 넓은 의미에서 보면 제로섬 게임입니다. 장기적으로는 참여자 모두가 돈을 벌 수 있는 시장이지만, 단기적으로는 누군가의 수익이 또 다른 누군가의 손실로 이어지기 때문이죠. 주식시장은 총성 없는 전쟁터와 같습니다. 아무 준비 없이 주식시장에 출전한다면 경쟁자와의 전투에서 질 것입니다.

따라서 전쟁을 치른다는 마음으로 단단히 무장하고 준비하는 자만이 큰돈을 벌 수 있는 것이죠. 본서를 통한 올바른 주식 공부가 여러분의 강력한 무기가 되어줄 것입니다.

Q3 직장을 다니면서 주식투자를 할 수 있을까? 수익을 낼 수 있을까?

많은 사람들이 직장을 다니면서 주식투자를 하기 어렵다고 생각합니다. 그러나 직장인이 오히려 자영업자나 다른 사람들에 비해 더 큰 이점을 가지고 있습니다. 이는 해당 산업에 대한 이해가 뛰어나기 때문입니다. 예를 들어 화장품 회사에서 근무하고 있는 사람은 화장품과 관련된 기업에 투자할 때 정보의 해석력에서 큰 이점이 있는 것이죠. 이를 잘 활용한다면 전문투자자 못지 않은 수익률을 올릴 수 있습니다.

또한, 직장 생활 때문에 장 중에 매매하기 어렵더라도 시간외거래와 **트레일링 스탑, 로스컷 주문** 등을 활용해 얼마든지 매매할 수 있습니다.

Q4 신도 모르는 주식의 방향성을 과연 예측할 수 있을까?

주식이 오르고 내릴지에 대한 방향성은 누구도 정확하게 예측할 수 없습니다. 그러나 주식투자는 확률게임과 같아서, 50% 이상의 확률로 상승할 종목을 맞춘다면 돈을 벌 수 있죠. 그래서 우리의 목표는 70 ~ 80% 정도의 확률로

트레일링 스탑/로스컷 주문

HTS에서 주식을 주문하는 방법입니다. p.34 '개선 선생의 TOP 시크릿'에서 자세히 알아보겠습니다.

상승 종목을 맞추는 것입니다. 만약 목표를 달성한다면 10종목 매수 시 7 ~ 8종목에서 수익을 낼 수 있겠죠. 하지만 예측은 항상 빗나갈 수 있기 때문에 이를 대비하면서 주식투자에 임한다면 결코 손해보지 않을 것입니다.

손익비가 높은 자리, 확률을 올리는 방법 등은 PART 2에서 좀 더 자세히 알아보겠습니다.

Q5 주식투자 공부는 얼마나 해야 할까? 어떻게 해야 할까?

우리나라 사람들이 특히 많이 가지는 궁금증이죠. 주입식 교육에서는 공부해야 할 범위가 정해져 있고, 이를 통해 학습 소요 시간을 계산할 수 있습니다. **그러나 주식투자 공부는 학문이라기보다는 기술을 연마하는 것에 가깝습니다.** 1년, 2년만 해도 곧잘 하는 사람들이 있는가 하면, 10년을 넘게 해도 여전히 큰 손실을 입고 힘들어하는 경우도 있죠.

이러한 차이를 만드는 주요한 요소는 바로 **집중력**과 **멘토**입니다.

온종일 주식공부만 하는 사람은 그렇지 않은 사람에 비해 조금 더 빨리 익힐 확률이 높겠죠. 그래서 여유 시간이 부족한 직장인이라도 처음 주식을 공부할 때는 하루에 최소 2시간씩 해야 합니다.

다음으로 중요한 요소는 바로 멘토입니다. 여기서 **멘토는 사람뿐만 아니라 책, 인터넷 등 주식에 대해 배울 것이 있는 모든 콘텐츠를 말합니다.** 만약 멘토를 책으로 정했다면 많은 주식 책 중 자신과 맞는 책을 발견할 수 있을 것입니다. 그러면 그 책을 깊이 있게 공부해서 확실히 자기 것으로 만들어야 합니다. 주식투자는 교양지식을 쌓듯이 공부하는 것이 아니라 전문서적 내용을 하나씩 이해하고 넘어가듯 공부해야 합니다. 다양한 콘텐츠로 기반을 탄탄하게 다져놓으면 실제 주식투자를 할 때 큰 도움을 받을 수 있을 것입니다.

ⓠ6 주식투자는 많이 알수록 성공할 확률이 높을까?

'아는 것이 힘'이라는 말은 주식시장에서도 통용됩니다. 즉, 아는 만큼 보이고, 보이는 만큼 수익을 낼 수 있다는 것이죠.

그러나 주식투자와 관련된 지식과 정보가 모두 수익으로 이어지는 것은 아닙니다. **주식투자는 투자자의 감정과 심리처럼 재무적으로 연결되어 있지 않은 부분들이 투자 성과의 대부분을 좌우합니다.** 또한, 주식시장에서는 이러한 변수를 이겨내는 다양한 경험도 중요한 요소입니다.

이처럼 주식투자를 하기 위해서는 신경써야 할 요소들이 많습니다. 공부부터 시작해 감정관리와 전략수립까지 말이죠. 모두 쉽지 않은 과정이지만 이를 잘 해낸다면 그 과실은 어느 무엇과도 비교할 수 없을 정도로 달콤할 것입니다.

Q7 왜 개인투자자는 손해만 볼까?

여러 뉴스기사나 통계에서 개인투자자 대부분이 손실을 보고 있다는 내용을 쉽게 확인할 수 있습니다. 이는 안타깝지만 사실입니다.

왜 개인투자자는 손해만 보는 걸까요? 그 이유는 크게 3가지로 나눌 수 있습니다. **첫째, 소문에 의한 매매를 하기 때문입니다.** 많은 투자자들이 종종 확인되지 않은 뜬소문에 의지하여 과감한 투자를 합니다. 그러나 이는 곧 큰 손실로 이어지기 십상입니다. **둘째, 주식투자에 대한 공부와 마인드 부재입니다.** 주식투자에 대한 지식도 없고 공부하려는 의지도 없는 채로 주먹구구식으로 투자를 시작하는 경우가 많은 것이죠. **마지막으로 제대로 공부를 한 투자자라고 하더라도 욕심이나 공포 등의 감정에 휩싸여 감정적으로 매매하기 때문입니다.**

꾸준한 주식투자 공부와 올바른 마인드 정립, 그리고 감정조절만 잘 한다면 개인투자자도 얼마든지 주식투자로 수익을 낼 수 있습니다.

Q8 단타가 좋을까? 매집(장기투자)이 좋을까?

단타나 매집 둘 중에 어느 것이 더 뛰어나다고 말할 수는 없습니다. 이는 투자자의 선호도에 따라 결정되기 때문이죠. 다만 단타는 많은 시간을 주식투자에 할애해야 하고, 매집에 비해 높은 위험을 가지고 있습니다. 반면 매집은 단타에 비해 많은 시간을 할애하지는 않지만, 기다림이 필요하죠. 그래서 개인의 환경과 성향에 따라 자신의 업이 바쁘고 여러 할 일이 많은 사람은 매집을 택하고, 좀 더 빠른 수익을 원하는 사람은 단타를 선택하는 것입니다.

주식투자할 때 가장 중요한 것은? 기본적 분석 vs 기술적 분석 vs 마인드

주식투자를 하다 보면 여러 투자자들과 의견을 공유할 기회가 많습니다. 투자자들이 중요하게 생각하는 부분은 각기 다른 경향을 보입니다. 어떤 투자자는 가격이 모든 것을 담고 있기 때문에 차트 분석, 즉, 기술적 분석이 중요하다고 이야기합니다. 또 다른 투자자는 이익을 창출하는 것이 기업의 존재 이유이기 때문에 기업의 가치를 분석하는 기본적 분석이 가장 중요하다고 이야기하죠. 혹자는 주식을 대하는 마인드가 가장 중요하다고 말합니다.

사람들은 각자가 중요하게 생각하는 잣대로 평가하고, 이견들은 배척하는 경향이 있습니다. 기본적 분석가는 지나간 자료로 미래 가격을 분석하는 기술적 분석가를 비판합니다. 반면 기술적 분석가는 수요와 공급의 중요성을 모르고 기업가치만 보는 기본적 분석가를 비판하죠. 하지만 현명한 투자자라면 어느 한쪽을 배척해서는 안 됩니다. 기본적 분석, 기술적 분석, 마인드 등 주식투자에 도움이 되는 부분이 있다면 얼마든지 가져와 자신의 장점으로 소화할 수 있어야 합니다.

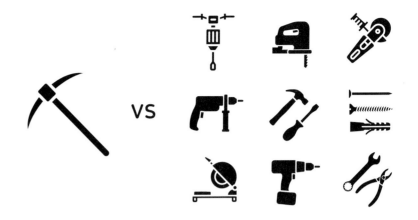

하나의 도구만 다루는 사람과 여러 개의 도구를 자유자재로 다룰 줄 아는 사람은 결과적으로 큰 차이가 날 수밖에 없습니다. 어느 분야를 가더라도 말이죠. 따라서 **유연하게 각각의 필요성과 장점을 살려 주식투자에 잘 적용해야 합니다.**

Q10 한국은 왜 기술적 분석을 경시하고 제대로 가르쳐주지 않을까?

금융시장의 역사가 오래된 미국과 일본은 기술적 분석의 유용성을 일찍부터 깨닫고 이를 체계적으로 교육하여 유명한 기술적 분석가를 많이 배출했습니다. 하지만 한국은 글로벌 투자 시장의 판도가 변하고 헤지펀드가 높은 수익률을 기록하는 최근에서야 기술적 분석의 유용성에 대해 논의하기 시작했습니다. 그러다보니 기술적 분석에 대해 제대로 배울 기관이나 환경조차 조성되기 힘들었죠.

그러나 주식투자에 있어 기술적 분석은 반드시 숙지해야 합니다. 그동안 기술적 분석을 배척해왔던 투자자분들도 꼭 배워야 합니다. 기술적 분석은 기본적 분석에 비해 쉽게 배울 수 있습니다. 또한, 가격이 존재하는 시장이라면 어디에나 적용할 수 있을 만큼 확장성도 넓습니다. 특히 주식시장처럼 많은 이들이 거래하는 시장이라면 소수의 투자자에 의해 가격이 쉽게 왜곡되지 않기 때문에 신뢰도가 높은 분석 방식이므로, 꾸준히 학습하여 매매에 꼭 활용하세요.

Q11 테마주는 실체가 없고 위험하다고 하는데 매수해도 될까?

테마주는 기업 실적보다는 투자자들의 기대감으로 주가가 움직이게 됩니다. 그래서 시장의 흐름을 읽고 빠르게 대응할 수 있다면, 투자 기회로 활용할 수 있습니다.

그러나 무작정 테마주를 매매해서는 안됩니다. 테마 종목은 다른 종목들에 비해 가격 변동폭이 크며 예상치 못한 움직임을 보이기 때문이죠. 따라서 사전에 **해당 테마에 대해 충분히 조사를 한 후 종목별 대응전략까지 세우고 매매에 나서야 합니다.** 이렇듯 테마주 매매는 잘 이용한다면 유용하지만 조심하지 않는다면 손실을 볼 수 있습니다. 날카로운 양날의 검 같은 것이죠.

Q12 계란을 한 바구니에 담지 말라?

주식투자를 하는 사람이라면 '계란을 한 바구니에 담지 말라'라는 말은 한 번쯤 들어보았을 것입니다. 한 바구니에 계란을 다 담았다가 떨어지면 모든 계란이 깨지기 때문에, 이를 피하기 위해 여러 바구니에 나눠 담아 놓으란 뜻이죠. 즉, 한 종목의 주가 하락을 대비해 여러 종목을 매수하라는 것입니다. 그렇게 되면 떨어지는 종목이 있는 반면, 오르는 종목도 있기 때문에 전체 자산의 위험도가 줄어들게 되는 효과를 가져옵니다. 이를 **분산투자**라고 합니다. 오늘날 주식시장에서도 분산투자는 유효한 전략입니다. **분산투자를 통해 전체 투자 위험을 줄이는 일이 장기적으로 좋은 투자 성과를 내는 데 가장 중요한 요소입니다.**

그러나 분산투자 전략이 모든 상황에 적절한 투자방법은 아닙니다. 분산투자 효과를 제대로 누리려면 최소 10종목에서 많게는 30종목까지 보유해야 합니다. 그렇기 때문에 **투자금액이 적은 사람은 제대로 된 포트폴리오를 구성하기도 힘들뿐만 아니라 기대 수익률도 낮아지게 됩니다.**

주식투자 자금이 2억원 ~ 3억원 이상이라면 당연히 분산투자하는 것이 맞습니다. 하지만 5천만원 ~ 1억원 이하의 투자금을 가진 경우라면 많은 종목을 매수하는 것보다는 투자자 자신이 잘 아는 종목이나 오랜 시간 분석한 3 ~ 5종목에 집중투자하는 것이 좋습니다. 이후에 **투자자금이 늘어남에 따라 분산투자로 바꾸어나가는 것이 적절합니다.**
분산투자 전략에 대해서는 PART 8에서 자세히 알아보겠습니다.

Q13 왜 한국사람들은 주식투자를 하지 말라고 할까?

한국사람들이 주식투자를 하지 말라고 이야기하는 데는 시기적인 경험이 주요하게 작용합니다. 국내 투자자들은 과거 1997년 IMF, 2004년 카드사태, 2007년 서브프라임 등 최근 20년 내에 여러 번 주식시장 폭락을 경험했죠. 당시에 제대로 된 위험관리 방법을 알고 주식투자를 한 사람들은 극소수 였습니다. 그렇기 때문에 주식시장 폭락에서 살아남지 못하고 대다수의 사람들이 떨어져 나오게 된 것이죠. 그런데, 아이러니하게도 그 시기에 떨어진 주식을 사서 큰돈을 번 사람도 상당수 있었습니다. 위험관리에 대한 필요성과 활용 방법을 아는 투자자들이었죠.

위기란 누군가에겐 위험이지만 누군가에겐 기회입니다. 앞으로도 주식시장에 위기가 오지 말라는 법은 없습니다. 그래서 언제든 폭락에 대비한 위험관리가 이루어져야 합니다.
위험관리는 PART 8에서 자세히 알아보겠습니다.

Q14 심리매매란 무엇인가?

심리매매란 일반적으로 알려진 기본적 분석 혹은 기술적 분석이 아닙니다. **주식시장에서 투자자들이 가지는 보편적인 심리, 즉, 군중심리를 역으로 이용하는 매매전략입니다.** 이를 다른 말로는 **역발상 투자**라고도 합니다.

주가 하락으로 많은 사람들이 공포감을 느낄 때 매수를 하고, 주가 상승으로 많은 사람들이 환희에 차있을 때 매도하여 시장을 떠나는 전략이죠. 이러한 심리매매는 인간의 본성을 거스르는 방법이기 때문에 행동으로 옮기기 쉽지 않습니다. 그렇지만 과감히 실천에 나선다면 좋은 투자전략이 될 수 있습니다. 심리매매에 대해서는 PART 2에서 자세히 알아보겠습니다.

Q15 상한가 따라잡기 해야 할까?

주식투자를 하다 보면 '상따(상한가 따라잡기)'라는 말을 접할 수 있습니다. 이는 상한가에 들어간 종목을 매수하는 것을 말합니다. 일반적으로 하루 가격 제한 폭인 30%까지 주가가 움직인다는 것은 주식시장에서 많은 사람들의 관심을 받고 있는 종목이겠죠. 따라서 30%까지 상승한 종목은 그에 합당한 이유가 있다고 생각하여 추가 상승을 기대하고 매수하는 방법입니다.

과거 상한가가 15%일 때는 당일 상한가 간 종목이 다음날까지 추가 상승을 이어갈 가능성이 높았습니다. 그러나 가격 제한 폭이 30%로 변경되고 난 이후에는 전일 상한가에 들어간 종목이 다음 날 바로 이어서 상승하는 경우는 흔치 않습니다. 그래서 다음 날까지 상승세가 이어질 것으로 기대하고 상한가 간 종목을 매수했으나, 당일 주가 하락으로 큰 손실을 보기도 하죠. 일부 다른 투자자는 '상한가 종목은 쳐다도 보지 마라'고 이야기하기도 합니다.

그러나 이러한 상한가 종목도 잘 활용한다면 얼마든지 투자에 도움이 되는 정보를 얻을 수 있습니다. 이를 **상한가 분석**이라고 말합니다. 상한가에 들어간 종목들은 비슷한 종목들이나 섹터 전반으로 기대감이 번져 동반 상승의 형태로 나타나기도 하며 하나의 트렌드가 되기도 합니다. 따라서 **상한가에 들어간 종목을 매수하기보다는 그 이유를 잘 분석하여 그 속에서 주식투자에 도움이 되는 단서를 찾는 것**이 바람직합니다.
상한가 분석은 PART 3에서 자세히 알아보겠습니다.

Q16 가치투자가 과연 정답일까?

주식투자는 하나의 방식만 고집해서는 성공하기 어렵습니다. 가치투자도 그렇습니다. **모든 병을 치료하는 만병통치약이 없듯이 주식시장에도 모든 상황에서 사용할 수 있는 투자방법은 없습니다.** 여러 가지 투자방법을 상황과 필요에 맞게 잘 사용해야 하죠.

가치투자 방식을 통해 아무리 좋은 종목을 발굴하더라도 높은 가격대에 매수를 하게 된다면 손실을 볼 확률이 높습니다. 반면에 가치투자 방식으로 종목을 선정하고, 기술적 분석 등을 활용해 매수시점을 고려하여 매수한 투자자라면 훨씬 더 높은 투자 성과를 기대해볼 수 있습니다.

Q17 주식 전문가를 믿어도 될까?

주식투자는 지식도 중요하지만, 경험이 무엇보다 중요한 분야입니다. 그런 면에서 주식 전문가들은 다양한 경험을 한 멘토라고 봐도 무방합니다. 그러나 이러한 멘토를 전적으로 믿기보다는 자신의 투자에 도움이 되는 수단으로 활용하는 것이 좋습니다. IR, 리서치, 분석자료, 관심종목, 대응전략 등 다양한 주식 정보와 관련하여 100명의 전문가가 있다면 각기 다른 100가지의 전략이 존재할 것입니다. 따라서 주식 전문가들에게 도움을 받을 수 있는 부분이 있다면 충분히 받는 것이 좋습니다.

그러나 **판단은 본인이 할 수 있어야 합니다.** 투자결과에 대한 과실과 책임은 모두 스스로에게 있기 때문이죠. 그러기 위해서는 **본인이 명확한 투자판단을 할 수 있는 수준까지 공부를 해야 합니다.** 투자자 자신의 돈이 걸린 일이니 결코 소홀히 해서는 안 되는 것이죠.

CHAPTER 02 마음가짐이 바로 서야 투자도 순항한다!

– 양봉이, 음봉이, 개선 선생이 입장하셨습니다. –

양봉이

타고날 때부터 투자를 잘하는 사람이 있을까요?

음봉이

워런 버핏 같은 세계적인 투자자들이
그런 사람들 아닐까요?

개선 선생

그렇지 않아요. 그들은 오히려 타고나기보다
오랜 기간 만들어진 투자자에 가깝죠.
워런 버핏이 세계적으로 두각을 나타내기
시작한 것도 60대부터니까요!

주식투자는 타고난 재능보다는 이성적
사고, 감정관리 등 개인의 마음가짐이
투자 성과에 많은 영향을 미칩니다.
이번 챕터에서는 감정관리가 얼마나
중요한지 알아볼게요!

괜찮아!

1. 주식시장은 노력지상주의

고민...

사자!!

옷 한 벌을 살 때는 밤낮을 고민하고 나서야 10만원, 20만원을 소비하는 사람이 주식시장에만 들어오면 아무런 조사도 없이 누군가의 말만 듣고 200~300만원어치의 주식을 쉽게 매수하는 경우가 있습니다.

운이 좋아 주가가 올라서 수익을 낸다면 더 큰 문제가 생기게 됩니다. 주식시장을 만만하게 생각하여 아무런 준비 없이 투자금을 늘리다가 어느 순간 큰 손실을 보게 되죠.

누군가는 운이 좋아서 한두 번 수익을 올릴 수 있으나, 결국은 **충분히 조사하고 준비한 사람이 수익을 올리는 곳이 바로 주식시장입니다.** 다른 사람들보다 더 많은 종목을 찾아봐야 하고 자세히 살펴봐야 하는 것이죠. 당장은 수익이 나지 않더라도 이러한 노력은 축적되어 절대 배신하지 않습니다.

재무제표

회사의 재무상태를 파악하기 위해 작성하는 재무 보고서로, 재무상태표와 손익계산서, 현금흐름표 등이 여기에 해당합니다.

재무제표 하나를 열어보더라도 제대로 공부하고 계속해서 찾아본 사람은 정보에 대한 해석력이 다릅니다. 중요한 부분과 투자 포인트가 되는 부분 등 핵심 정보를 선별하여 읽어낼 수 있는 것이죠. 재무제표 분석 방법은 PART 4에서 하나씩 배워나가 봅시다!

2. 감정을 지킬 줄 알아야 재산도 지킬 수 있는 법!

주식시장에서의 투자성과는 단기간에 나오기 쉽지 않습니다. 전설적인 트레이더 제시 리버모어도 그의 조급함으로 파산한 경험이 있습니다.

리버모어는 1906년 하락장이 임박했다는 판단을 내리고 주식 **공매도**를 시작했습니다. 그런데 공매도하자마자 오르고, 공매도하자마자 오르고 하는 것이 여러번 반복되자 그는 파산하게 됩니다.

그러나 결국 1907년에 하락장이 오고, 그 직전에 리버모어는 지인들을 통해 다시 자금을 만들어서 엄청나게 큰돈을 법니다.

하락장을 정확히 예견한 리버모어, 처음엔 왜 파산을 경험하게 되었을까요?

그 이유는 조급함과 자금관리의 부재에 있습니다.

위의 사례는 하락장을 정확히 예상했지만 조급한 감정 때문에 실패를 경험한 경우입니다. 냉정하게 타이밍을 잡지 못하고 자금관리에 대한 개념이 없었기 때문에 주먹구구식의 배팅이 이뤄지게 된 것이죠. 이로 인해 전설적인 트레이더도 파산을 경험했습니다. 투자에 있어 **감정관리**란 그만큼 중요한 요소입니다.

제시 리버모어
전설적인 주식 트레이더

"만일 자신의 판단이 틀렸을 때는 변명하지 마라. 손실을 받아들이고 웃으려고 노력하며 오류의 원인을 연구하면서 다음번에 찾아올 큰 기회를 기다려라."

공매도

말 그대로 '없는 것을 판다'라는 뜻으로 주식을 가지고 있지 않은 상태에서 매도 주문을 내는 것을 말합니다. 이후 주식을 되사서 갚아야 하죠.

감정관리

현재 느끼고 있는 순간적인 감정에 동요되기보다는 그 상황과 자신의 감정을 분리해서 보는 것입니다.

3. 실패도 준비한 사람에게는 쓴 약

주식시장에 대해 충분히 준비하고 들어온 투자자와 그렇지 않은 투자자는 투자판단을 하는 데 있어서 큰 차이가 납니다. 금리 상승으로 인해 주가가 하락할 것을 예상하고 시장에 들어온 투자자는 실제로 주식시장이 하락하더라도 크게 당황하지 않고 합리적인 판단을 할 수 있습니다.

하지만 **준비 없이 시장에 들어온 투자자는 당황하게 되죠.** 막연하게 올라가리라 생각했던 주가가 떨어지게 되면 감정조절을 하지 못하게 됩니다. 이런 상황에서는 정상적인 사고와 판단을 하기가 어렵습니다. 견디다 견디다 못해 공포감에 주식을 팔게 되고, 팔았던 그 자리는 바닥인 경우가 대부분입니다.

여러분, 어떠신가요? 제대로 된 주식 공부가 필요할 것 같죠?! 실패도 준비한 사람에게는 쓴 약이 됩니다. 중도에 멈추지 말고 함께 공부에 매진합시다!

<table>
<tr><td>개선 선생의
TOP
시크릿</td></tr>
</table>

HTS의 스마트한 주식 주문 기능

주식투자를 하기 위해서는 종목을 분석하고 매매 타이밍을 고민하는 등 중요한 작업들이 많습니다. 이에 못지 않게 HTS의 사용법을 익히는 것도 중요하죠. HTS를 활용할 줄 모른다는 것은 전쟁터에서 총이 가장 좋은 무기인것을 알지만 그 사용법은 모르는 것과 같습니다.

HTS에는 활용할 수 있는 다양한 기능들이 있지만 투자 성과를 좌우하는 결정적인 요소는 바로 매수가격과 매도 가격입니다. 그래서 매수를 '잘' 하고, 매도를 '잘' 하게 되면 그만큼 수익을 극대화할 수 있는 것이죠. 여기서 '잘' 한다는 것은 저렴하게 매수해서 비싸게 매도하는 것입니다.

사실 매수하는 것은 큰 문제가 되지 않습니다. 주식을 매수하여 수익이 난다면 그 수익을 극대화할 수 있어야 하는 것이죠. 또한, 손실이 난다면 손절매를 하여 손실 폭을 최소화할 수 있어야 합니다. 그러기 위해서는 보유한 종목들의 가격 움직임을 하루 종일 지켜보고 있어야 하죠. 이를 대신해주는 것이 바로 HTS의 **스탑로스 기능**과 **트레일링 스탑 기능**입니다.

▶ **주식 스탑로스(Stoploss) 기능 찾기**

스탑로스, 트레일링 스탑 기능은 키움증권 HTS의 좌측 상단 화면번호 [0621]를 입력하면 사용할 수 있습니다.

▶ 스탑로스와 트레일링 스탑 설정 화면

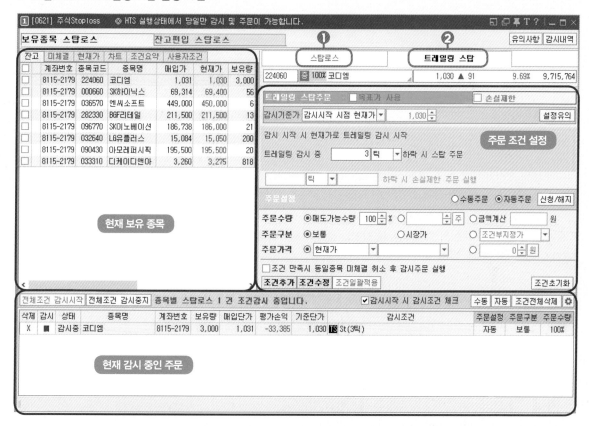

1. 스탑로스 기능

스탑로스는 손절매의 영어식 표현입니다. 현재 가격에는 매도할 생각이 없지만, 가격이 하락하게 되면 손실을 줄이기 위해 매도 주문을 내는 것이죠.

스탑로스의 핵심 기능은 크게 이익보존과 손실제한이 있습니다.

① 손실제한

기준가 대비 주가가 어느 정도 하락하면 손실제한 주문을 넣을지 정할 수 있습니다. 여기서 기준가는 매입단가, 직접 입력, 감시시작 시점 현재가 중에 선택할 수 있습니다. 보통의 경우라면 **매입단가를 기준가로 설정**하는 것이 좋습니다.

기준가를 설정했다면 손실제한 박스를 체크하고, 얼마나 하락하면 손실제한 주문을 넣을지 정할 수 있습니다. 이때 틱(최소 가격변동 금액), 원, % 중 선택하여 감시 주문을 낼 수 있습니다.

이러한 **손실제한 주문이 유용하게 쓰이는 구간은 차트상 주요한 지지선 부근에서 매수했을 때**입니다.

▶ 손실제한 주문이 유용하게 쓰이는 구간

주가가 주요한 지지선을 하향 이탈하게 되면, 투자자들의 실망감과 함께 이전에 쌓인 매물까지 한 번에 매도 물량으로 나와 하락세를 부추기게 됩니다.

그래서 **주요한 지지선 부근에서 매수할 때는 일반적인 매수 주문과 함께 지지선을 이탈하는 가격대에 손실제한 주문을 걸어두는 것이 좋습니다.**

② 이익보존

일반 매도 주문을 기준가 대비 10%로 설정한다면, 주가가 10% 이상 상승해야 매도 주문이 체결됩니다. 그러나 스탑로스의 이익보존 주문은 그 사이 목표 가격을 하나 더 정할 수 있습니다.

▶ 스탑로스 설정 화면

위 그림에서 알 수 있듯이 이익보존 주문은 동일하게 10%를 목표 가격으로 설정하지만, 7% 이상 상승했다가 하락하게 되면 이익의 일부분(설정한 7%)을 보존하는 것입니다.

2. 트레일링 스탑 기능

스탑로스의 이익보존 주문은 목표 가격과 이익보존 가격 모두 사용자가 직접 입력해야 합니다. 이와 달리 **트레일링 스탑 주문은 주가가 고가 대비 어느 정도 하락하면 매도할 것인지만 사용자가 정하면 됩니다.** 즉, 당일에 주가가 얼마나 상승할지 모를 때 사용하기 적합한 방식입니다.

트레일링 스탑도 크게 일반 트레일링 스탑과 목표가 사용 트레일링 스탑으로 분류할 수 있습니다.

① 일반 트레일링 스탑
일반 트레일링 스탑 주문은 당일 고가 대비 일정 범위 이상 하락하지 않으면 지속 보유하는 방법입니다. 만일 트레일링 스탑 주문 값을 5%로 주었다면 당일 최고가를 계속 갱신할 때는 매도 주문을 넣지 않고 대기하다가, 당일 최고가 대비 5% 이상 하락하게 되면 매도 주문이 나가는 것이죠.

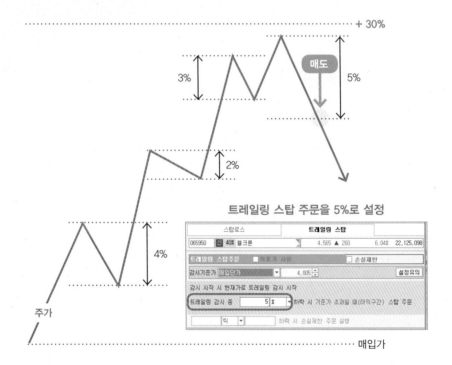

② 목표가 사용 트레일링 스탑

목표가 사용 트레일링 스탑 주문은 주가가 일정 범위 이상 상승했을 때부터 트레일링 스탑 주문을 적용하는 방식입니다. 만약 트레일링 스탑 값을 5%로 설정했는데, 주가가 초기에 5% 이상 하락한 이후에 상한가에 진입하면 일반 트레일링 스탑 주문으로는 이를 놓치게 됩니다. 이 경우를 대비해 목표가 사용 트레일링 스탑을 사용할 수 있습니다.

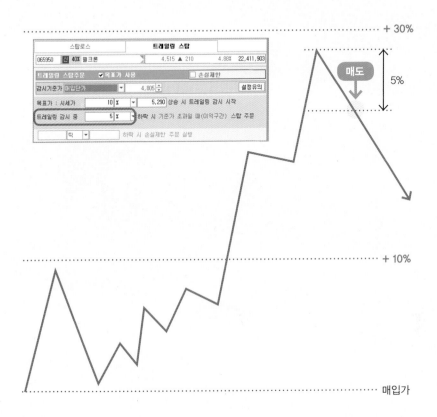

이처럼 HTS의 기능을 활용한 주문을 사용한다면 손실은 최소화하고 수익은 극대화할 수 있는 전략을 구사할 수 있습니다. 처음에는 몇 퍼센트 차이가 나지 않더라도, 계속 누적된다면 결코 무시할 수 없는 큰 수익이 될 것입니다.

스마트한 주식투자자가 되는 첫걸음, HTS와 친해지는 것입니다!

PART 02 에서는 …

주식시장을 이루는 여러 중요 요소 중 하나인 심리에 대해 알아볼 예정입니다. 심리적 요인은 겉으로 드러나지는 않지만 주식시장에 큰 영향을 끼칩니다. 이로 인해 투자 기회도 생기게 되죠. 주식시장에서 심리가 어떻게 나타나는지 알아보고, 실제 매매에서 심리를 활용하는 법에 대해 함께 알아보겠습니다!

PART

02

주식시장은 심리싸움이다

주식, 심리를 이용해라!

음봉이

저는 주가가 더 올라갈 것 같아 매수하면
바로 하락해서 손해를 많이 봐요ㅜㅜ

양봉이

저는 꼭 주식을 팔기만 하면 바로
주가가 올라서 너무 억울해요!

개선 선생님, 왜 그런가요?

개선 선생

주식시장은 심리싸움과 같습니다. 주식시장에서
심리가 어떻게 표현되는지 먼저 알아볼까요?

1. 주식은 눈치게임

주식투자는 **눈치게임**과 비슷합니다. 8명이 눈치게임을 할 때 동시에 같은
숫자를 부르거나 마지막 숫자인 8을 부르면 게임은 끝나게 됩니다. 그래서
게임의 후반부에 접어들수록 경계하게 되죠.

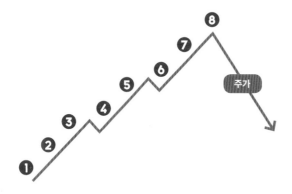

주식투자가 눈치게임과 다른 점은 게임이 끝나는 숫자를 모른다는 것입니다. **주식시장에서는 게임의 끝(고점)을 추측할 수는 있으나 측정할 수는 없는 것이죠.** 따라서 누군가는 고점에서 주식을 매수하며, 손해를 볼 수밖에 없는 것입니다.

많은 투자자들이 앞 그림의 ❶(주가의 바닥)과 ❽(주가의 꼭대기)을 알고 싶어 합니다. 그리고 막연하게 자신이 사고파는 자리가 ❶과 ❽이라 생각하고 매매에 임하죠. 하지만 안타깝게도, 그 결과는 매번 실패로 이어집니다.

1900년대 유럽 증권계의 대부 앙드레 코스톨라니는 '**시세가 상승하면 사람들이 몰려오고, 시세가 하락하면 사람들은 떠난다**'라는 말을 했습니다. 즉, 주식시장에서 **군중심리**가 결정적인 요인이라는 뜻입니다.

주식시장에서 많은 사람들이 어떻게 생각하는지를 인지하고 있어야 투자 기회가 생기고 이는 곧 투자 성과로 이어지게 됩니다. 따라서, **주식시장에서 심리가 어떻게 표현되는지를 알고 이를 이용할 줄 알아야 합니다.**

앙드레 코스톨라니
유럽의 버핏, 주식의 신
"주식시장에서 바보보다 주식이
많으면 주식을 사야할 때고,
주식보다 바보가 많으면 주식을
팔아야 할 때다."

2. 개인심리와 군중심리

주식시장에서 관찰할 수 있는 심리는 크게 두 가지입니다. 첫 번째는 **기준점 편향, 확증 편향**과 같이 개인의 행동에 영향을 미치는 개인심리입니다. 두 번째는 시장 전체의 탐욕과 공포 같은 군중심리입니다.

모든 투자자는 돈을 벌기 위해 주식투자를 합니다. 경제 성장의 밑거름이 되기 위해 투자하는 사람은 극소수일 테죠. 그렇기 때문에 투자자는 심리로부터 자유로울 수가 없습니다.

기준점 편향

처음 제시된 정보가 기준점이 되어 의사결정에 영향을 미치는 현상을 뜻합니다.

확증 편향

자신의 신념이나 생각과 맞는 정보만 받아들이고 그 외의 정보는 무시하는 현상을 뜻합니다. p.46 '개선 선생의 꿀팁'에서 자세히 알아보겠습니다.

특히 뚜렷한 매매 기준이 없는 개인투자자의 경우 주식투자에 있어 실패할 확률이 높을 수밖에 없습니다. 이는 개인투자자가 개인심리와 군중심리에 취약하기 때문이죠.

3. 군중심리는 차트에 나타난다

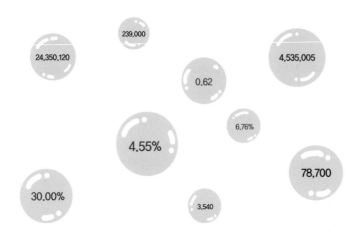

주식시장의 가격은 숫자로 표기되며 차트로 그려집니다. 그래서 사람들은 이를 수치화하여 정답을 찾으려고 하죠. **주가는 숫자로 표현되지만 사실은 투자자 심리 합입니다.**

투자자의 심리가 반영된다는 것을 알 수 있는 대표적인 예가 바로 캔들입니다. 시가보다 종가가 높은 양봉에는 지금보다 주가가 더 오를 것이라는 기대심리가 반영되어 있는 것이죠.

다음 그림의 1번, 2번, 3번은 모두 전일과 당일의 주가 상태를 나타낸 것입니다. 세 가지 경우 모두 전일에 비해 주가가 8% 올라 마감했습니다. 그런데 그 속에 녹아있는 투자자의 심리는 모두 다릅니다. 그 심리가 다음날의 가격까지 영향을 주게 되죠.

유 튜 브
연결하기

★ 캔들 관련 영상 바로 확인!

QR코드로
영상 보는 법
p.12 참고!

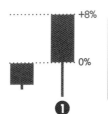

1번 캔들은 장 중에 주가 상승에 대한 기대감이 무너져 가격이 하락했습니다. 그러나 하락한 가격이 매수하기에 충분히 매력적이어서 종가까지 꾸준하게 매수세가 들어온 모습입니다. 그리고 추가 상승 기대감까지 남아있는 상태입니다.

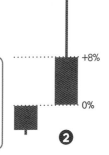

2번 캔들은 강한 기대감에 힘입어 장 중에 큰 상승을 했지만 리스크를 관리하려는 투자자로 인해 결국 하락했습니다. 또한, 실망 매물이 종가에 반영되어 내일의 추가 상승 가능성은 1번 캔들보다 낮은 상황입니다.

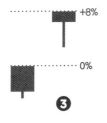

3번 캔들은 전날의 강한 기대감이 시가에 반영되어 갭의 형태로 나타난 모습입니다. 저가권에서의 매수세는 강했으나 큰 상승을 하지 못한 모습으로 보아 투자자들이 추가 상승을 확신하지 못하고 있음을 알 수 있습니다. 하지만 갭은 강력한 심리의 표현이기 때문에 추가적인 호재나 수급이 들어온다면 큰 상승을 기대해볼 수 있습니다.

이러한 캔들이 모여 패턴을 형성하며 지지와 저항 그리고 추세를 만듭니다. 따라서 주식시장의 **단기 심리 상태**를 파악하기 위해서는 **캔들**을 살펴보고, **중장기 심리 상태**를 파악하기 위해서는 **지지, 저항, 추세**를 살펴보면 됩니다. 추세를 매매 포인트에 적용하는 법은 다음 챕터에서 알려드릴게요!

개선 선생의 **꿀팁!**

성공적인 투자의 방해 요인, 행동 편향

투자의사 결정에 악영향을 주는 행동 편향으로는 기준점 편향, 확증 편향, 과잉 확신 등이 있습니다.

기준점 편향은 자신이 매수한 주식의 가격에 묶여 올바른 판단을 하지 못하는 것입니다. '내 매수가가 10,000원이니까 10% 정도면 만족해. 난 11,000원에 팔아야지'라고 생각하는 것이죠. 그러나 시장은 여러분의 매수가를 알고 있지도, 궁금해하지도 않습니다. 따라서 자신의 매수가가 아닌 다른 근거로 투자판단을 해야 합니다.

확증 편향은 자신이 원하는 정보만 받아들이는 것입니다. 자신이 가진 주식에 악재가 발생해 주가가 하락하게 되면 그 이유를 분석해야 하는데 주식의 좋은 점만 찾기에 급급한 것입니다. '대표는 주가조작 혐의로 잡혀 들어갔지만, 기술력은 그대로야'라는 식이죠.

마지막은 과잉 확신입니다. 사실과 전혀 연관이 없는 근거와 연결지어 생각하는 것입니다. '난 평소에 운이 좋은 편이었으니까, 내가 산 주식의 가격이 조금 하락하더라도 금방 다시 회복할 거야'라는 믿음 같은 것이죠.

현명한 투자자라면 투자의사 결정을 할 때 자신도 모르게 이러한 판단을 내리고 있지는 않은지 돌아볼 필요가 있습니다.

흔적을 찾아라!

#추세 #수렴형채널
#확대형채널 #일반갭
#돌파갭 #지속갭
#소멸갭

– 양봉이, 음봉이, 개선 선생이 입장하셨습니다. –

음봉이

주가의 움직임을 미리 알 수 있는 법이
있다면 얼마나 좋을까요?

양봉이

그런 방법이 있었다면 모든 투자자가
다 부자가 되었게요?

개선 선생

하하 그렇죠.. 주가를 정확히 예측할 수는 없지만
주식시장에도 패턴이라는 것은 존재합니다.

양봉이

그럼 과거가 똑같이 반복된다는 말인가요?

개선 선생

사람들은 큰 사건이 있지 않는 한 과거의
행동을 반복하기 마련입니다. 주식시장을
이루는 것도 결국은 사람이기에, 과거의
행동이 패턴으로 드러나게 되는 거죠.

1. 지지와 저항 그리고 추세

효율적 시장이론

주식시장의 가격은 투자자들이 이
용가능한 정보를 이미 반영하고 있
다는 이론입니다. 즉, 어떤 투자자도
이용가능한 정보를 통한 거래로 초
과 수익을 얻을 수 없다는 뜻입니다.

과거에 주식시장이 처음 생길 때부터 사람들은 주식시장의 움직임을 예측하고
싶어했습니다. 이는 곧 돈이 되기 때문이죠. 그래서 많은 투자이론과
방법론들이 쏟아져 나왔지만, 무엇 하나 주식시장의 움직임을 속시원하게
설명하지는 못했습니다. 그로 인해 **효율적 시장이론**, 랜덤워크 이론 등이
득세할 수 있었습니다.

주식시장의 움직임을 술에 취한 사람의 걸음걸이처럼 예측할 수 없다는 것이 바로 **랜덤워크 이론**입니다. 이 이론을 주장하는 사람들은 주가 변화는 어떤 규칙도 없이 무작위로 일어난다고 이야기합니다. 그러나 **영리한 관찰자는 반복되는 군중의 행동패턴 속에서 단서를 찾기도 하죠.**

여러분이 복싱 경기를 치르는 링 위에 올라와 있다고 상상해봅시다. 그럼 앞에 있는 상대 선수의 다음 행동을 예측할 수 있을까요?

상대 선수는 라이트 펀치를 날리기 전에 오른손을 턱에서 살짝 떼는 습관이 있습니다. 여러분이 상대 선수와 처음 경기를 한다면 이 작은 행동을 파악하기란 쉽지 않을 것입니다. 하지만 이 선수와 자주 경기를 해본 선수라면 알아차릴 수 있겠죠. 그에 맞는 대응책을 준비할 것이고, 유효타를 날릴 확률도 높아질 것입니다.

주식시장도 마찬가지입니다. 주식시장의 움직임과 참여자들의 심리 상태 등을 면밀히 관찰한다면 그 속에는 반드시 흔적과 패턴이 나타나게 됩니다. 바로 이것이 차트에서 확인할 수 있는 지지와 저항 그리고 추세인 것이죠.

그렇다면 **지지**와 **저항**은 왜 생기는 걸까요? 그것은 바로 '기억' 때문입니다.

지지

하락하던 주가가 일정 가격대 부근에서 하락을 멈추고 매수세가 들어오는 모습을 의미합니다.

저항

상승하던 주가가 일정 가격대 부근에서 상승을 멈추고 매도세가 들어오는 모습을 의미합니다.

▶ 지지와 저항

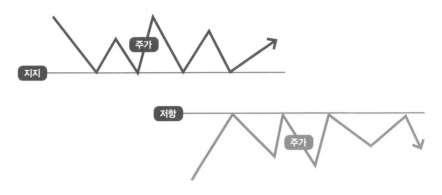

투자자들은 주가가 일정 수준에서 하락을 멈추고 상승세로 돌아섰다는 사실을 기억하고 있다가 다시 그 부근에 근접하면 매수에 나서게 됩니다. 또한, 주가가 특정 지점에서 고점을 찍은 후 하락한 것을 기억하고 있다가 그 부근에 근접하게 되면 부담감을 느껴 매도에 나서게 되죠.

▶ 지지선을 활용한 매매 사례

그럼 지지와 저항을 어떻게 매매에 이용할 수 있을까요?

지지선 부근에서 매수하는 것, 저항대 부근에서 매도하는 것이 **손익비**가 높은 매매 자리입니다.

손익비

손실 대비 이익을 볼 수 있는 확률을 말합니다. 손익비가 높다는 것은 손실보다 이익을 볼 수 있는 확률이 높다는 뜻입니다.

 절대매매 TIP!

지지선을 이탈하면 어떻게 될까?

투자자들은 하락하던 주가가 지지선에 닿으면 반등할 것이라 기대합니다. 하지만 반등하지 않는 경우도 있습니다. 지지선을 따라 움직이던 주가가 그 범위를 이탈하게 되면 더이상 지지선 역할을 하지 않게 되는 것이죠. 지지선을 깨고 내려온 순간 투자자들의 심리가 급격하게 냉각되어 기존의 지지선이 오히려 부담스러운 자리가 됩니다. 이로 인해 저항선이 되기도 합니다.

▶ 지지선과 저항선 두 가지 의미를 가지는 하나의 선

코스톨라니는 '대중심리의 반응은 전염병과도 같다'라고 했습니다. 이는 기대심리가 또 다른 기대심리를 불러오며, 공포가 또 다른 공포를 불러오게 됨을 뜻합니다. 하품이 전염되듯 군중심리도 전염되는 것이죠.

이로 인해 **추세가 형성**되며 **지지선과 저항선도 상승하게 됩니다.** 상승추세에서는 주가의 저점과 고점이 계속 높아지기 때문이죠.

채널

일정한 지지 추세선과 저항 추세선이 존재하여 하나의 범위를 만들면서 주가가 움직이는 상태를 말합니다.

과매수

과매수는 주가가 폭등하여 투자자들이 주식을 적정 수준 이상으로 사들이는 것을 말합니다. 상승추세의 기울기가 가파를수록 자주 발생합니다.

과매도

과매도는 주가가 폭락하여 투자자들이 주식을 적정 수준 이상으로 파는 것을 말합니다. 하락추세의 기울기가 가파를수록 자주 발생합니다.

이렇게 일정한 **채널**이 형성되면 채널을 강하게 상향 돌파하는 **과매수** 구간과 하향이탈하는 **과매도** 구간이 나타나게 됩니다. 바로 이 구간이 매매 포인트가 되는 것이죠.

▶ 과매수, 과매도 구간의 매매 포인트

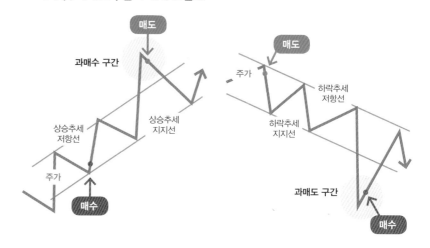

▶ 추세 채널을 활용한 매매 사례

추세가 길게 이어지려면?

투자자들은 심리가 급격하게 변하게 되면 그 순간 이성을 잃고 감정적으로 행동하지만, 빠른 시간 안에 이성적으로 돌아오게 됩니다. 그래서 30 ~ 45도의 기울기를 가진 추세가 안정적이고 길게 이어지는 경향이 있습니다.

추세 채널에는 지지선과 저항선이 평행하여 폭이 일정한 채널, 폭이 좁아지는 수렴형 채널, 폭이 넓어지는 확장형 채널이 있습니다. 수렴형 채널과 확장형 채널의 매매 포인트도 일반 채널과 비슷합니다.

▶ **수렴형 채널**

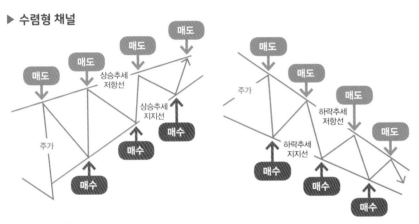

▶ **확장형 채널**

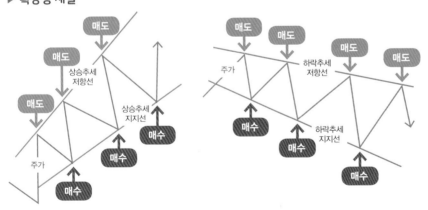

실제 차트에서의 수렴형 채널과 확장형 채널에서 매매 포인트는 다음 그림과 같습니다.

▶ 수렴형 채널

▶ 확장형 채널

33법칙

모든 상황에서 지지선, 저항선, 추세선이 맞는 것은 아닙니다. 추세를 크게 벗어나지 않는 약간의 이탈은 추세를 되돌릴만한 힘을 가지고 있지 않습니다. 그래서 3일 이내, 3% 이내의 이탈이라면 기존의 매수 포지션을 계속 유지해 나가는 것이 좋습니다. 이를 33법칙이라고 말하며, 투자성향에 따라 2일 이내 3%, 3일 이내 2% 등으로 수정해서 사용할 수 있습니다.

상황에 따라 22법칙, 33법칙으로 사용하기보다는 미리 자신의 투자원칙을 정한 뒤 이를 꾸준히 지켜나가는 것이 좋습니다.

2. 갭

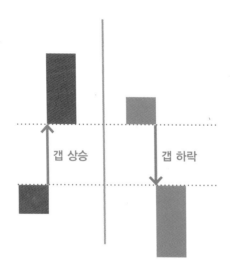

갭은 전일 종가와 당일 시가의 가격 차이를 말합니다. 갭은 매수하고자 하는 사람과 매도하고자 하는 사람 간의 균형이 무너지면서 특정 가격대에서 거래가 일어나지 않았다는 의미입니다. 또한, 매수나 매도 중 한 주체가 강한 힘을 가졌음을 뜻하기도 합니다. 투자자 집단이 두려움에 빠져 있거나 환희에 차서 가격과 가치 사이의 적정성보다는 감정적으로 행동하는 것이죠.

일봉 차트의 갭은 장 마감 이후 일어난 사건에 대한 반응입니다. 만약 장 중에 뉴스가 나왔다면 캔들의 몸통이 길어지는 형태로 나타났겠죠. 갭은 크게 일반 갭, 돌파 갭, 지속 갭, 소멸 갭 네 가지로 분류할 수 있습니다. **갭의 종류에 따라 각각 의미하는 바가 다르므로 투자전략도 달라야 합니다.**

▶ 갭의 종류

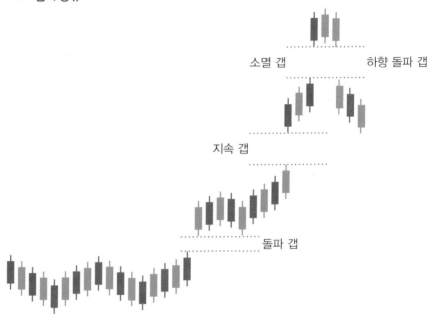

🔦 갭 절대매매 TIP!

❶ 일반 갭, 돌파 갭, 소멸 갭의 시작은 모두 똑같습니다.
❷ 위로 매물대가 없는 경우를 제외하고 갭은 일반적으로 메워진다는 전제하에 접근해야 합니다.
❸ 당일 시가를 지지해 준다면 매수 관점으로 접근이 가능합니다.
❹ 매수 이후 상승을 이어나가지 못하거나, 전일 종가 이하로 밀린다면 손절하는 것이 바람직합니다.

① 일반 갭

아래 사례는 장 초반에 일반 갭이 소멸되기 이전의 모습입니다.

▶ 일반 갭 사례

일반 갭은 추세가 없는 시장이나 거래량이 적은 종목의 바닥권 등에서 쉽게
발생합니다.

또한, 일반 갭은 후속 움직임을 보이지 않습니다. 갭 상승으로 시작하지만 신고가가 갱신되지 않는 것이죠. 갭 하락의 경우에도 신저가를 갱신하지 않으며 거래량도 큰 변화가 없습니다. 이는 매수 주체나 매도 주체 중 누구도 강렬한 의지를 보이지 않는 모습입니다.

일반 갭은 대개 빨리 소멸됩니다. 하루만에 갭을 메우거나 며칠 사이에 주가가 이전 가격대로 돌아와 갭을 메우기 때문입니다.

일반 갭 절대매매 TIP!

❶ 갭 발생 시 갭이 메워질 것이라고 생각하고 접근합니다.
❷ 갭을 메우지만 전일 종가를 지지한다면 매수합니다.
❸ 상승한다면 보유하고, 전일 종가를 깨고 내려간다면 손절합니다.

② 돌파 갭

▶ 돌파 갭 사례

돌파 갭은 높은 거래량과 함께 가격이 밀집한 구간을 돌파해 새로운 추세가 시작될 때 발생합니다. 돌파 갭은 몇 주 또는 몇 달 동안 메워지지 않기도 합니다. 돌파 갭이 나오기 전까지의 박스권이 길수록 돌파 갭 이후 추세도 오랫동안 지속되는 경향이 있습니다.

일반 갭은 빨리 메워지지만 돌파 갭은 군중심리에 큰 변화가 있다는 사실이 드러납니다. 상승돌파 갭 이후에는 보통 며칠 연속해서 신고가를 갱신합니다. 반면 하향 돌파 갭은 며칠 연속해서 신저가를 갱신하죠. 또한, 돌파 갭이 일어난 날과 뒤의 며칠 동안은 거래량이 폭증하는 경향이 있습니다. 따라서 큰 폭의 거래량 증가와 함께 박스권을 벗어나는 갭이 발생하고, 지속적으로 신고가나 신저가를 갱신한다면 돌파 갭일 확률이 높습니다.

새롭게 형성되는 추세에는 빠르게 편승할수록 유리합니다. 돌파 갭 발생 이후 강한 추가 상승이 없더라도, **당일 시가를 지지해 준다면 유효한 매수 지점이 될 수 있습니다.** 만약 시가 지지에 실패한다면 일반 갭처럼 전일 종가 지지 여부를 확인하고 매수해야 합니다.

☀️ 돌파 갭 절대매매 TIP!

❶ 돌파 갭이 발생한 당일에 꼭 매수할 필요는 없습니다.
❷ 매물대가 적은 가격대에서는 2~3일 내에 당일 시가 지지와 전일 종가 지지를 확인하고 빠르게 매수에 동참합니다.
❸ 장대양봉이 나타났다면 장대양봉의 50% 지점에서 지지가 나오면 매수합니다.
❹ 매물대가 많은 가격대에서는 1주일 이상 당일 시가를 지켜주면 매수하고, 그렇지 않으면 매수하지 않습니다.

★ 매물대 차트 관련 영상
바로 확인!

QR코드로
영상 보는 법
p.12 참고!

그럼 매물대에 따른 매매 사례를 알아보도록 하겠습니다.

갭이 발생하는 시점에 매물대의 위치가 중요합니다. 아래 사례처럼 갭이 등장하기 전의 주가가 매물대 위에 위치한다면 추가 상승 여력이 있다고 판단할 수 있습니다.

▶ 갭과 매물대 사례 ①

위 사례처럼 현재 주가보다 위에 매물대가 자리를 잡고 있으면 추가 상승 시
마다 매도물량으로 출현할 가능성이 높습니다. 그래서 주가가 추가 상승하기에
부담스러운 상황이 됩니다.

▶ 갭과 매물대 사례 ②

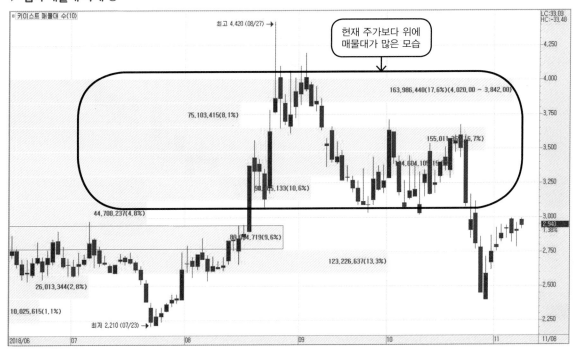

현재 주가보다 위에
매물대가 많은 모습

갭 상승

위 차트 이후의 주가 흐름

③ 지속 갭

▶ 지속 갭 사례

지속 갭은 강한 추세 도중에 발생합니다. 갭 발생 이후 갭을 메우지 않고 신고가나 신저가가 계속 갱신될 때 지속 갭임을 확인할 수 있습니다. 돌파 갭과 비슷하지만 추세가 시작되는 지점이 아니라 중간 지점에서 나타난다는 점이 다릅니다. 이는 추세가 이어지는데 필요한 **추가 동력**을 얻었다는 것을 의미합니다.

▶ 지속 갭을 활용한 목표치 설정 사례

지속 갭은 추세가 언제까지 계속될지 판단하는 데 유용합니다. 위의 사례처럼 추세의 시작부터 갭까지의 거리나 봉의 개수를 잰 다음, 그 거리만큼 갭에서 추세 방향으로 직선을 그려 목표치를 설정합니다. **주가가 이 목표에 도달하면 차익을 실현할 때입니다.** 지속 갭도 마찬가지로 갭 발생 이후 며칠 동안 가격이 신고가나 신저가를 갱신하지 못하면 소멸 갭일 가능성이 높습니다.

🔆 **지속 갭 절대매매 TIP!**

❶ 추세 도중 갭 발생 시, 지나온 상승 폭만큼 동일한 폭으로 목표치를 설정합니다.
❷ 설정한 목표치에 주가가 도달하면 분할 매도로 대응합니다.

④ 소멸 갭

▶ 소멸 갭 사례

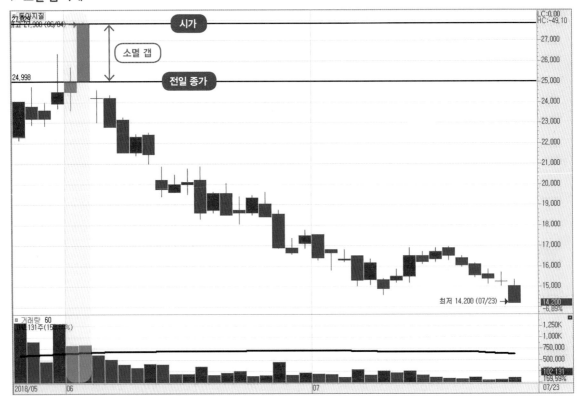

소멸 갭이 발생한 이후에는 주가가 상승추세에서의 신고가, 하락추세에서의
신저가가 갱신되지 않습니다. 주가가 다시 이전 수준으로 돌아가 갭을 메우는
소멸 갭은 추세의 막바지에 나타납니다. 장 초반에는 높은 거래량을 수반하면서
추세 방향으로 가격이 폭등하거나 폭락하므로 지속 갭처럼 보일 수 있습니다.
그러나 며칠 동안 신고가, 신저가를 갱신하지 못하고 가격이 반전해 갭을 메울
때 소멸 갭임을 확인할 수 있습니다.

▶ 하락추세의 소멸 갭 사례

하락추세의 소멸 갭은 과도한 낙폭으로 인한 반발 매수세 혹은 추세 반전이 있을 가능성이 높습니다. 그래서 **단기 차익을 노려볼 만한 매수 지점이 발생합니다.** 금일 갭 하락하여 시작하지만, **금일 시가를 지켜주는 모습을 보인다면 매수할만한 지점이 발생한 것이죠.** 매수 이후 강한 상승을 이어간다면 추세 반전을 뜻하므로 지속적으로 보유해야 합니다. 그러나 상승세가 약하다면 추세가 이어질 가능성이 높기에, 차익실현에 나서는 것이 바람직합니다.

▶ 갭을 한눈에!

구분	일반 갭	돌파 갭	지속 갭	소멸 갭
추세의 위치	비추세	추세의 초기	추세의 중간	추세의 마지막
활용	단기 매매	장기 매매	목표치 설정	수익실현
출현 빈도	많음	적음	중간	적음
거래량 크기 순위	4	1	2	3

소멸 갭과 데드 캣 바운스

월가에는 '죽은 고양이도 높은 곳에서 떨어지면 조금은 튀어오른다'는 속담이 있습니다. 이는 높은 곳에서 떨어진 고양이가 바닥에 닿는 순간 튕겨 오르는 모습처럼, 주가도 급격한 하락 시 **악재의 해소 여부와 관계 없이 기술적인 반등이 나타남**을 이르는 말입니다.

그래서 이를 매매포인트로 활용할 경우 **짧은 단기 차익을 실현하고 나와야 합니다.** 특히 소멸 갭은 사고자 하는 사람 없이 팔고자 하는 사람들만 시장에 존재할 때 나타나는 캔들의 형태입니다. 아직 투자자들의 심리가 살아난 것이 아니기에 추가적인 작은 악재에도 큰 하락이 나타날 수 있는 것이죠. 그래서 전일 종가 이상 상승하기 어렵기 때문에 전일 종가 부근에서 매도해야 합니다.

▶ 데드 캣 바운스 사례

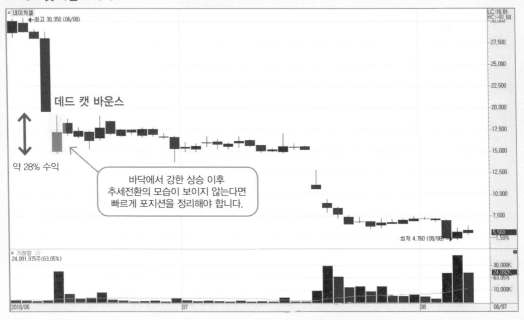

일반 갭인지, 돌파 갭인지, 소멸 갭인지 미리 알 수는 없을까?

갭이 시작될 때는 어떤 유형인지 미리 알기 어렵습니다. 그래서 시초가에 갭이 생겼을 때 돌파갭이라 생각하고 매수에 동참하는 것은 바람직하지 않습니다. 갭이 형성되는 과정과 그 이후의 모습을 통해 대응해야 합니다.

갭을 통한 매매를 할 때는 반드시 다음의 2가지 사항을 지켜야 합니다.

❶ 장 중에 갭이 메워지더라도 금일의 시가보다 주가가 내려가지 않는다면 매수 관점으로 접근할 수 있습니다.

❷ 마지노선은 전일 종가로 지정합니다.

CHAPTER 03 역발상 하라!

– 양봉이, 음봉이, 개선 선생이 입장하셨습니다. –

양봉이

군중심리가 진짜 주식시장에
큰 영향을 미치네요!

음봉이

그러면 군중심리와 반대로 투자하면
성공할 확률이 높겠네요?

개선 선생

그런 관점에서 접근하는 것이 바로
역발상 투자인 것이죠. '반대로'라는 접근
방식과는 조금 거리감이 있습니다만...

다수인 군중들과는 다른 접근 방식으로
투자를 하는 것이 바로 역발상 투자입니다.
이 투자방법에 대해 같이 한 번 알아볼까요?

1. 대중은 항상 틀리고 있다

역발상은 사전적으로 일반적인 생각과 반대가 되는 생각을 말합니다. 그렇다면
주식투자에 있어 역발상 투자는 무엇일까요?

그것은 바로 상식적인 투자방식에 반하는 것이겠죠. 하지만 우리는 보통 자신과
같은 처지나 상황에 있는 사람들의 행동규범을 따릅니다. 특히, 어떤 행동을
해야 할지 확신이 서지 않을 때 주위 사람들이 하는 행동을 보면서 방향을 잡는
경향이 있습니다. 이를 사회적 증거의 법칙이라고도 하죠.

그래서 주가가 폭락하는 공포의 순간이 오면 사람들은 다같이 도망가기에 바쁩니다. 매번 큰 하락장이 올 때마다 주식형 펀드에서 자금이 지속적으로 빠져나갔던 것만 봐도 알 수 있죠.

과열된 시장에서는 투자자들이 평범한 주식을 과대평가하면서 매수에 집착합니다. 반면 침체된 시장에서는 정말 좋은 주식도 기피하죠. 주식이 하락하는 순간은 다른 사람들이 앞다투어 파는 시기이기 때문에 많은 대중을 뒤로 하고 매수에 나서기란 쉽지 않습니다.

하지만 시간이 지나서 보면 **위기는 항상 최고의 투자 기회였습니다. 역발상 투자를 해야만 이러한 최고의 투자 기회를 잡을 수 있는 것이죠.** 그렇다면 우리는 어떻게 역발상 투자를 할 수 있을까요?

2. 거꾸로 생각하라!

만약 여러 리포트나 신문기사에서 연일, 5G 시대를 맞이하여 앞으로 통신주의 시세가 확장된다고 하면 여러분도 매수하고 싶다는 생각이 들겠죠? 그 생각이 드는 순간부터 투자자의 매수심리는 강화되고, 옳지 않은 결정을 할 수도 있습니다.

이럴 때는 차트를 거꾸로 보는 것이 도움이 될 수 있습니다.

▶ 정상 차트

▶ 거꾸로 본 차트

정상 차트를 보고 시세가 올라갈 것이라는 생각이 들었다면, 거꾸로 본 차트에서는 당연히 떨어질 것처럼 느껴져야 합니다. 그러나 매매에 있어 뚜렷한 기준보다는 감정적 결정에 의존하면 두 차트 모두 올라갈 것이라고 생각하게 되죠. 그래서 **투자 의사결정 전에 차트를 뒤집어 보는 것도 좋은 투자전략 중 하나입니다.**

3. 역발상하는 마켓 리더를 잡아라!

만약 여러분이 많은 사람들과 OX 퀴즈를 하는데 모르는 문제가 나왔다면 어떻게 대응할 것인가요? 많은 사람들이 선택하는 답을 따라할 것인가요? 이는 현명한 방식이 아닐 수도 있습니다. 대부분의 사람들도 여러분과 같은 생각일 수 있기 때문이죠. 그러나 평소 똑똑한 사람이 누군지 알고 있었다면 당연히 그 사람을 따라가겠죠?

주식시장에서 공포를 느끼는 순간에서도 이를 이용할 수 있습니다. 바로 마켓 리더를 찾는 것입니다. 하락하던 시장이 멈추려면 누군가는 그 공포 속에서도 주식을 사줘야 합니다. 그 자금력을 가진 주체가 바로 마켓 리더가 되는 것입니다.

2018년 10월 30일, 폭락하던 주가가 멈추고 상승 반전한 모습을 보였습니다. 이럴 때 OX 퀴즈를 풀듯이 주 매수 주체를 찾고 그 주체를 따라다니는 것도 좋은 전략이 될 수 있습니다.

▶ **2018년 코스피 차트**

그렇다면 주 매수 주체는 어떻게 찾을 수 있을까요?

HTS의 투자자별 매매동향에서 이를 확인할 수 있습니다. 아래 그림에서 10월
30일에 연기금이 지속적으로 매수에 가담하고 있는 모습을 확인할 수 있습니다.
즉, 연기금이 주 매수세력인 것이죠. 이에 따라 연기금에서 매도물량이 출회하지
않는다면 지속적으로 보유해볼 수 있습니다.

일자	종합지수	전일비	거래대금	개인	외국인	기관계	금융투자	보험	투신	기타금융	은행	연기금등	사모펀드	국가	기타법인
2018/11/22	2,069.95 ▼	6.60	41,527	+1,422	-437	-1,004	+167	-273	-234	+17	-41	-41	-459	-140	+15
2018/11/21	2,076.55 ▼	6.03	51,516	+716	-3,905	+3,272	+2,356	+312	+275	+23	+92	+92	-94	+320	-80
2018/11/20	2,082.58 ▼	17.98	50,437	+298	-2,529	+897	+2,669	-18	0	-23	-38	+106			63
2018/11/19	2,100.56 ▲	8.16	47,037	-584	-924	+1,594	+1,667	-287	+186	+22	+29	+79			63
2018/11/16	2,092.40 ▲	4.34	48,376	+192	-209	+92	-951	-73	+126	-25	-44	+470	+674	-86	-78
2018/11/15	2,088.06 ▲	20.01	48,286	-1,011	-1,697	+2,721	+1,347	+23	+252	+22	+18	+50	+648	+360	-9
2018/11/14	2,068.05 ▼	3.18	55,619	+699	-1,322	+189	+503	-90	-87	+111	-50	-195	-205	+202	+435
2018/11/13	2,071.23 ▼	9.21	58,653	+241	-3,036	+2,755	+1,362	+241	+231	+1	+10	+183	-342	+1,069	+34
2018/11/12	2,080.44 ▼	5.65	55,429	-1,158	+402	+679	+785	-215	-348	-8	-47	+447	-470	+534	+94
2018/11/09	2,086.09 ▼	6.54	52,606	+2,288	+481	-3,096	-2,421	-238	-82	+9	-9	+201	-851	+295	+332
2018/11/08	2,092.63 ▲	13.94	59,875	-2,749	+4,916	-2,285	-1,595	+20	-401	+16	-2	+50	+173	-547	+133
2018/11/07	2,078.69 ▼	10.93	64,520	+969	-604	-602	-1,440	+26	+404	-38	+7	+888	+286	-735	+272
2018/11/06	2,089.62 ▲	12.70	51,435	+1,718	+20	-1,876	-819	-138	-300	-82	-10	+85	-434	-180	+128
2018/11/05	2,076.92 ▼	19.08	49,172	+5,175	-638	-4,728	-3,698	-214	+64	-8	-22	-12	-249	-589	+192
2018/11/02	2,096.00 ▲	71.54	67,980	-4,638	+4,407	+126	-2,679	+171	+865	-40	+113	+480	+985	+231	+105
2018/11/01	2,024.46 ▼	5.23	59,658	+1,088	+2,928	-4,205	-3,549	-102	-40	-66	+112	+73	-225	-409	+194
2018/10/31	2,029.69 ▲	15.00	63,473	+2,585	+1,353	-4,125	-5,902	+87	+1,987	-48	+37	+429	+206	-918	+183
2018/10/30	2,014.69 ▲	18.64	70,220	-3,582	-1,834	+5,200	+1,222	+629	+395	-22	+64	+2,035	+936	-59	+246
2018/10/29	1,996.05 ▼	31.10	63,597	-4,880	-1,608	+6,364	+5,457	+314	+330	-9	-191	+492	+219	-249	+110
2018/10/26	2,027.15 ▼	36.15	66,881	+573	-1,761	+1,039	+1,415	+307	-95	-3	+130	+281	-715	-280	+139

이렇게 투자에 참고할 수 있을 만한 마켓 리더는 크게 연기금, 금융투자, 사모
펀드가 있습니다. 매매주체에 따라 다른 매매성향을 보여줍니다.

연기금은 국가기관의 역할을 하며, **주가 방어적 성격**을 띄고 있습니다. 큰
자금을 동원해 저가에서 매수하여 장기 보유하는 전략을 주로 채택합니다.
따라서 연기금이 집중적으로 매수한 가격 구간에서 강한 지지가 나올 확률이
높습니다.

금융투자

자본시장법에 따라 투자매매업, 투자중개업, 집합투자업, 투자일임업, 투자자문업을 할 수 있는 주체입니다. 쉽게 말해 우리가 알고 있는 증권사에 해당하죠.

금융투자는 연기금처럼 장기투자보다는 **다소 짧은 보유 기간**을 보여줍니다. 그래서 이를 이용하려면 빠른 대응이 필요하죠. 금융투자는 내부적으로 설정한 목표수익률과 손실제한가격이 있으며, 소수의 의견에 따르기보다는 정해진 룰을 따르는 집단입니다. 그래서 금융투자의 주문이 단기간에 몰리게 되면 주가가 상승하게 되죠.

사모펀드는 공모펀드와 달리 한 종목에 10% 이상의 투자를 제한하는 룰이 없기 때문에 자유로운 운용이 가능합니다. 이로 인해 주로 큰 규모의 자금을 가진 투자자들이 고객으로 있습니다. 대부분 성과보수 체계로 사모펀드의 보수가 결정되다 보니 소위 말하는 실력자들이 포진되어 있죠. 그래서 **사모펀드에서 많은 물량을 보유한 종목은 유심히 지켜볼 필요가 있습니다.**

투매

주가가 하락할 것으로 예상될 때 손실을 최소화하기 위해 대량으로 매도에 나서는 것을 뜻합니다. 하지만 이런 투매는 또 다른 투매를 야기하면서 손실 폭을 키우는 경향이 있습니다.

4. 공포를 기회로!

공포는 사람이 느끼는 두려움의 감정입니다. 돈을 잃을 것이라는 감정이 강렬해질수록 많은 투자자들이 물량을 내놓게 되고, 이러한 투매성 물량이 또 다른 **투매**를 불러오게 됩니다. 아무리 냉정하게 시장을 바라본다고 해도 공포가 지배하는 시장에서 선뜻 매수하기란 쉽지 않습니다.

VIX(Volatility Index)

VIX는 S&P 500 지수 옵션과 관련해 향후 30일간의 변동성에 대한 투자기대지수를 말합니다. VIX 지수가 최고치에 이른다는 것은 투자자들의 불안심리가 커진다는 것을 의미하여 공포지수라고도 합니다.

그러나 **공포가 시장을 지배할 때야말로 좋은 매수 기회입니다.** 이를 투자 기회로 활용하기 위해 **VIX** 지수를 이용해볼 수 있습니다. 이와 함께 **RSI** 지표를 사용하면 신뢰도 높은 매매 신호를 찾을 수 있습니다.

VIX 지수는 CBOE Volatility Index를 이용할 수도 있지만 코스피 시장을 기준으로 한 **VKOSPI**를 사용해 매수 기회를 포착할 수 있습니다.

RSI

현재 추세의 강도를 백분율로 나타낸 것으로 상대강도지수를 말합니다. 주가가 상승추세일 경우 얼마나 강한 상승세인지, 하락추세라면 얼마나 강한 하락세인지를 퍼센트로 나타내는 지표입니다. PART 6에서 자세히 알아보겠습니다.

VKOSPI

주식시장의 변동성을 파악할 수 있는 변동성지수입니다. 미국 시카고 옵션거래소(CBOE)가 S&P500 지수 옵션을 기초로 하여 산출 및 발표하는 변동성지수(VIX)와 유사한 한국형 변동성지수입니다.

▶ **VKOSPI와 RSI를 활용한 매매 사례**

VKOSPI와 RSI를 이용해 공포 구간에서 매수 기회를 포착하기 위한 주요한 조건은 두 가지입니다.

> ❶ VKOSPI가 평소보다 2배 이상의 수치를 보여줄 것
> ❷ RSI가 70 이상을 보여줄 것

앞서 말했듯이, 투자자들이 공포감을 느끼면 과도하게 반응하게 되며 투매가 나오게 됩니다. 그러나 시간이 지나면 다시금 이성을 되찾은 투자자들이 매수에 가담하기 시작하며 주가는 적정수준을 찾아가게 되죠.

자 그럼, 근거 있는 용기를 가지고 공포에 매수해 봅시다!

개선 선생의 꿀팁!

『역발상 투자』의 저자, 데이비드 드레먼의 조언

드레먼은 '주식시장에서 대중들이 위대한 기업이라고 예측하거나 부실한 기업이라고 예측하는 기업들의 주가는 언제나 과잉반응한다'라는 말을 했습니다. 이는 대중들은 항상 인기주의 가치를 과대평가하고 비인기주의 가치를 과소평가한다는 뜻입니다. 즉, 이같은 현상으로 인해 상승추세나 하락추세가 가속화되긴 하지만 **장기적으로 볼 때, 결국 평균으로 회귀하게 됩니다.**

추세선 기울기 조정으로 매매시점 포착하기

일반적으로 추세가 형성된다면 큰 사건이 있지 않는 한, 주가는 추세 방향으로 움직이는 경향이 뚜렷합니다. 추세가 오래 지속되면 지속될수록 많은 사람들이 관심을 가지고 매수에 동참하게 됩니다. 그렇게 되면 현재의 추세가 강화되죠. 앞에서 알아본 데이비드 드레먼의 조언에서도 알 수 있듯이 기존 추세를 벗어난 움직임은 대부분이 다시금 회귀하게 되어 있습니다.

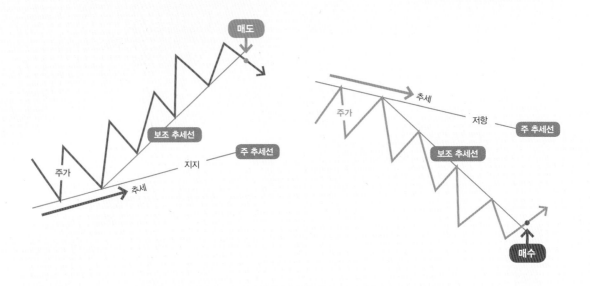

이를 매매에 활용하기 위해서는 **추세선 기울기 조정**을 해야 합니다. 즉, 하나의 추세에 하나의 추세선이 아닌 주 추세선과 보조 추세선으로 구분하는 것입니다. 이는 내부 추세선이라고도 합니다.

그럼 상승추세와 하락추세일 때 추세선 기울기 조정을 어떻게 매매에 활용할 수 있는지 알아보겠습니다.

▶ 추세선 기울기 조정 사례

위 사례처럼 상승추세에서는 완만한 상승 도중에 추세가 가속화되는 가파른 상승이 나오기도 합니다. 이때 주 추세선과는 기울기가 다른 보조 추세선을 그어 매매에 활용할 수 있는 것이죠. 새롭게 기울기를 조정한 보조 추세선의 추세라인을 이탈하지 않는다면 지속 보유하는 것이 좋습니다. 보조 추세선을 이탈한다면 매도하고, 주 추세선의 지지 여부를 확인한 후 다시 매수하는 것이 바람직합니다.

하락추세에서는 하락추세가 가속화되어 주가가 과도하게 하락하게 됩니다. 이 경우에도 주 추세선과 보조 추세선을 이용해 매수시점을 찾을 수 있습니다. 보조 추세선을 상향 돌파하는 지점이 바로 매수시점이 되는 것이죠. 그러나 여전히 하락추세이기 때문에 장기 보유의 관점보다는 주 추세선의 저항선 부근에서 매도하여 차익 실현을 하는 것이 바람직합니다.

PART 03 에서는 …

주식투자에 있어서 가장 중요한 부분은 종목 선정입니다. 주식투자의 시작점이라고도 할 수 있죠. 어떤 종목을 선택하느냐에 따라 모든 것이 결정되기도 합니다. 이번 파트에서는 종목 선정의 중요성과 어떻게 종목을 선정할 것인지에 대해 자세히 알아보겠습니다.

PART

03

종목 선정

CHAPTER 01 좋은 투자 성과는 종목 선정에서 시작된다!

양봉이

개선 선생님! 이제 본격적으로 투자를 하고 싶은데,
막상 주식을 사려고 보니 종목들이 너무 많아요.
어떻게 해야 할까요?

음봉이

맞아요. 평소 알고 있었던 기업 이름도 있지만
생소한 이름들이 더 많아서 어려워요ㅠㅠ

개선 선생

아무래도 우리가 접하는 제품 및 브랜드명과
기업의 이름이 다른 경우가 대부분이죠.

주식투자의 첫 단추는 종목을 선정하는 것이에요.
어렵더라도 신중하게 잘 골라야 하죠.
함께 차근차근 알아가봐요!

1. 종목 선정의 중요성

여러분은 음식의 맛을 좌우하는
것이 무엇이라 생각하나요? 뛰어난
요리 실력? 비싼 향신료? 식당의
분위기? 이러한 요소 모두 음식의

맛에 영향을 줄 수는 있으나, 결정적인 요인은 아닙니다. 음식의 맛을 좌우하는
가장 중요한 요소는 바로 좋은 식재료를 사용하는 것이죠.

이처럼 **좋은 투자 성과도 결국 종목 선정에서 대부분 시작**된다고 할 수 있습니다. 뛰어난 요리사가 좋은 식재료를 고르는 안목을 갖는 것이 중요하듯이, 투자자들도 **좋은 종목을 고를 수 있는 안목이 있어야** 합니다.

그러면 좋은 종목은 어떻게 선정하는지 함께 하나씩 알아보도록 하겠습니다.

2. 탑다운? 바텀업? 어떤 분석 방식이 정답일까?

전통적인 분석 방법으로는 **탑다운 분석 방식**과 **바텀업 분석 방식**이 있습니다.

▶ 탑다운 분석 방식

순서
❶ 경제분석
❷ 산업분석
❸ 기업분석
투자결정

▶ 바텀업 분석 방식

투자결정
❸ 경제분석
❷ 산업분석
❶ 기업분석

탑다운 분석 방식은 하이에나의 사냥 방식과 비슷합니다. 하이에나들은 무리 지어 몰이사냥을 합니다. 사냥감의 포위망을 좁혀오며 성체인 개체는 점점 빠져나가고, 약한 개체들만 남게 되죠.

탑다운 분석 방식은 뜻 그대로 **위에서부터 경제, 산업, 기업 순서로 분석하여 내려오는 것입니다.** 투자에 필요한 큰 그림부터 그리는 것이죠.

경제분석은 금리, 환율, 유가 등 거시경제 지표를 통해 경기상황을 확인하고 주식투자에 적합한지 판단하는 것입니다. 그 다음으로 성장성이 있는 산업을 분석합니다. 마지막으로 성장성 있는 산업 내에서 경쟁력을 가신 기업을 선정합니다.

탑다운 분석 방식을 사용하는 대표적인 투자자가 바로 존 템플턴입니다. 그는 1998년 IMF 당시, 철저한 거시경제 분석으로 한국 주식시장에 기회가 있다는 것을 포착합니다. 이후 한국 주식을 적극적으로 매수하여 큰 성공을 거두게 되죠. 당시 적극적으로 매수했던 삼성전자의 주가는 3만원(현재 주가 기준으로 600원)이었습니다.

존 템플턴
템플턴 그로스사
(Templeton Growth) 설립,
글로벌 펀드의 시초

"실수를 피하는 유일한 길은
투자하지 않는 것이다.
그러나 그것이 가장 큰 실수이다."

바텀업 분석 방식은 사자의 사냥 방식과 비슷합니다.

사자는 3 ~ 4일에 한 번씩 사냥을 합니다. 자신이 완벽하게 잡을 수 있는 먹잇감을 찾아 사냥 대상이 정해지면 사자는 100 ~ 200m 정도만 최고 시속 80km의 속도로 순간적으로 달려 먹이를 사냥합니다. 다음 사냥을 위해 체력을 남겨두는 것이죠. 그래서 사자의 사냥 성공 확률은 30%가 되지 않습니다.

이처럼 바텀업 분석 방식은 탑다운 분석 방식과는 반대로 **경제분석보다는 개별 종목 분석에 주안점을 두는 것입니다.**

여러 가지 정량적, 정성적 분석 방법을 통해 **매력적인 개별 기업을 발굴하는** 것이죠. 이후 발굴한 기업이 산업 경기가 좋아서 매력적인 것인지, 종목 자체가 매력적인지를 분석합니다. 마지막으로 경제분석은 세계 경제에 치명적인 위험이 있는지 정도만 확인한 후에 투자하는 방식입니다. 이렇게 고른 종목이 상승하지 않으면 다시 다른 기업을 공략하는 것이죠.

바텀업 분석 방식의 핵심은 '**시장이 하락하더라도 상승하는 스타 기업은 있다**'는 관점입니다. 투자 대가들은 시장이 하락하더라도 사용할 수밖에 없는 생필품 기업 중 독점적 지위를 가진 기업을 매수하는 등 다양한 방법으로 종목을 발굴했습니다.

여러분이 잘 아는 워런 버핏이 대표적인 바텀업 방식을 사용하는 투자자입니다. **워런 버핏은 기업의 사업보고서를 하나하나 꼼꼼하게 읽으며 그 속에서 투자 기회를 포착했습니다.**

▶ **탑다운 분석 방식과 바텀업 분석 방식 비교**

<table>
<tr><th>구분</th><th>탑다운 분석 방식</th><th>바텀업 분석 방식</th></tr>
<tr><td rowspan="2">스타일</td><td>중장기 투자</td><td>단기 투자</td></tr>
<tr><td>시장 상승기에 적합함</td><td>사계절 투자 가능함</td></tr>
<tr><td rowspan="2">장점</td><td>리스크가 상대적으로 적음</td><td>시장과 상관 없이
오를 종목을 찾을 수 있음</td></tr>
<tr><td>저가 매수의 기회를 잡을 수 있음</td><td>분석 방식이 다양하고 다소 쉬움
빠른 투자 의사결정이 가능함</td></tr>
<tr><td rowspan="2">단점</td><td>투자 기간이 제한적임</td><td>리스크가 상대적으로 높음</td></tr>
<tr><td>분석 방식이 복잡하고 어려움
투자 의사결정에 긴 시간이 소요됨</td><td>큰 수익을 놓칠 수 있음</td></tr>
</table>

사계절 투자

주식시장을 계절에 비유한 것입니다. 봄과 여름을 증시의 상승기에, 가을과 겨울을 증시의 하락기에 비유합니다. 사계절 투자는 증시 상승기와 하락기에 관계 없이 사계절 내내 투자하는 것을 뜻합니다.

그럼 우리는 탑다운 분석 방식과 바텀업 분석 방식 중 어떤 방식을 적용해야 할까요?

사실 실전 투자에 전통적인 분석 방식을 그대로 적용하는 것은 무리가 있습니다. 탑다운 분석 방식과 바텀업 분석 방식 모두 말이죠. 우리의 목표는 **좋은 종목**을 찾아내는 것입니다. 따라서 기업, 산업, 그리고 경제를 단계별로 분석하는 것이 아니라, 개별 기업과 산업 그리고 경제가 어떻게 **유기적으로 연결되어 있는지를 파악**해야 합니다. 그럼 다음 챕터에서 어떻게 좋은 종목을 찾을 수 있는지, 종목 선정 방법에 대해 알려드리겠습니다.

종목 선정 끝장내기

- 양봉이, 음봉이, 개선 선생이 입장하셨습니다. -

음봉이

이 종목도 좋아 보이고, 저 종목도 좋아 보여요.
고르기가 너무 어려워요ㅠㅠ

개선 선생

그래서 종목을 선정할 때 기준이 필요한 거죠!

양봉이

저는 그냥 사람들이 좋다고 얘기하면 따라 사는 편인데,
사고 나면 매번 손실을 보는 것 같아요.

개선 선생

그럴 수밖에 없습니다. 근거 없이 매수한 주식은
상승하거나 하락할 때 그 이유를 모르기 때문이죠.
그럼 이번에는 어떤 근거를 가지고 종목을 선정해야
할지 함께 알아봅시다!

1. 매크로분석으로 종목 선정하기

환율에 따른 종목 선정

① 환율이 올라간다면?

환율이 올라간다는 것은 원화의 가치가 떨어진다는 뜻입니다. 그럼 수출을
주력으로 하는 기업이 가격경쟁력을 가지게 되는 것이죠. 그래서 환율이
높았던 시기에 **현대차, 영원무역**과 같은 기업들이 강세를 보였습니다.

환율이 상승하는 구간에서는 우리나라와 같은 신흥국 증시의 부진이 뚜렷했습니다. 이때는 **방어적인 투자**가 유리하며, 그중 **고배당주**가 79%로 승률이 가장 높은 투자 스타일인 것을 확인할 수 있습니다.

▶ **투자 스타일별 지수 대비 초과수익 확률**

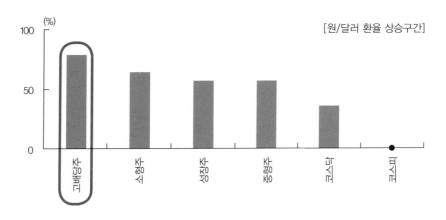

2000년대 초중반에는 자동차 산업과 같이 해외 시장의 규모가 크고, 가격 경쟁력이 가장 중요한 산업이 환율에 큰 영향을 받았고 주가도 그랬습니다. 그러나 최근에는 이런 기업의 주가가 환율에 의해 크게 움직이는 모습을 볼 수 없습니다. 그 이유는 공장의 현지화와 환헤지 때문입니다. 기업들이 규모의 경제를 가지면서 현지화하기에 좋은 조건을 갖추었습니다. 더불어 금융시장이 발전하면서 다양한 통화스왑, 옵션 등의 상품이 개발되면서 효율적으로 리스크 관리를 할 수 있게 된 것이죠.

② 환율이 내려간다면?
반대로 환율이 내려가면 해외에서 제품을 수입하여 유통하는 기업들이 저렴하게 제품을 사올 수 있어 **가격경쟁력**을 가지게 됩니다. 그래서 환율이 낮았던

시기에 **LG상사, 현대백화점, 롯데쇼핑**과 같은 기업들이 강세를 보였죠.

환율이 하락하는 구간에서는 글로벌 경기가 안정되고 위험자산 선호 현상이 두드러졌습니다. 우리나라 증시에도 투자하기 좋은 환경이 조성되었던 것을 확인할 수 있습니다.

▶ **투자 스타일별 지수 대비 초과수익 확률**

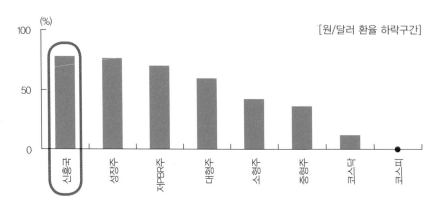

최근에는 환율로 인해 기업의 주가가 움직이는 경우가 많이 줄어들었습니다. 그래서 환율은 종목 선정의 직접적인 요소가 되지 못합니다. 코스피와의 **상관계수**를 통해 환율이 올라가는 구간에서는 주식 비중을 축소하는 등의 전략을 사용하는 것이 좋은 방법입니다.

상관계수

두 변수 간의 연관성을 보여주는 지표입니다. 값이 1이면 두 변수의 움직임이 완전히 같다는 뜻이며, -1이면 움직임이 완전히 역방향임을 의미합니다.

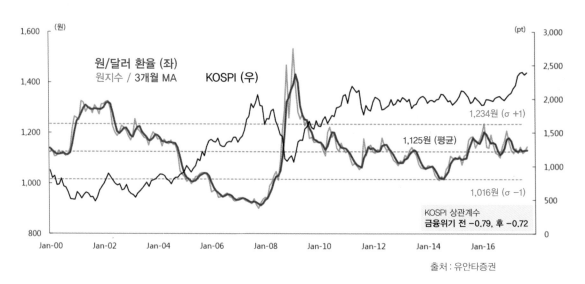

출처 : 유안타증권

금리에 따른 종목 선정

유 튜 브
연결하기

★ 금리 관련 영상 바로 확인!

QR코드로
영상 보는 법
p.12 참고!

① 금리가 올라간다면?

금리가 올라가면 예대마진이 늘어나는 은행과 보험료를 받아 안정적인 운용 수익을 올리는 보험사가 강세임을 확인할 수 있습니다. 그래서 과거에 금리가 높았던 시기에는 KB금융, 메리츠화재, 동부화재 등이 강세였죠. 앞으로도 은행산업과 보험산업의 구조가 크게 변하지 않을 것이기에 금리 상승기에는 은행주와 보험주가 **계속 강세를 보일 확률이 높습니다.**

▶ **2000년 이후 업종별 월평균 수익률**

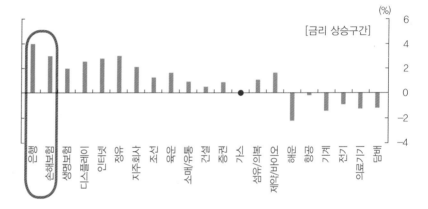

② 금리가 내려간다면?

우리나라 금리가 지속적으로 하락하는 구간은 경기가 좋지 않았습니다. 그래서 경기 방어주 성격을 가진 의료기기, 담배, 전기 관련 종목인 **메디톡스, KT&G, 롯데칠성, 한국전력**이 강세를 보였습니다. 반면 금리 상승기에 수혜주였던 은행주와 보험주의 수익률은 좋지 않은 것을 확인할 수 있습니다.

▶ 금융위기 이후 업종별 월평균 수익률

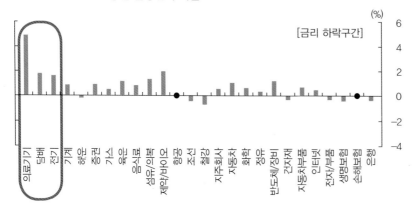

유가에 따른 종목 선정

① 유가가 올라가면?

유가가 올라가면 정유업체의 강세를 기대할 수 있습니다. 과거 유가 상승 구간에 SK이노베이션, S-Oil, OCI가 강세를 보였죠. 정유업체는 유가가 올라가면 재고평가이익과 정제마진에서 이익을 볼 수 있습니다. 만약 유가가 배럴당 1달러 상승할 경우 SK이노베이션은 약 250억원의 재고평가이익이 발생합니다. 또한, 정제마진은 영업이익이 10% 전후로 개선됩니다.

② 유가가 내려가면?

유가가 내려가면 항공사의 수익성이 크게 개선됩니다. 우리나라 항공사는 유류비가 가장 큰 비용 항목이기 때문이죠. 일반적으로 유류비는 항공사 전체 매출의 25% 정도를 차지합니다. 그래서 항공유 가격이 10% 정도 오르면 항공사의 영업이익이 3% 정도 줄어드는 셈입니다.

▶ 같은 기간 대한항공의 주가와 WTI 원유 가격

절대매매 TIP!

❶ 최근에는 환율만으로 종목을 선정하는 것은 무리가 있습니다.
❷ 환율이 높아지면 우리나라 증시에는 좋지 않은 신호입니다.
❸ 환율이 내려가면 신흥국 증시와 위험자산을 선호하게 됩니다.
❹ 금리가 올라가면 은행주와 보험주가 큰 수혜를 볼 수 있습니다.
❺ 유가가 올라가면 정유업체의 강세를 기대할 수 있습니다.
❻ 유가가 내려가면 항공사의 수익성이 개선됩니다.

2. 섹터분석을 통해 종목 선정하기

① 왜 섹터분석을 해야 하는가?
과거 유명한 경제학자들은 산업을 싸이클로 분류해 성장산업, 성숙산업, 쇠퇴산업 등으로 나누어 분석했습니다. 이런 분석 방법이 오늘날에도 잘 맞을까요?

그렇지 않을 것입니다. 과거에는 바이오, 4차 산업, 디지털 플랫폼 같은 것이 없었기 때문에 산업이라는 큰 묶음으로 이해하려고 한 것이죠. 이제는 더 이상 산업이라는 큰 틀이 아닌 **섹터별로 그 특징을 이해해야 합니다.** 또한, 그 속에서 기업들의 관계가 어떻게 유기적으로 연결되어 있는지도 파악해야 합니다.

섹터분석은 주식투자뿐만 아니라 일상생활과도 밀접하게 연관되어 있습니다. 앞으로 성장할 섹터에 대한 분석을 꾸준히 하게 되면 사회의 큰 흐름을 파악할 수 있고, 더 나아가 자신의 커리어에도 도움을 줄 수 있습니다.

② 어떤 섹터를 분석해야 하는가?
본격적으로 섹터분석을 하기 전에 어떤 섹터를 분석할 것인가에 대한 분류를 해야 합니다. 섹터는 크게 **현재 유망한 섹터, 미래에 유망할 섹터, 침체기에 접어든 섹터** 3가지 정도로 분류할 수 있습니다.

현재 유망한 섹터는 뉴스나 실생활 속에서 쉽게 접할 수 있습니다. 그 대표적인 예가 바로 **한류, 엔터, 5G, 바이오**인데요. 이런 섹터는 실적이나 재료에 따라 등락을 거듭하며 꾸준히 우상향하는 경향이 있습니다. 그래서 **상한가 분석**을 통해 현재 시장의 트렌드를 파악하고 있어야 합니다.

미래에 유망할 섹터는 각 기업에서 미래의 먹거리를 위해 많은 투자를 하고 있는 섹터입니다. 학술지나 협회 등에서 기술 개발이 이루어지고 있는 상황을 알 수 있죠. 대표적으로 전기차, 수소차, 4차 산업 등이 있습니다. 현재는 막연한 기대감과 정책 수혜 등으로 주가가 움직이지만, 그 섹터가 성장국면에 접어든다면 더 큰 주가 상승을 가져올 것입니다. 따라서 미래에 유망할 섹터는 반드시 정리해서 알고 있어야 합니다.

상한가 분석

주식시장에서 상한가를 달성한 종목을 분석하는 방법을 말합니다. 상승 이유와 거래량, 패턴 등을 파악함으로써 최근 시장의 트렌드를 파악할 수 있습니다.

마지막으로 **침체기에 접어든 섹터**입니다. 대표적인 예가 조선섹터입니다. 이 섹터는 당장 섹터분석을 통해 자세한 정보를 정리해놓을 필요는 없습니다. 그러나 다시금 **턴어라운드**의 기미가 보인다면 당연히 섹터분석을 해야 합니다.

턴어라운드

기존에 좋지 않았던 기업의 상황이나 실적이 개선되는 모습을 나타내는 말입니다.

③ 5가지 질문으로 끝내는 섹터분석

Q1 현재 유망한 섹터인가? 미래에 유망할 섹터인가?

Q2 해당 섹터가 단기 이슈로 끝날 것인가?
중장기적으로 계속 성장할 것인가?

Q3 어떠한 파급효과를 가져올 수 있는가?
사회 전반에 변화를 가져올 정도로 큰 파급효과인가?

Q4 섹터 내 밸류체인이나 동질성에 따라 종목을 분류할 수 있는가?

Q5 시나리오를 짤 수 있는가?

→ 서로 유기적으로 연결되어 있는가? → 밸류체인 예) 전기차 섹터

→ 섹터 내 구분이 뚜렷한가? → 동질성 예) 바이오 섹터

Q1 현재 유망한 섹터인가? 미래에 유망할 섹터인가?

주식투자를 하는 사람이라면 현재 유망한 섹터와 미래에 유망할 섹터는 반드시 알고 있어야 합니다. 섹터분석을 할 때는 가장 먼저 시기를 구분해야 합니다. 현재 유망한 섹터라면 분석한 정보를 토대로 매매에 임하면 되지만, 미래에 유망할 섹터는 지속적으로 관심을 갖고 정보를 업데이트할 필요가 있습니다.

Q2 해당 섹터가 단기 이슈로 끝날 것인가? 중장기적으로 계속 성장할 것인가?

강세 섹터라 하더라도 정책 이슈나 단기 이벤트에 따라 짧게 상승한 후 하락할 수 있습니다. 그래서 주식시장의 투자자들이 해당 섹터에 대한 관심을 '얼마나 오래' 가질지에 대해 고려해봐야 합니다. 즉, **현재 섹터의 주된 기대감과 리스크 요인이 무엇인지 파악해두어야 하는 것이죠.**

Q3 어떠한 파급효과를 가져올 수 있는가? 사회 전반에 변화를 가져올 정도로 큰 파급효과인가?

두 번째 질문에서 파악한, 현재 섹터에 대한 기대감이 현실이 되었을 때 사회 전반에 어떤 변화를 가져올지, 얼마만큼의 경제 효과가 있을지 추정해보아야 합니다.

과거 2차 산업혁명, 정보기술 및 의료기술의 발달 등이 사회 전반에 큰 변화를 가져왔죠. 앞으로도 파급효과가 큰 섹터가 곳곳에 숨어 있습니다. 간단한 예로 드론 섹터가 활성화되고 보급화된다면 사회 전반에 큰 변화를 가져올 것입니다. 취미, 운송, 보안, 교육 등 여러 분야에 있어서 말이죠.

Q4 섹터 내 밸류체인이나 동질성에 따라 종목을 분류할 수 있는가?

앞의 3가지 질문들을 통해 섹터 전반을 이해했다면 이제는 섹터 내 종목을 분류해야 합니다. **전방산업** 또는 **후방산업**이 있는 섹터는 **밸류체인**, 그렇지 않은 경우는 동질성에 따라 종목을 분류해야 합니다.

종목을 분류해 놓아야 실제 투자 단계에서 활용할 수 있기 때문이죠.

▶ 밸류체인

전방산업/후방산업

해당 기업을 기준으로 소재, 원재료 등을 공급받는 산업을 후방산업, 해당 기업으로부터 최종소비자까지의 산업을 전방산업이라고 합니다. 전기차를 만드는 기업의 경우 2차전지와 같은 소재기업은 후방산업이고, 소비자들에게 전기차를 판매하는 기업은 전방산업에 속하게 됩니다. 이를 하나로 묶어 밸류체인이라고 합니다.

밸류체인

기업의 영업활동 속에서 부가가치가 생성되는 과정을 뜻합니다. 하버드대의 마이클 포터(M. Porter)가 모델로 정립한 이론으로, 하나의 원재료가 여러 기업들을 거치면서 그 가치가 점점 커지는 모습을 나타낸 것입니다.

Q5 시나리오를 짤 수 있는가?

→ 서로 유기적으로 연결되어 있는가? → 밸류체인 예) 전기차 섹터

→ 섹터 내 구분이 뚜렷한가? → 동질성 예) 바이오 섹터

5가지 질문 중 가장 중요한 부분이 바로 이 마지막 질문입니다. 섹터 내 분류를 통해 시장에서 투자자들의 관심을 받을 때 주가의 움직임을 예상해볼 수 있는지 알아보는 것입니다. 즉, 시나리오를 짤 수 있는가를 판단해보아야 합니다.

일반적으로 동일한 밸류체인 안에 있는 기업들은 주식시장에서 그 섹터가 조명 받으면 주가가 차례대로 상승하는 순환매적 성격을 가지고 있습니다.

▶ **밸류체인의 흐름**

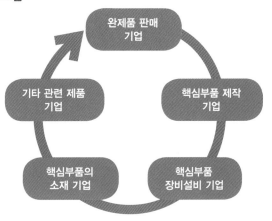

밸류체인의 흐름을 살펴보겠습니다. **완제품 판매** 기업의 매출액이 본격적으로 증가하면 **핵심부품**이 추가로 필요하게 됩니다. 그러면 핵심부품을 제작하는 기업은 현재의 **장비설비**로 주문 받은 물량을 다 만들 수 없기에 추가로 공장증설이나 기계장비를 늘리게 되죠. 제작능력을 갖춘 핵심부품 제작 기업이 **핵심부품에 들어가는 소재들**을 평소보다 더 많이 주문하게 되면서 해당 섹터는 큰 호황을 맞이하게 됩니다. 이에 따라 **기타 관련 제품**을 판매하는 기업들까지 덩달아 매출이 증대되는 것이죠.

주가도 마찬가지입니다. 해당 기업의 실적이 즉각적으로 나타나진 않지만 수주와 발주, 계약 등의 공시로 여러 투자자들이 해당 섹터가 호황을 맞이했다는 것을 알 수 있게 됩니다. 밸류체인의 흐름에 따라 주가도 움직이게 되는 것이죠.

그러나 모든 섹터가 밸류체인에 따라 연결되어 있는 것은 아닙니다. 이럴 때는 비슷한 종목들끼리 묶어서 분류해야 합니다. 즉, **동질성**에 따라 분류하는 것이죠. 예를 들어 4차 산업 섹터라면 드론, 인공지능, 자율주행 등으로 분류하는 것입니다. 이렇게 동질성을 기준으로 종목을 분류하면 시장이 강세일 때 섹터 내에 어떤 부분 때문인지 명확하게 알 수 있습니다.

해당 섹터가 금일 시장에서 강한 상승세를 보여서 섹터 내 대장주가 상한가에 들어간다면, 이 종목에 먼저 투자한 투자자는 이익을 본 후 다음 투자 대상을 찾아내어 투자하게 됩니다. 따라서 동질성을 가진 2등주, 3등주가 이어서 상승하는 순환매가 일어나게 되는 것이죠.

전기차 섹터와 바이오 섹터의 예시를 통해 어떻게 섹터분석을 하는지 자세히 알아보겠습니다.

▶ 전기차 섹터

Q1 현재 유망한 섹터인가? 미래에 유망할 섹터인가?

전기차 섹터는 현재 기술 개발이 이루어지고 있으며, 아직 해결해야 할 문제들이 산재되어 있습니다. 현재는 기대감으로 주가가 움직이고 있지만, 전기차의 매출이 성장하는 시기가 오게 된다면 더 큰 주가 상승을 가져올 것입니다. 따라서, 미래에 유망할 섹터라 볼 수 있습니다.

Q2 해당 섹터가 단기 이슈로 끝날 것인가? 중장기적으로 계속 성장할 것인가?

단기 이슈보다는 중장기적으로 계속 성장할 섹터로 볼 수 있습니다. 꾸준한 기술개발로 인해 비용이 절감되고, 현재의 내연기관 자동차처럼 기술이 완숙 단계에 올라서기까지 많은 시간이 소요될 것으로 판단되기 때문입니다.

Q3 어떠한 파급효과를 가져올 수 있는가? 사회 전반에 변화를 가져올 정도로 큰 파급효과인가?

전기차가 보급화된다면 전기차 매출 증대에서 끝나는 것이 아니라 여러 섹터들과 함께 시너지효과를 낼 것으로 보입니다. 적은 부품으로 인해 가벼워진 전기차가 운행 기능 외에 다른 기능을 포함하는 등 다양하게 발전할 가능성이 높습니다. 그래서 섹터가 발전되는 방향을 계속해서 조사할 필요가 있습니다.

Q4 섹터 내 밸류체인이나 동질성에 따라 종목을 분류할 수 있는가?

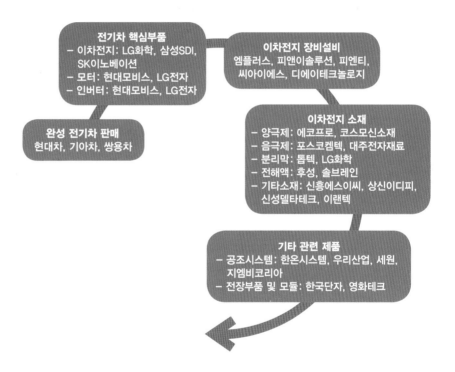

Q5 시나리오를 짤 수 있는가?

전기차의 판매가 본격화된다면 밸류체인 내 기업들이 차례로 투자자들의 주목을 받으며 주가가 상승할 것입니다. 점점 더 많은 양의 전기차가 판매된다면 해당 사이클이 여러 번 반복되겠죠. 그 과정에서 수주 및 발주, 계약 공시 등을 잘 체크하여 매매에 임한다면 큰 수익을 낼 수 있습니다.

▶ 바이오 섹터

Q1 현재 유망한 섹터인가? 미래에 유망할 섹터인가?

바이오 섹터는 미래에도 유망하지만, 현재 유망한 섹터에 가깝다고 볼 수 있습니다. 그 이유는 현재 여러 바이오 관련 기술이 개발만 되고 있는 것이 아니라, 기술력을 가진 바이오 기업이 인수되거나 기술이전, 기술수출 계약을 맺으면서 이익이 나고 있기 때문입니다.

Q2 해당 섹터가 단기 이슈로 끝날 것인가? 중장기적으로 계속 성장할 것인가?

앞으로도 계속 신약이나 새로운 기술이 개발될 것으로 보입니다. 그러나 몇몇 섹터는 단기 이슈로 그칠 가능성이 있으므로 구분할 필요가 있습니다.

Q3 어떠한 파급효과를 가져올 수 있는가? 사회 전반에 변화를 가져올 정도로 큰 파급효과인가?

신약 개발 등으로 인해 현재 난치병으로 분류되는 병이 치료되기 시작한다면 그 경제효과는 굉장히 클 것으로 보입니다.

Q4 섹터 내 밸류체인이나 동질성에 따라 종목을 분류할 수 있는가?

바이오 섹터는 동질성에 따라 종목을 아래와 같이 분류해볼 수 있습니다.

Q5 시나리오를 짤 수 있는가?

동질성에 따라 분류된 종목 중 한 종목이 강한 상승세를 보인다면 그 종목의 기대감으로 인해 다른 종목도 상승하게 됩니다. 이러한 상승세가 강하다면 섹터 전반으로까지 번질 수 있죠.

예를 들어 임상3상을 진행 중인 신약개발 기업이 큰 금액의 기술이전을 계약 했다면 다른 임상3상을 진행 중인 기업들의 주가도 기대감으로 인해 상승하게 됩니다. 상승세가 강하면 강할수록 섹터 전반으로 번지게 됩니다.

[81] 바이오1				[82] 바이오2			
종목명	현재가	등락률	메모	종목명	현재가	등락률	메모
바이오시밀러				제약업체			
삼성바이오	381,500	1.33	첨단 바이오의약품 위탁 생산	JW중외제약	39,700	1.02	수액제, 항생제, 고지혈증치료제
셀트리온	212,000	0.71	각종 단백질 치료제 개발/생산,	녹십자	131,500	0.77	바이오의약품 분야에서 경쟁력
한미약품	442,500	1.61	슈퍼바이오시밀러 개발중(지속성	유한양행	209,500	1.95	의약품 사업(항생제 메로펜 등)
한올바이오	32,450	1.72	바이오시밀러 개발 원천기술 보	유나이티드	22,400	0.90	전문치료제 중심의 의약품을 제
바이넥스	9,910	3.34	생물산업기술실용화센터 운용,	줄기세포			
에이프로젠	2,290	2.97	3대 바이오시밀러의 독점적 국내	마크로젠	28,200	0.18	유도만능줄기세포의 기술개발 및
백신/진단시약/방역				파미셀	11,900	1.65	성체줄기세포치료제 개발/제조/
중앙백신	15,750	1.87	동물백신 제조를 주요 사업으로	프로스테믹	5,050	0.20	줄기세포 배양액 화장품 판매 및
대한뉴팜	9,860	0.80	동물의약품, 제약사업 영위	코아스템	11,750	1.29	전문 줄기세포치료제 개발 및 제
진매트릭스	4,130	1.43	유전자 분석 및 맞춤의료를 위한	에이치엘비	15,500	0.96	다기능성 간 줄기세포 치료제인
씨젠	14,850	0.68	유전자 분석을 통해 질병의 원인	유전자 치료제/분석			
파루	2,565	2.29	농축산 관련 방역소독기, 천연살	코오롱생명	73,400	1.10	바이오신약(세포유전자 치료제,
보톡스				제넥신	66,900	0.75	유전자 치료 백신, 함암 유전자
메디톡스	556,400	0.83	보툴리눔 독소 원천기술 보유	신라젠	70,700	0.84	유전자 재조합 항암 바이러스에
휴젤	347,000	3.56	보툴리눔 독소를 활용한 바이오	랩지노믹스	6,140	1.13	체외진단검사 서비스 제공 업체
디에스케이	7,000	0.99	보툴리눔 단백질 치료제 제조 및	디엔에이링크	3,995	0.37	유전체 분석, 맞춤의학용 개인유
슈퍼박테리아				치매치료			
크리스탈	17,450	0.57	슈퍼세균 박멸 항생제 신약 기술	젬백스	11,150	2.62	치매 관련 신약 국내 임상 2상 진
큐로컴	1,250	1.96	슈퍼박테리아 치료 항생제를 개	동아에스티	104,000	2.46	치매센터 운영, 관련 신약 전임
인트론바이오	40,850	1.49	항생제내성균 감염에 대한 바이	현대약품	4,645	0.87	치매 치료제 '타마린서방정',
이연제약	14,050	1.40	슈퍼박테리아 항생제 기술 개발	아이큐어	30,700	1.60	패취 형태의 치매 치료제인 '리
의료기기				치아치료			
인바디	20,850	0.71	체성분 분석기를 주요제품으로	오스템임플	51,300	1.18	치과용임플란트 및 치과용소프트
큐렉소	6,450	0.31	의료용 수술로봇 로보닥을 생산(	바텍	19,900	2.45	치과용 디지털 엑스레이 및 CT,
세운메디칼	3,765	1.70	튜브 등 소모성 의료기기를 제조	오스코텍	19,700	1.01	치주질환 등과 관련된 천연물 신
솔고바이오	383	0.26	외과용 수술기구, 의료장비 및	나이벡	9,880	1.10	치아미백제, 치과용 골이식재 및
제대혈				U-헬스케어			
메디포스트	69,900	0.43	상위권 제대혈 은행업체	유비케어	4,430	0.56	U-헬스케어 사업 영위업체 기업
차바이오텍	20,200	0.75	상위권 제대혈 은행업체	인피니트헬	6,030	0.77	방사선정보시스템, 의료영상 저
강스템바이오	21,150	4.70	제대혈 줄기세포치료제 연구 개	현대정보기	1,720	1.15	의료정보시스템 구축 및 EMR, PA
				케어랩스	18,900	2.33	헬스케어 토탈 솔루션 업체, 미

주가를 움직이는 요인은?

더 알아보기!

주가를 상승하게 하거나 하락하게 하는 요소는 굉장히 다양합니다. 주요한 요인은 바로 **실적**과 **기대감**입니다. 기업의 크기, 즉, 시가총액이 기대감만으로 주가가 상승하기 어렵습니다. 실적이 함께 뒷받침되어야 하죠. 반면 기업의 크기가 작으면 기대감만으로도 주가가 쉽게 상승하게 됩니다.

❶ 시가총액 **5천억 미만**의 기업은 실적이 뒷받침되지 않더라도 **기대감**만으로 주가가 상승할 수 있습니다.

❷ 시가총액 **1조 이상**의 기업은 **실적**이 뒷받침되지 않으면 추가적인 주가 상승을 이어가기 어렵습니다.

❸ 바이오 기업은 향후 경제효과가 크기 때문에 시가총액보다는 **재료의 크기**를 판단하는 것이 중요합니다.

3. 개별분석을 통해 종목 선정하기

상한가 분석

소위 말하는 투자 고수들은 상한가 분석을 꼭 합니다. 일반적인 투자자라면 '상한가를 맞추는 것은 신의 영역이 아닌가? 왜 굳이 상한가 간 종목을 분석하는 거지?'라는 의문을 가질 수도 있습니다. 그러나 상한가 분석의 목적은 내일 상한가를 달성할 종목을 찾는 것보다는 **현재 시장의 트렌드를 파악**하기 위한 것입니다.

사실 시장에는 흘러다니는 자금들이 많습니다. 그리고 이런 자금은 시장의 트렌드를 따라다니죠. 주식시장을 지켜보다 보면 어떤 재료로 인해 산업 전체의 주가가 상승하는 경우가 있습니다. 그 흐름을 잘 들여다본다면 트렌드를 발견할 수 있습니다.

▶ 상한가 분석 양식

① 날짜	종목명	총발행주식수	유통비율	당일 거래량	120일평균 거래량	② 당일 거래강도	상한가 형태	직전패턴	④ 섹터 및 테마	섹터 파급효과	상승 이유	⑤ 지속상승여부
1 2019-01-02	에스씨디(042110)	48,330,000	48.60%	25,267,000	744,732	141.50%	짧은 아래꼬리	대칭삼각형	전자제품 부품	하	새로운 수소치	보합
2 2019-01-02	에프엔에스테크(083500)	7,015,000	63.80%	842,717	27,241	49.76%	장대양봉	좁은 박스권	OLED,반도체	하	삼성 투자	보합
3 2019-01-02	아이엠텍(226350)	21,250,000	86.60%	5,039,000	474,716	38.00%	장대양봉	횡보	안테나, NFC 등	단독	와이디미디어	보합
4 2019-01-02	데코앤이(017680)	116,685,000	85.30%	11,739,000	2,816,000	15.96%	장대양봉	상승장악형	의류	단독	상장폐지 우려	상승
5 2019-01-03	넷게임즈(225570)	24,003,000	32.20%	2,075,000	63,762	59.39%	장대양봉	원형바닥	게임/넥슨자회	중	넥슨 지분 매	강한 상승
6 2019-01-03	넥슨지티(041140)	35,373,000	33.80%	2,309,000	284,771	27.42%	갭+장대양봉	V자형	게임/넥슨자회	중	넥슨 지분 매	강한 상승
7 2019-01-03	이노인스트루먼트(215790)	20,283,000	23.50%	1,947,000	98,050	60.70%	장대양봉	이중바닥	5G	단독	신제품, 실적	상승
8 2019-01-03	인디에프(014990)	58,933,000	30.80%	13,289,000	1,069,000	85.64%	장대양봉	좁은 박스권	개성공단	중상	개성공단 재가	상승
9 2019-01-03	좋은사람들(033340)	29,908,000	86.90%	25,903,000	3,022,000	108.24%	장대양봉	이중바닥	개성공단	중상	개성공단 재가	상승
10 2019-01-04	와이비엠넷(057030)	16,313,000	44.90%	6,259,000	438,579	99.72%	장대양봉	상승 횡보	유시민 관련주	중상	유시민 알릴러	강한 상승
11 2019-01-04	풍강(093380)	9,879,000	61.70%	12,299,000	313,357	241.03%	장대양봉	좁은 박스권	유시민 관련주	중상	유시민 알릴러	상승
12 2019-01-07	넥슨지티(041140)	35,373,000	33.80%	11,519,000	477,333	120.48%	갭+장대양봉	삼공	게임/넥슨자회	중상	넥슨 지분 매	상승
13 2019-01-07	동부제철(016380)	27,233,000	3.40%	59,375	8,606	13.31%	점상	원형바닥	철강	단독	매각 및 인수	상승
14 2019-01-07	유니트론텍(142210)	9,932,000	64.90%	343,892	29,171	17.12%	장대양봉	이중바닥	전장용 반도체	중	CES 자율주행	상승
15 2019-01-07	동부제철우(016385)	160,000	100%	6,596	610	14.94%	점상	횡보	철강	단독	동부제철의 매	보합
16 2019-01-07	시그네틱스(033170)	85,728,000	51.20%	9,714,000	339,945	50.71%	장대양봉	상승삼각형	반도체 패키징	중	CES 기대감,	상승
17 2019-01-08	파워넷(037030)	12,010,000	65.40%	902,142	339,399	14.14%	장대양봉	상승임대형	LED 테마	중	CES 기대감,	보합
18 2019-01-08	우원개발(046940)	17,125,000	63.10%	4,152,000	325,017	51.20%	장대양봉	대칭삼각형	건설, 토목	중	김정은 방북,	보합
19 2019-01-08	동부제철(016380)	27,233,000	3.40%	99,896	9,406	21.41%	점상	점상	철강	단독	산업은행의 매	상승
20 2019-01-08	동부제철우(016385)	160,000	100%	110,004	1,525	140.89%	아래꼬리 도지	점상	철강	단독	산업은행의 매	상승
21												
22												
23												
24												

★ 엑셀 양식은 이상스쿨 홈페이지 ▶ 커뮤니티 ▶ 학습자료실에서 다운로드 할 수 있습니다.

QR코드로 영상 보는 법 p.12 참고!

엑셀 프로그램 양식에 상한가 간 종목들을 잘 정리한다면 시장의 흐름을 파악하는데 큰 도움을 받을 수 있습니다. 처음 작성할 때는 번거롭고 힘들 수 있지만, 꾸준히 잘 작성한다면 나중에 큰 자산이 될 것입니다.

▶ 상한가 분석 양식 작성 방법

❶ 상한가 일자와 종목명을 기록합니다. 이때 종목코드도 함께 기록하는 것이 좋습니다. 종목명은 기업이 쉽게 변경할 수 있지만, 상장기업이라면 종목코드는 바뀌지 않기 때문입니다.

❷ 총발행주식수, 유통비율, 당일 거래량, 평균 거래량 등을 따져 당일 거래량이 얼마나 강한 상승을 보여주는지 알 수 있습니다. 저점에서 거래강도가 높게 나온다면 긍정적인 신호이지만, 고점에서 높은 거래강도를 보인다면 위험 신호로 해석할 수 있습니다.

캔들과 차트 패턴 형태

캔들과 차트 패턴의 형태는 PART 5 p.211에서 자세히 알아보겠습니다. 또한, 급등주 차트는 부록에서 제공하는 p.425 '급등주 찾기 훈련 차트 50선'에서 확인해보세요!

❸ 직전 **패턴**, 상한가 **형태** 등도 기록하여 어떤 유형에서 자주 강한 상승이 나오는지도 파악 해둘 필요가 있습니다.

❹ 당일 상한가에 들어간 종목이 속한 섹터가 어디인지, 섹터가 전반적으로 상승세였는지, 상승 이유는 무엇이었는지 등을 기록해야 합니다. 이를 통해 최근 시장의 흐름을 파악할 수 있고, 그 다음으로 상승할만한 섹터를 발견하는데 도움이 됩니다.

❺ 당일 상한가 간 종목을 기록하는 것에서 끝나는 것이 아니라, 상한가에 진입한 종목이 이후에 어떤 움직임을 나타내는지 지속적으로 관심을 가지고 지켜봐야 합니다.

위 상한가 분석 양식에 예시로 들어가 있는 종목은 2019년 1월 2일부터 1월 8일까지 상승한 종목들을 정리해둔 것입니다. 상한가 분석을 통해 해당 기간에 수소차, 개성공단, 정치, 매각 등의 이슈가 있음을 알 수 있고, 어느 섹터가 강했는지 등을 파악할 수 있습니다.

이렇게 정리하다 보면 꾸준히 종목 분석을 한 사람과 그렇지 않은 사람은 시간이 지날수록 투자실력의 차이가 벌어지게 됩니다. 똑같은 경험을 하더라도 그 경험을 통해 배우는 것이 있는 사람과 그렇지 않은 사람의 차이인 것이죠.

자산운용사에서 힌트 얻기

현대 주식시장이 정보의 비대칭성이 많이 해소되었다고는 하지만 아직까지 **정보의 수집력**이나 **해석력** 면에서 개인투자자들에 비해 유리한 위치에 있을 수밖에 없는 것이 **자산운용사**, 즉, 기관입니다. 그래서 자산운용사의 매매를 분석하면 투자에 도움이 되는 정보를 얻을 수 있는 것이죠.

자산운용사가 보유한 주식은 크게 두 가지 부류로 구분할 수 있습니다.

① 보유 비중이 높고, 오랜 기간 보유한 주식
자산운용사의 주요한 사업은 바로 투자를 통해 수익을 얻는 것입니다. 그래서 상장주식수 대비 운용사 보유비중이 높고, 일정 수준 이상 주가가 상승한 기업은 주가의 추가 상승이 부담스러울 수밖에 없습니다. 언제든지 운용사가 보유한 물량 전부가 매도물량으로 변할 수 있기 때문이죠.

따라서 **매수하고자 하는 종목을 운용사들이 10% 이상 보유했다면 투자를 잠시 보류하는 것이 바람직합니다.**

② 신규로 편입하는 주식
개인투자자들이 활용할 수 있는 가장 유용한 부분이 바로 자산운용사가 **신규로 편입**하거나 **추가로 편입**하는 주식입니다. **누구든 해당 기업의 주식을 5% 이상 보유하게 되면 공시의 의무가 생깁니다.** 자산운용사라고 예외는 아니죠. 최근 자산운용사가 신규로 편입한 종목에 투자금을 추가로 넣는다면 해당 종목을 추가 매수할 가능성이 높습니다. **매번 돈이 들어올 때마다 신규로 종목을 발굴하기보다는 이미 발굴하여 포트폴리오 내에 담아둔 종목에 투자하는 것이 더 쉽고 확실하기 때문입니다.**

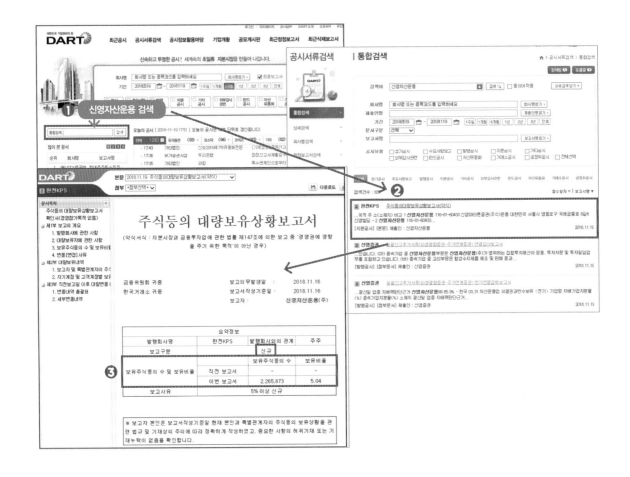

그래서 전자공시시스템(http://dart.fss.or.kr)의 통합검색을 활용할 수 있습니다. 특히 '주식등의 대량보유상황보고서' 공시를 주의 깊게 봐야 합니다. 그 중에서도 신규로 편입된 주식이거나 큰 폭으로 보유비율이 늘어나는 공시가 없는지 찾아보아야 합니다. 이후 수집한 정보를 바탕으로 투자의사 결정을 해볼 수 있습니다.

더 알아보기!

운용사별 선호 주식

❶ 삼성자산운용, 미래에셋자산운용, KB자산운용 : 성장주 및 시장주도주를 선호합니다.

❷ 신영자산운용, 한국투자밸류자산운용 : 가치주를 선호합니다.

❸ 베어링자산운용 : 경기방어주 및 배당주를 선호합니다.

CHAPTER **03** 투자의 고수들은
어떻게 종목을 선정하는가?

#워런버핏 #조지소로스
#투자비밀 #고수의투자법
#검색식

– 양봉이, 음봉이, 개선 선생이 입장하셨습니다. –

양봉이

개선 선생님! 전 세계 최고의 투자자는 누구인가요?
누가 돈을 제일 잘 버나요?

개선 선생

투자에 정답이 없듯이, 투자자도 순위를 매길 수
없습니다. 그렇지만 뛰어난 투자실력을 바탕으로
엄청난 부를 축적한 사람들은 있죠.

양봉이

그게 누구인가요? 그 사람들을 따라하면
저도 돈을 벌 수 있을까요?

음봉이

투자 고수들의 비밀 투자 기법을 알고 싶어요!

개선 선생

이런 성급한 마음이 투자의 실패를 불러오죠.
진정하고, 함께 알아보도록 해요!

조지 소로스
냉철한 투자자,
헤지펀드계의 전설

"투자에 성공하기 위해서는
강해져야 하고 용기가 필요하다."

1. 세계 대표 트레이더, 조지 소로스

▶ 업적과 인물 소개

많은 사람들은 상승장, 하락장 등 장세에 상관 없이, 그리고 특정 자산 시장에
한정되지 않은 투자를 하고 싶어합니다. 그 관점에 딱 맞는 매매방식으로
엄청난 투자수익을 올리고 있는 투자자가 바로 조지 소로스입니다.

월가의 펀드매니저였던 조지 소로스는 1969년 짐 로저스와 함께 퀀텀펀드를 설립하면서 두각을 나타내기 시작했습니다. 초기 1만달러로 시작한 퀀텀펀드는 20여 년 후 약 2,000만달러의 자산을 보유한 펀드가 되었죠.
이 기간의 연 환산 수익률은 35%로, 아직까지도 전무후무한 기록으로 남아 있습니다. 이는 워런 버핏보다 10% 이상 높은 수익률이었습니다.

▶ 일화

그가 우리에게까지 유명해진 사건이 바로 1992년 영국 중앙은행을 굴복시킨 사건입니다. 당시 영국은 1990년 유럽통화제도(EMS) 내의 **유럽환율메커니즘(ERM)**에 가입했습니다.

1990년 통일을 달성한 독일은 낙후한 동독 경제를 단기간에 끌어올리기 위해 휴지조각 신세가 된 동독 화폐를 서독 화폐와 1대 1로 맞교환하고 대대적 투자를 단행하게 됩니다. 동시에 독일은 물가 상승을 막기 위해 통일 후 1992년까지 10차례의 금리인상을 하게 됩니다.

시장의 자금은 기대 수익률이 높은 곳으로 흘러 들어가기 때문에 독일로 자금이 쏠리게 되었습니다. 이로 인해 독일과 환율이 연동된 국가들도 금리를 올릴 수밖에 없었죠. 금리를 올리자 실업률이 증가하고 경기가 급랭하는 등 불황으로까지 이어졌습니다. 독일과 함께 유럽 내 주도권을 다투고 있던 영국은 파운드화의 폭락을 막기 위해 무제한적으로 파운드화 매수에 나서게 됩니다.

> **유럽환율메커니즘(ERM)**
>
> 유럽 내 단일 통화권을 구축하기 위한 느슨한 수준의 고정환율제도입니다. 당시 협약에 따라 영국 1파운드당 독일 2.95마르크화를 기준으로 상하 6%라는 변동폭에서만 움직일 수 있었습니다. 변동폭을 벗어날 정도로 환율이 요동치면 회원국 중앙은행들이 시장에 개입해 인위적으로 환율을 조절했습니다.

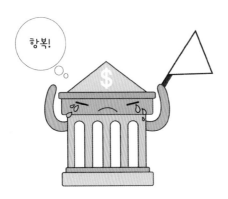

영국 정부가 조지 소로스와 다른 헤지펀드들의 파운드화 매도 공세를 견디지 못하고 유럽환율메커니즘(ERM)을 탈퇴하게 되는 사건입니다. 당시 영국 재무부는 34억 파운드의 손실을 보게 됩니다.

이때 조지 소로스는 유럽 경제 불안 속에서 기회를 포착하였습니다. 그는 언론에 직접 파운드화 대폭락을 예견하는 등 파격적인 행보를 이어가며 가능한 자금을 모두 동원해 파운드화를 팔아 치우게 됩니다. 이에 다른 헤지펀드들도 함께 파운드화 매도에 나섰죠. 그로 인해 파운드화의 가치가 폭락하게 되고 1992년 9월 16일이 영국의 **검은 수요일**로 기억되었습니다. 검은 수요일을 기점으로 소로스는 한 달간 10억달러를 벌어들였고, 그 해 조지 소로스 펀드의 수익률은 68.6%였습니다.

▶ 선호하는 투자방식

이와 같은 강렬한 사건으로 인해 우리는 그를 냉혹한 투기꾼으로 기억하고 있습니다. 하지만 우리가 잘 알지 못하는 사실은 퀀텀 펀드 수익률의 근간은 바로 주식시장이라는 것인데요. 그는 첨단 IT산업과 관련된 기술주와 턴어라운드주에 집중투자해 큰 수익을 올렸습니다. 그리고 주식에 투자할 때도 공매도와 레버리지를 활용하는 등 적극적인 모습을 보여주었습니다.

재귀성 이론

시장이 여러 사건에 대해 균형적으로 잘 반영하여 움직이기보다는 어느 한 극단에 이른 뒤에야 안정기조로 돌아온다는 '파탄가설'의 기초가 되는 이론입니다. 그래서 불균형한 주식시장은 폭등과 폭락을 거듭할 수밖에 없다고 주장하는 이론입니다.

조지 소로스의 핵심 투자 방식은 **재귀성 이론**에 따른 투자입니다. 그는 주식시장에 참여한 사람들은 완전한 정보를 가지고 있지 않다고 이야기합니다. 그래서 대부분의 **투자자들은 각자의 편견을 가지고 투자에 임하게 되고 주식시장은 우세한 편견이 있는 쪽으로 흘러간다**고 말합니다.

조지 소로스는 행동주의 투자자입니다. 그는 자신의 영향력을 이용하는 것을 마다하지 않습니다. 기업 가치를 신중하게 평가하고 판단하기보다는 투자자들 앞에서 자신의 포지션을 공개하는 등 과감한 행동을 하기도 하죠.

*

조지 소로스가 건네는
투자 조언

"내가 맞느냐 틀리느냐가 중요한 것이 아니라, 옳았을 때 얼마나 많은 돈을 벌고, 틀렸을 때 얼마나 많은 돈을 잃느냐를 판단하라."

"어떤 거래에서 자신의 판단이 옳다고 생각되면 그 때가 바로 레버리지를 써야 할 때이다."

"투자에 성공하기 위해서는 강해져야 하고 용기가 필요하다."

*

만약 조지 소로스가 우리나라 주식시장에 투자를 했다면, CEO 파워를 가졌던 초기의 **카카오**, 리니지 게임으로 유명한 **엔씨소프트**, 바이오 빅사이클을 이끌었던 **셀트리온**, 면역항암제 **신라젠** 그리고 앞으로 유망할 **전기차** 및 **4차 산업** 관련 섹터에 집중투자했을 것입니다.

조지 소로스의 핵심 투자전략

❶ 시장은 합리적이지 않다. 그 속에서 기회를 찾아라. 그리고 시장이 이성을 되찾기 전에 빠져 나와라.

❷ 분석력만큼 중요한 능력은 방아쇠를 당기는 능력이다. 결정했으면 행동에 옮겨라.

❸ 시류에 맞춰 유연하게 행동하라. 누가 어디에 관심을 가지고 있는지 항상 살펴보라. 내가 이해할 수 없다고 배제하지 마라.

❹ fundamental(기업의 실적)이 주가를 움직인다는 이론은 잘못된 것이다. 주가 그 자체가 시장의 변화를 촉진시키는 역할도 한다.

❺ CEO 브랜드가 중요하다. 영향력 있는 CEO의 움직임이 업계의 변화를 가져오기도 한다.

❻ 예측보다 시나리오가 중요하다. 여러 상황에 대해 미리 대응 방법을 세워 놓아라.

❼ 실수하면 즉각 수정하라.

2. 가장 성공한 가치투자자, 워런 버핏

▶ 업적과 인물 소개

오마하의 현인으로 불리는 워런 버핏은 주식투자로 세계 제일의 부자가 된 사람입니다. 전 세계 투자시장에 가치투자의 붐을 일으킨 장본인이라 할 수 있죠.

그는 물려받은 재산이나 가업 없이 자본주의의 꽃이라 할 수 있는 주식시장에서 경이로운 성과를 거두었으며, 현재도 그 기록을 이어나가고 있습니다. 1970년, 버핏이 버크셔 해서웨이 CEO를 역임할 당시 주가는 200달러 수준이었습니다. 그런데 오늘 날 버크셔 해서웨이의 주가는 300,000달러가 넘습니다. 이는 수익률로 따지면 150,000%에 해당하는 수치입니다.

워런 버핏
가장 성공한 투자자,
오마하의 현인
"주식 말고 기업을 사라."

▶ 일화

버핏의 아버지는 공화당 소속 연방회의 의원이자 증권회사의 주식 브로커였습니다. 어린 시절 버핏은 아버지가 근무하던 증권회사에서 시세판 적는 일을 하게 됩니다. 이 일을 계기로 주식시장에 관심을 가지게 되었고 11살에 처음으로 시티서비스의 주식을 매입하기도 했습니다.

이후 버핏은 투자와 비즈니스에 관심이 생겨 여러 일을 하게
됩니다. 13살 때 워싱턴 포스트와 워싱턴 타임즈, 헤럴드를
배달하며 번 돈으로 1대당 35달러짜리 중고 핀볼 게임기를
이발소에 설치합니다. 핀볼 게임기는 곧 일곱 대로 불어나
일주일에 50달러 이상의 수입을 올리는 비즈니스로 자리잡게
되었죠.

이후 친구와 함께 돈을 모아서 롤스로이스
자동차를 구입하여 차 임대업을 하는 등 일찍이
여러 가지 비즈니스를 접하게 됩니다. 버핏은
고등학교를 졸업할 즈음 6,000달러를 모을 수 있었으며, 이는 오늘날 워런
버핏을 있게 하는 시드 머니가 되었습니다.

버핏이 CEO로 있는 버크셔 해서웨이는 섬유업을 하던 작은 회사였으나
보험회사 인수를 시작으로 오늘날 지주회사의 모습을 갖춰가기 시작했습니다.
여러분이 잘 알고 있는 코카콜라, 질레트, 나이키, 코스트코, 월트디즈니와
같은 기업에 투자한 것으로도 유명하죠.

또한, 버핏은 세계 최고의 부자라고는 믿을 수 없을 정도로 검소한 생활을 하는
것으로도 유명합니다. 엄청난 부를 이룬 지금도 1958년에 처음 산 집에 61년째
거주하며 낡은 픽업트럭을 몰고 다니며 살고 있습니다.

▶ 선호하는 투자 방식

워런 버핏의 핵심 투자 방식은 '좋은 기업'을 '저렴한 가격'에 사는 것입니다.
더불어 버핏 스스로가 완벽히 이해하지 못하는 비즈니스에는 절대 투자하지
않았습니다. 자신이 완벽하게 이해하는 소수의 종목에 투자한 이 시대의
진정한 투자현인이라 할 수 있습니다.

또 하나 흥미로운 점은, 세계적으로 유명한 다른 투자자들은 파산이나 큰 투자
실패를 경험했지만 버핏의 일생에는 이렇다 할 실패 사례가 없다는 것입니다.
이는 버핏이 누구보다 철저하게 리스크 관리를 했기 때문입니다.

*
**워런 버핏이 건네는
투자 조언**

"놀라운 결과를 얻기 위해
반드시 놀라운 행동을 해야 하는 건
아니다."

"가격은 당신이 지불하는 것,
가치는 당신이 갖는 것"

"로켓과학자가 될 필요는 없다.
투자는 IQ가 160인 사람이
IQ 130인 사람을 이기는 게임이
아니다."

*

더불어 버핏은 장기투자가 오늘날 자신을 있게 한 근간이라 말했습니다. 그의 재산 중 99%는 50세 이후에 형성된 것입니다. 그래서 버핏은 투자에 대한 조언을 얻고자 하는 사람들에게 스노볼에 대한 이야기를 자주 합니다.

"인생은 언덕에서 눈덩이를 굴리는 일과 같습니다. 처음에는 작은 눈 뭉치로 시작해서 이 작은 눈뭉치를 굴리다 보면 후에 가서는 정말 큰 눈덩이가 되어있습니다. 중요한 것은 (잘 뭉쳐지는) 습기를 머금은 눈과 길고 긴 언덕을 찾는 일입니다."

이러한 워런 버핏의 관점을 종목 **검색기**로 만들어 볼 수도 있습니다. 이 검색기를 통해 검색되는 종목 중 경영자 프리미엄이나 독자적인 브랜드를 가지는 기업이 있다면 버핏이 좋아할 만한 기업일 것입니다.

검색기

검색기에 대해 더 궁금하다면 특별 부록에서 제공하는 p.451 '고수의 실전 검색기 15개'를 확인해보세요!

▶ 워런 버핏 검색기

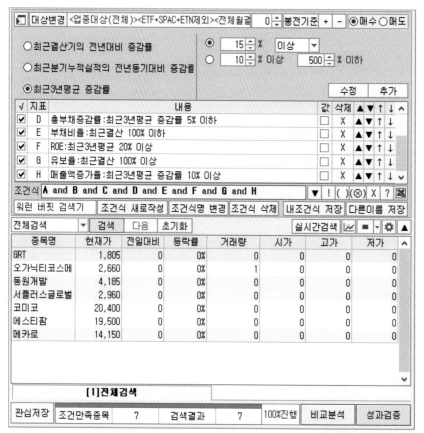

▶ 워런 버핏 검색식

1. 총자본증감률: 최근3년평균 증감률 15% 이상
2. 영업이익률: 최근3년평균 15% 이상
3. EV/EBITDA: 최근결산 5배 이하
4. 총부채증감률: 최근3년평균 증감률 5% 이하
5. 부채비율: 최근결산 100% 이하
6. ROE: 최근3년평균 20% 이상
7. 유보율: 최근결산 100% 이상
8. 매출액증가율: 최근3년평균 증감률 10% 이상

더 알아보기!

워런 버핏의 핵심 투자전략

❶ 코카콜라와 같이 소비자들에게 독점력을 행사하는 기업을 사라.
❷ 나이키와 같이 상표가치가 높고 단기간에 소모되거나 교환주기가 짧은 제품을 판매하는 기업을 사라.
❸ 기업의 성장이 주주의 이익으로 환원되는지 확인해라.
❹ 부채를 늘리지 않더라도 높은 자기자본 수익률이 나는 기업을 사라.
❺ 기업의 자산을 보수적으로 운용하는 기업이 오래 살아남을 수 있다.
❻ 기업이 미래에 얼마의 돈을 벌 수 있을지 합리적으로 계산할 수 있어야 한다.
❼ 매수가격은 투자에 따른 기대수익률에 의해 결정된다. 즉, 주식의 가격이 낮을수록 수익률은 높아진다.

신규상장주 공략법

안녕,
코스닥반에
새로 전학 온
A 바이오라고 해

A 바이오

1. 신규상장주란?

비상장이었던 기업이 새롭게 주식시장에 상장되는 것을 말합니다. 우리가 알고 있는 코스피와 코스닥 시장에 새로운 종목이 생겨나는 것이죠. 그래서 새내기주식이라고도 합니다.

학창시절, 반에 새로운 친구가 전학오면 관심의 대상이 되었던 것처럼 새롭게 상장되어 거래되는 기업도 관심의 대상이 됩니다. 그로 인해 시장에 떠도는 많은 자금이 몰리기도 합니다. 이 과정 속에서 수익을 올릴 수 있는 기회가 생기게 되는 것이죠.

그러나 **신규상장주는 해당 종목에 대한 정보가 부족합니다.** 재무제표와 가격 둘 다 말이죠. 그래서 기본적 분석, 기술적 분석 두 방법 모두 제한적이기 때문에 주의를 요합니다.

2. 신규상장과 IPO 구분하기

주식시장에서는 신규상장과 IPO(Initial Public Offering)라는 단어를 혼재하여 사용하지만 신규상장은 분할상장, 이전상장, 인수합병 등의 모든 개념을 아우르는 용어입니다. 이에 반해 IPO는 비상장기업이 코스피 시장이나 코스닥 시장에 최초로 상장하는 것을 말합니다.

3. 신규상장에 대한 정보는 어디서 얻을까?

신규상장주는 증권사 리포트나 HTS 등에서 정보를 얻기가 쉽지 않기 때문에 비상장주식 커뮤니티를 확인해야 합니다. 대표적인 커뮤니티로는 38커뮤니케이션(www.38.co.kr)과 아이피오스탁(www.ipostock.co.kr)이 있습니다.

비상장기업이 상장기업이 되기 위해서는 일정 단계를 거쳐야 합니다. 먼저 해당 기업이 상장요건에 해당하는지를 심사 받기 위해 심사청구를 해야 합니다. 심사가 승인이 날 경우 IR(Investor Relations)을 통해 기관투자자 및 개인투자자를 대상으로 기업홍보를 합니다.

수요예측 단계에서 기관투자자들에게 공모한 주식을 배정하고, 공모청약 단계에서 일반투자자에게 배정하게 됩니다. 이후 주식시장에 상장하는 것이죠.

기업 검색 [   ] 검색

| 전체종목 | 청구종목 | 승인종목 | 기업IR일정 | 수요예측일정 | 수요예측결과 | 공모청약일정 | 신규상장 | |

기업명	신규상장일	현재가(원)	전일비(%)	공모가(원)	공모가대비 등락률(%)	시초가(원)	시초/공모(%)	첫날종가(원)	상장전 장외시세
셀리드	2019/02/20	41,500	6.41%	33,000	25.76%	–	%	예정	
천보	2019/02/11	–	%	40,000	-%	–	%	예정	
이노테라피	2019/02/01	18,650	1.63%	18,000	3.61%	22,200	23.33%	19,350	
노랑풍선	2019/01/30	28,600	1.42%	20,000	43%	30,350	51.75%	34,150	
웹케시	2019/01/25	26,250	0.19%	26,000	0.96%	31,700	21.92%	28,500	
에어부산(유가)	2018/12/27	4,510	1.69%	3,600	25.28%	4,020	11.67%	5,220	
비피도	2018/12/26	24,700	-3.33%	18,000	37.22%	36,000	100%	36,500	
키움스팩5호	2018/12/26	2,020	-0.25%	2,000	1%	2,000	0%	2,010	
유틸렉스	2018/12/24	94,600	2.49%	50,000	89.2%	60,100	20.2%	78,100	

관련 커뮤니티에 접속하면 청구 종목부터 신규상장 종목까지 상세하게 알 수 있습니다. 그러나 청구 신청한 모든 종목이 상장까지 가게 되는 것은 아닙니다. 수요예측과 공모청약 과정에서 수량이 미달되기도 하기 때문에 관심 가는 종목이 있다면 IPO 진행 상황을 지속적으로 살펴봐야 합니다.

4. 신규상장주 매매 준비하기

▶ 신규상장주 관련 양식

신규상장주 매매 준비하기 ① ② ③ ④

	종목명	상장일	수요예측	공모청약	확정공모가	공모 주식수	공모후 총발행주식수	예상 시가총액	공모금액	주요사업	유통가능 물량
1	대유에이피	2018-12-07	299	11	3,000	2,800,000	10,800,000	32,400,000,000	8,400,000,000	자동차부품	23.15%
2	뉴트리	2018-12-12	28	1	14,500	2,262,000	9,100,084	131,951,218,000	32,799,000,000	이너뷰티	37.88%
3	이노메트리	2018-12-13	765	791	26,000	1,026,277	4,608,919	119,831,894,000	26,683,202,000	2차전지검사	25.80%
4	전진바이오팜	2018-12-14	14	24	10,000	500,000	4,718,428	47,184,280,000	5,000,000,000	방역	70.24%
5	머큐리	2018-12-14	749	930	6,100	5,120,000	14,763,600	90,057,960,000	31,232,000,000	통신장비	32.60%
6	위지웍스튜디오	2018-12-20	177	6	11,000	2,199,515	8,798,060	96,778,660,000	24,194,665,000	미디어	47.71%
7	디케이티	2018-12-21	771	780	7,400	2,019,400	8,077,587	59,774,143,800	14,943,560,000	반도체부품	41.13%
8											
9											
10											

위의 엑셀 양식을 통해 손쉽게 신규상장주와 관련된 정보를 정리할 수 있습니다. 신규상장주를 매매하기 위해서는 수요예측 경쟁률, 공모청약 경쟁률, 확정공모가, 공모 주식수, 공모후 총발행주식수, 예상 시가총액, 공모금액, 주요사업, 공모 후 유통가능 물량을 체크해야 합니다.

❶ **수요예측과 공모청약에서 경쟁률이 높다는 것은 해당 종목이 인기가 많음을 뜻합니다.** 그래서 수백대 일의 경쟁률을 보이는 종목들은 상장 이후에서 주가가 상승세를 보이는 경우가 많습니다.

❷ 확정공모가와 예상 발행주식수 등으로 구한 **예상 시가총액이 작을수록 변동성이 큰 모습을 보여줍니다.** 이는 적은 자금이 들어오더라도 쉽게 주가가 오르게 되는 요인이 되죠.

❸ 주요사업을 구분해 많은 투자자들의 관심을 받는 섹터인지, 그렇지 않은 섹터인지 확인해야 합니다. 그래서 해당 종목이 많은 투자자들의 관심을 받는 섹터이면서 시가총액이 작다면, 관심을 조금만 받더라도 쉽게 주가가 상승할 것임을 알 수 있죠.

❹ 마지막으로 유통가능 물량은 공모 직후부터 시장에서 유통가능한 물량을 나타냅니다. 이 물량이 많을수록 유동성이 풍부함을 알 수 있습니다. 만약 유통가능 물량이 적다면 품절주와 유사하게 적은 자금에도 쉽게 가격이 급등하거나 급락하게 될 가능성이 있습니다.

5. 신규상장주 공략 포인트

신규상장주를 공모청약 받지 않고 공략해볼 만한 주요한 포인트는 두 가지가 있습니다.

> ❶ 상장 당일 시초가 공략
> ❷ 바닥을 다진 신규상장주 공략

① 상장 당일 시초가 공략하기

새로운 종목이 주식시장에 상장되면 투자자들의 관심을 받습니다. 이로 인해 처음 상장한 후 며칠간은 가격 변동성이 클 수밖에 없죠. 게다가 신규상장주는 상장 당일 동시호가에서 공모가의 90% ～ 200% 범위에서 매수 혹은 매도 가격을 제시할 수 있습니다. 즉, 인기가 있는 종목이라면 공모가의 2배 가격에 시초가를 형성하게 되는 것이죠. 그만큼 상장 당일의 주가 변동폭이 크고, 이 과정에서 투자 기회도 생기게 됩니다.

▶ 신규상장주 양식

2017-2018 신규상장주 정리

구분	종목명	상장일	공모가	시초가	시초/공모	종가	당일등락	수요예측	공모청약	섹터	시장구분
113	대보마그네틱	2018-11-06	31,000	60,200	94.19%	58,500	-2.82%	995	837	전지	코
100	디지캠	2018-09-07	12,000	13,250	10.42%	10,900	-17.74%	979	931	IT솔루션	코
110	로보티즈	2018-10-26	14,000	28,000	100.00%	19,600	-30.00%	958	1,043	로봇	코
103	치티지헬니스	2018-09-21	11,000	15,250	38.64%	14,150	-7.21%	946	514	의료기기	코
108	에스퓨얼셀	2018-10-15	16,500	33,000	100.00%	33,800	2.42%	942	857	전지	코
111	엘앤씨바이오	2018-11-01	24,000	29,800	24.17%	26,950	-9.56%	937	985	제약바이오	코
76	케어랩스	2018-03-28	20,000	40,000	100.00%	52,000	30.00%	934	886	헬스케어	코
92	에스에스알	2018-08-06	9,000	18,000	100.00%	23,400	30.00%	928	1,231	IT솔루션	코
88	한국유니온제약	2018-07-26	18,000	23,000	27.78%	19,500	-15.22%	918	1,015	제약바이오	코
78	제노레이	2018-05-28	23,000	45,900	99.57%	37,350	-18.63%	907	1,028	의료기기	코
86	올릭스	2018-07-18	36,000	72,000	100.00%	65,600	-8.89%	876	847	제약바이오	코
98	오파스넷	2018-08-24	11,000	18,000	63.64%	14,200	-21.11%	861	1,401	IT솔루션	코
80	현대사료	2018-06-01	6,600	13,200	100.00%	17,150	29.92%	839	1,690	식료품	코
79	세종메디칼	2018-05-29	15,000	23,100	54.00%	30,000	29.87%	836	922	의료기기	코
125	남화산업	2018-11-29	3,700	5,610	51.62%	7,290	29.95%	822	854	호텔 및 레저	코
106	푸드나무	2018-10-04	24,000	43,350	80.63%	34,000	-21.57%	791	914	식료품	코
84	SV인베스트먼트	2018-07-06	7,000	9,000	28.57%	7,710	-14.33%	786	974	벤처캐피탈	코
120	디알젬	2018-11-22	6,500	8,470	30.31%	6,760	-20.19%	785	832	의료기기	코
116	디자인	2018-11-15	10,100	20,200	100.00%	15,200	-24.75%	771	665	스마트폰	코
138	디케이티	2018-12-21	7,400	12,900	74.32%	10,550	-18.22%	771	780	스마트폰	코
87	엠코르셋	2018-07-23	11,500	11,050	-3.91%	12,950	17.19%	766	51	섬유 및 의복	코
132	이노메트리	2018-12-12	26,000	40,000	53.85%	29,550	-26.13%	765	791	전지	코
118	파멥신	2018-11-21	60,000	58,100	-3.17%	63,600	9.47%	764	322	제약바이오	코
66	링크제니시스	2018-02-05	30,000	53,000	76.67%	40,500	-23.58%	754	1,184	IT솔루션	코
91	휴네시온	2018-08-02	10,000	15,000	50.00%	16,350	9.00%	751	827	IT솔루션	코
82	EDGC	2018-06-26	6,500	9,000	38.46%	10,800	20.00%	749	810	제약바이오	코
134	머큐리	2018-12-14	6,100	9,630	57.87%	7,800	-19.00%	749	930	통신장비	코
101	명성티엔에스	2018-09-13	20,000	22,000	10.00%	28,600	30.00%	745	804	전지	코
24	힘스	2017-07-20	20,000	32,500	62.50%	33,000	1.54%	729	795	디스플레이	코
70	동구바이오제약	2018-02-13	16,000	32,000	100.00%	41,600	30.00%	727	836	제약바이오	코
57	메카로	2017-12-06	33,000	43,000	30.30%	38,500	-10.47%	719	664	반도체관련	코
14	와이엠티	2017-04-27	21,000	35,100	67.14%	31,050	-11.54%	706	841	반도체관련	코
114	셀리버리	2018-11-09	25,000	32,000	28.00%	28,700	-10.31%	698	808	제약바이오	코
15	하나머티리얼즈	2017-04-28	12,000	17,500	45.83%	15,950	-8.86%	689	955	반도체관련	코

상장 당시 인기가 있는 종목들은 크게 다음의 조건을 갖추고 있습니다.

❶ 높은 기관 경쟁률(수요예측)과 개인투자자 경쟁률(공모청약)이 높음
❷ 상장 직후 유통가능 물량이 적음
❸ 상장 당시 시장에서 인기 있는 섹터에 속해 있음
   예) 바이오, 수소차 등

신규상장주 상장 당일 절대매매 TIP!

❶ 상장 당일 동시호가에 참여하기보다는 시초가가 형성되는 가격을 보고 참여 여부를 결정하는 것이 좋습니다.

❷ 매매 종목은 인기 있는 종목을 선정합니다. 그러나 아무리 인기 있는 종목이라도 시초가에 100% 가까이 상승해서 시작한다면 추가 상승이 어렵습니다. 이 경우 목표수익률을 낮추거나 하는 등 보수적으로 대응할 필요가 있습니다.

❸ 상장 당일, 3분봉 혹은 5분봉에서 강한 상승이 나온 구간의 50% 정도를 지지한다면 매수하기에 적합한 지점이 됩니다.

❹ 목표수익률은 장기적인 상승보다는 10~20% 사이의 단기차익을 실현하고 나오는 것이 좋습니다.

❺ 신규상장주는 전 저점을 이탈하게 되면 하방에 지지선이 없어 추가 하락 가능성이 높습니다. 그래서 전 저점 이탈 시 손절매를 하는 것이 좋습니다.

▶ 신규상장주 매매 사례

② 바닥을 다진 신규상장주 공략하기

신규상장주는 상장 당시 여러 투자자들의 관심으로 주가가 고평가될 가능성이 높습니다. 그래서 인기가 많았던 신규상장주는 상장 초기에 주가가 강한 상승을 보인 이후 하락하게 되는 경우가 대부분입니다.

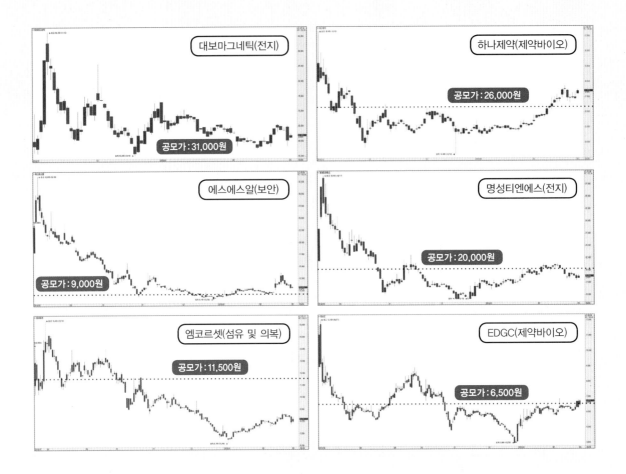

대부분의 신규상장주가 위의 사례와 비슷한 주가 흐름을 보여줍니다.

💡 바닥을 다진 신규상장주 절대매매 TIP!

❶ 상장 초기 대비 거래량이 크게 감소하고, 주가가 더 이상 하락하지 않는 지점을 찾아야 합니다.

❷ 신규상장주의 바닥을 확인할 때는 일봉을 기준으로 해야 합니다.

❸ 신규상장주는 기술적 분석에 사용할 데이터가 적기 때문에 공모가와 전 저점의 가격이 굉장히 큰 의미를 가지게 됩니다. 그래서 공모가와 전 저점의 가격이 주요한 지지선과 저항선이 됩니다.

❹ 공모가나 전 저점 부근에서 더 이상 주가가 하락하지 않고 견고한 지지를 보여준다면 매수할 수 있는 지점이 됩니다.

❺ 목표수익률은 상장 초기와 동일하게 20% 수준으로 설정하는 것이 좋습니다.

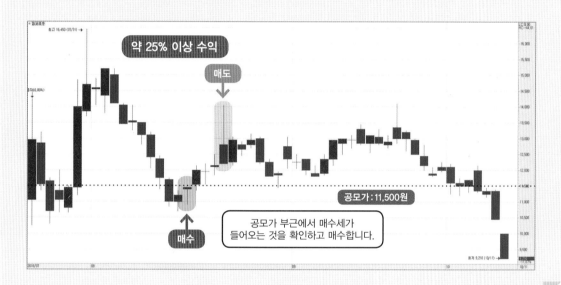

약 25% 이상 수익

매도

매수

공모가 : 11,500원

공모가 부근에서 매수세가 들어오는 것을 확인하고 매수합니다.

PART 04 에서는 …

이번 파트에서는 기본적 분석이 무엇인지 알아볼 예정입니다. 투자대상 기업을 이해하고 재무제표를 해석하는 방법에 대해 배우고, 어떤 기업이 재무적으로 좋은 기업인지 알아보겠습니다. 또한, HTS에서 기업을 분석하는 방법과 검색식을 활용하여 조건에 맞는 기업을 찾는 방법을 알아보겠습니다.

PART

04

기본적 분석

기업의 기초 체력 점검하기

– 양봉이, 음봉이, 개선 선생이 입장하셨습니다. –

양봉이

개선 선생님! 주식투자를 할 때
기본적 분석을 꼭 해야 하나요?

개선 선생

기본적 분석을 하지 않고 주식을 사는 것은
물건의 가격만 보고 사는 것과 똑같아요.

여러분이 물건을 살 때 제품의 구성, 내구성,
디자인, 성능 등과 가격을 함께 고려해서 사듯이
주식도 여러 가지를 봐야 합니다.

음봉이

재무제표는 숫자도 너무 많고
어떤 것을 봐야 할지 모르겠어요.

개선 선생

재무적 내용을 모두 볼 필요는 없어요,
필요한 부분이 무엇인지 함께 알아봅시다!

1. 기본적 분석이란?

**기본적 분석은 기업이 가진 재무적 상황을 통해 투자하기에 적합한지를
판단하는 방법입니다.** 그러나 주가는 계량화할 수 없는 요인들에 의해서도
결정되고, 다양한 회계처리 방법이 있기 때문에 기본적 분석은 한계점이
있습니다. 그럼에도 불구하고 기본적 분석을 하는 이유는 **기업의 기초 체력을
점검**하는 것과 같기 때문입니다.

#재무제표 #내재가치 #EPS
#BPS

등산은 날씨, 시간, 계절, 코스에 따라 난이도가 상당히 차이납니다. 기업도 이와 마찬가지로 금리와 환율과 같은 경제 상황, 전후방 산업들 간의 관계, 정책, 노사문제 등 다양한 대내외부적 요인에 영향을 받죠. 기초체력이 좋은 등산가가 잘 등반할 수 있듯이 **재무적으로 탄탄한 구조를 가진 기업이 여러 악재 속에서도 잘 이겨나갈 수 있을 것입니다.** 기본적 분석은 기업이 이러한 기초 체력을 가졌는지 평가하는 과정입니다.

2. 재무제표만 잘 봐도 기대수익률이 달라진다

기업의 재무제표를 읽는 것은 투자의 기본 중에 기본입니다. 그러나 많은 개인투자자들이 너무 많은 숫자와 이해하기 어려운 계정과목, 친절하지 않은 구성 등으로 인해 재무제표 해석을 포기하죠. 이로 인해 유상증자나 감자, 심지어는 상장폐지까지 당할 위험이 있는 기업에 투자합니다. 조금만 주의 깊게 재무제표를 살펴본다면 이와 같은 위험을 회피할 수 있는데 말이죠.

재무제표를 보면 좋은 점은 크게 3가지가 있습니다.

첫 번째는 그 기업이 가진 리스크 요인을 파악할 수 있습니다. 기업의 유상증자나 감자, 상장폐지와 같은 일련의 **악재성 이벤트**는 대부분 징

후를 보입니다. 매출액 성장과 같은 외형 성장은 없는 상태로 자본이 점점 감소하는 기업은 곧 자본잠식을 예상해볼 수 있는 것이죠. 자본잠식을 당하게 되면 기업은 감자라는 선택을 할 수밖에 없습니다.

하지만 개인투자자들은 해당 종목의 재무제표를 자세히 열어보기보다는 가격적인 측면에서 접근합니다. '과거 20만원은 하던 종목이니까, 지금 10만원 정도면 충분히 저렴한 가격이야!'라고 생각하고 매수하지만, 그 투자자를 기다리는 것은 감자인 것이죠.

재무제표가 건전한 기업일수록 기업 경영의 안정성이 높습니다. 그래서 장기 투자를 할 수 있는 것인데요. 반면 주가 상승에 대한 기대감은 높으나 재무제표가 건전하지 않은 기업은 기업 경영의 안정성이 떨어져 유상증자나 감자, 상장폐지 의 위험이 커지게 됩니다. 그래서 이러한 기업은 장기로 보유하기에 적합하지 않습니다.

두 번째로 **재무제표를 통해 목표보유 기간을 설정**할 수 있습니다. 1개월 이내의 단기투자자는 자본이 현재 잠식 상태는 아닌지, 당장 이자를 못 내고 있지는 않은지 정도의 치명적인 위험만 체크하면 됩니다. **장기투자자**는 **계속기업**에 대한 검증을 거쳐야 합니다. 영업이익이 잘 나고 있는지, 적정한 부채비율을 오랜 기간 안정적으로 유지했는지, 자본총계가 지속적으로 늘어나고 있는지 등을 확인해야 하죠. 또한, 목표 보유 기간을 설정하면 매수한 종목이 하락했을 때 대처할 수 있습니다. 재무제표가 건전한 기업은 주가가 하락했을 때 추가 매수를 고려해볼 수 있지만, 그렇지 않은 기업은 손절매를 하는 것이 바람직 합니다.

계속기업

성장과 재투자를 통해 계속 존재한 다는 가정하에 사업을 영위하는 기 업을 뜻합니다.

1~2개월 이내의 단기투자자라면?

단기투자자는 기업의 재무적 요소보다는 현재 주식시장의 트렌드, 증권시장과 관련된 이슈에 따라 투자해야 합니다. 아무 주식이나 사는 것보다는 다음과 같은 사항을 체크하고 투자에 나서는 것이 중요합니다.

❶ 오버행 이슈 : 신주인수권과 전환사채의 만기일이 다가오고 있으며, 전환가나 행사가가 현재의 주가보다 낮은지 확인해야 합니다.

❷ 자본잠식 : 현재 기업이 적자가 나면서 자본잠식에 빠질 위험이 있는지 파악해야 합니다.

❸ 유동성 위험 : 낮은 이자보상비율과 낮은 유동비율로 인해 유동성 위험이 있는지 파악해야 합니다.

❹ 실적시즌 : 매 분기 실적이나 기업의 중요보고서가 발표될 때는 공시 내용에 따라 주가가 출렁일 수 있습니다. 따라서 단기투자자는 이 시점을 피해서 투자하는 것이 좋습니다.

EPS

EPS(Earning Per Share, 주당순이익)는 기업이 일정 기간 벌어들인 순이익을 발행주식수로 나눈 값입니다. 즉, 1주당 이익이 얼마나 창출되었는지를 나타냅니다.

BPS

BPS(Bookvalue Per Share, 주당순자산가치)는 기업이 보유한 총자산에서 부채를 뺀 순자산을 발행주식수로 나눈 값입니다.

내재가치

기업의 내재가치는 해당 기업의 자산가치와 수익가치를 평균해 계산한 금액입니다. 일반적으로 내재가치보다 낮은 가격에 주가가 형성되면 저평가되어 있음을 뜻합니다. 반대로 내재가치보다 주가가 높다면 고평가되었다고 볼 수 있습니다.

마지막으로 재무제표와 주식시장의 가격을 비교해 **현재 주식시장에서 어느 정도의 가치를 인정받고 있는지 파악**할 수 있습니다. 이때 **EPS**와 **BPS** 지표를 활용할 수 있습니다.

전통 유통 물류 산업인 이마트와 전기차의 공조 제품을 만드는 한온시스템을 예로 들어보겠습니다. 현재 이마트의 주가는 192,500원이고, EPS와 BPS를 통해 구한 **내재가치**는 311,307원으로 38% 정도 저평가되어 있음을 알 수 있습니다. 반면 한온시스템의 주가는 9,920원이지만 내재가치는 5,477원으로 내재가치 대비 81% 정도 고평가되어 있습니다.

▶ **EPS와 BPS를 통한 기업의 내재가치 파악**

이렇게 내재가치에 비해 기업의 주가가 고평가되거나 저평가되는 이유는 바로 **기대감** 때문입니다. 전기차 시장의 규모가 커지면서 한온시스템의 시장점유율이 높아질 것이라는 기대감이 생겨 주가가 내재가치보다 높아진 것이죠. 이런 경우는 섹터가 전반적으로 함께 고평가받는 것이 일반적입니다.

이처럼 **재무제표를 통해 내재가치를 평가해보고 현재 투자자들이 기대하는 섹터가 어디인지, 다른 섹터 대비 얼마만큼의 기대감을 갖고 있는지 판단해볼 수 있는 것이죠.**

3.EPS와 BPS로 나만의 내재가치 구해보기

투자자들의 실현 가능한 주식투자 기대수익률은 연평균 10% 전후입니다. 즉, PER이 10이라는 뜻이죠. 이는 기업이 벌어들이는 **순이익의 10배 정도에 기업이 거래될 것을 기대해볼 수 있다는 의미입니다.**

그래서 내재가치는 **수정 EPS**의 10배수에 BPS를 더해서 계산합니다. 여기서 수정 EPS를 사용하는 이유는 최근의 이익이 더 의미가 있기 때문에 더 큰 가중치를 주기 위함입니다. 가중치는 시장상황에 따라 0.5~1 사이의 값을 사용할 수 있지만 일정한 가중치를 정해두고 변화되는 추이도 함께 살펴보는 것이 좋습니다.

수정 EPS

EPS는 계산하는 시점에 따라 수치와 해석이 달라지게 됩니다. 그래서 여러 근거에 따라 다양한 기간의 EPS와 가중치를 사용하여 목적에 맞는 EPS를 만듭니다. 이때, 과거 EPS보다 최근 EPS를 통해 미래의 EPS를 추정하는 것이 유용하기에 최근 EPS에 가중치를 더 부여합니다. 이를 수정 EPS라 합니다.

▶ **내재가치 공식**

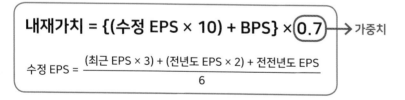

$$\text{내재가치} = \{(\text{수정 EPS} \times 10) + \text{BPS}\} \times 0.7 \rightarrow \text{가중치}$$

$$\text{수정 EPS} = \frac{(\text{최근 EPS} \times 3) + (\text{전년도 EPS} \times 2) + \text{전전년도 EPS}}{6}$$

▶ HTS의 기업분석 메뉴 - EPS, BPS 확인

| 기업개요 | 기업분석 | ETF정보 | 리서치동향 | 컨센서스 | 랭킹분석 | 부가정보 | 종목별종자예정현황 | IR정보 |

				○Snapshot		○기업개요		○재무제표		○재무비율		◉투자지표		○경쟁사비교
재무차트				○Disclosure	○컨센서스	○지분분석	○업종분석	○금감원공시	○IR정보

| PER | 24.59 | 17.01 | 16.03 | 11.26 | 11.12 | 7.90 | 13.56 | 8.94 | | |
| PBR | 1.34 | 0.93 | 1.27 | 0.89 | 1.14 | 0.81 | 1.42 | 0.93 | 1.18 | 0.75 |

기업가치 지표

단위 : 억원, 주, %, 배

IFRS 연결		2014/12	2015/12	2016/12	2017/12	2018/09
Per Share						
EPS	(원)	523	805	1,129	1,253	931
EBITDAPS	(원)	4,768	5,133	5,497	5,761	4,285
CFPS	(원)	3,971	4,490	4,916	5,122	3,780
SPS	(원)	25,194	24,725	26,227	28,124	20,505
BPS	(원)	9,567	10,237	11,054	11,985	15,501

최근 BPS	최근년도 EPS	전년도 EPS	전전년도 EPS	현재 주가
15,501	931	1,253	1,129	17,050

내재가치	괴리율
17,476	−2%

이상스쿨
연결하기

★ 엑셀 양식은
이상스쿨 홈페이지 ▶
커뮤니티 ▶ 학습자료실
에서 다운로드 할 수
있습니다.

QR코드로
영상 보는 법
p.12 참고!

엑셀 양식의 Valuation 시트에서 파란색으로 표시한 칸만 채우면 자동으로 내재가치를 계산할 수 있습니다.

개선 선생의 꿀팁!

EPS와 BPS가 왜 신뢰도가 높을까?

세금은 과도하거나 과소하게 매기게 되면 문제가 생기게 됩니다. 그래서 현재 세법에서는 세금을 매길 때 최대한 합리적인 방법을 사용하고 있습니다. 일반적으로 세금은 **시장가격**으로 매기는 것이 원칙입니다. 하지만 시장가격으로 평가할 수 없는 경우에는 EPS(수익가치)와 BPS(자산가치)를 통해 가치를 산정하는 보충적 방법을 택하게 되죠. 예를 들어 비상장 주식은 신뢰할 수 있을 만한 시장가격이 없기 때문에 EPS와 BPS를 통해 기업가치를 산정하게 됩니다.
신뢰도가 높은 방법이기에 상장기업에도 비슷한 방법으로 활용할 수 있습니다.

CHAPTER 02

HTS로 1분만에 기업 평가하기

– 양봉이, 음봉이, 개선 선생이 입장하셨습니다. –

양봉이

개선 선생님! 투자할 기업은 많은데 그럴 때마다 전자공시
홈페이지에서 일일이 재무제표를 확인해야 하나요?

개선 선생

아닙니다. HTS에 기업의 재무정보가
잘 정리되어 있어 손쉽게 확인할 수 있어요!

음봉이

정말인가요? 혹시 재무제표가 다르거나 왜곡되진 않았을까요?

개선 선생

거래소나 금감원에 공시된 내용을 그대로 가져와서 HTS에
연동시켜 놓았기 때문에 그런 걱정은 하지 않아도 됩니다!

1. HTS의 기업분석 메뉴, 필요한 건 여기 다 있다!

▶ 기업분석 메뉴 살펴보기

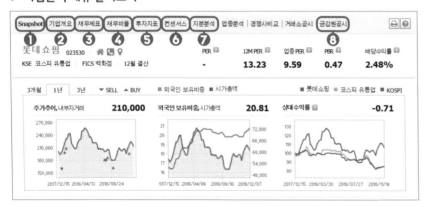

기업분석 메뉴에서 확인할 수 있는 부분은 Snapshot, 기업개요, 재무제표, 재무비율, 투자지표, 컨센서스, 지분분석, 금감원공시가 있습니다.

❶ Snapshot
내부자 거래, 외국인 보유비중과 함께 요약된 기업정보를 한눈에 볼 수 있습니다.

❷ 기업개요
기업연혁, 주요제품 매출구성, 시장점유율, 비용구성, 투자 현황, 연결회사 등을 알 수 있습니다.

❸ 재무제표
기업의 재무상태표, 손익계산서, 현금흐름표와 같은 재무제표 항목들을 볼 수 있습니다.

❹ 재무비율
투자의사 결정에 쉽게 이용할 수 있도록 재무제표 항목을 비율 분석 방식으로 재가공하여 나타낸 것입니다.

❺ 투자지표
투자자들이 많이 보는 PER, PBR, EPS 등을 확인할 수 있습니다.

❻ 컨센서스
증권사가 추정하는 실적 기대치, 적정주가, 투자의견 등을 확인할 수 있습니다.

❼ 지분분석
해당 기업의 지분현황과 주주변동내역을 확인할 수 있습니다.

❽ 금감원공시

해당 기업이 공시한 실적, 자본금 변동, 지분, 내부자거래, 기타주요공시를
항목별로 확인할 수 있습니다.

HTS의 **[0919] 기업분석 메뉴**에서 해당 기업의 재무정보부터 투자에 도움이
되는 정보까지 모두 확인할 수 있습니다. 그럼 각 메뉴에서 투자의사 결정을 할
때 체크해야 할 정보를 함께 알아보겠습니다.

2. 기업분석 메뉴에서 꼭 봐야 할 것!

▶ **Snapshot 살펴보기**

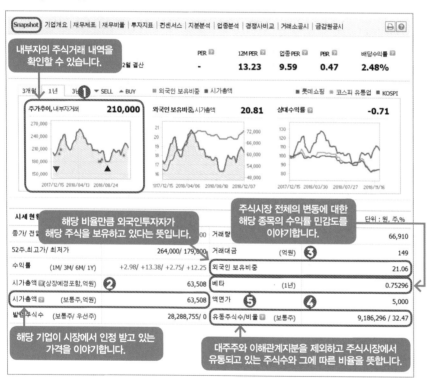

Snapshot에서는 내부자 거래내역과 기본적인 기업정보를 살펴볼 수 있습니다.

❶ 내부자 거래내역

공시 내용을 살펴봐야 나오는 내부자 거래내역이 HTS에서는 간단하게 표시됩니다.
기업의 내부자는 경영활동에 대한 정보를 직접적으로 다룹니다. 그래서 기업의
현재 상황을 파악하는데 있어 외부투자자들보다 조금 더 유리한 위치에 있다고
볼 수 있죠. 우리는 이러한 내부자 거래정보를 매매에 활용할 수 있습니다.

▲ 모양으로 표시된 것이 내부자가 매수한 일자와 가격대입니다. ▼ 모양으로
표시된 것은 내부자가 매도한 일자와 가격대입니다. 이를 통해 한눈에 파악할
수 있습니다. 그러나 내부자 거래정보에 **복잡하게 표시될 수도 있으므로 실제
매매에 활용할 때는 공시 내용을 확인하는 것이 좋습니다.**

❷ 시가총액

시가총액은 시장에서 해당 기업이 인정받고 있는 가격을 말합니다.
즉, 시가총액만큼의 자금이 있다면 그 기업의 지분을 100% 다 살 수 있다는
뜻입니다. 시가총액이 큰 기업이 주식시장에서 더 높은 가치를 인정받고 있다는
뜻이기도 합니다.

❸ 외국인 보유비중

외국인 보유비중은 유통비율을 넘을 수 없습니다. **유통비율과 외국인 보유비중의
값이 근사할수록 외국인투자자가 해당 주식을 많이 보유하고 있다는 뜻입니다.**

💡 내부자 매수 활용 절대매매 TIP!

❶ 주가 하락 시 내부자의 매수가 들어온 가격대가 **강력한 지지선**일 확률이 높습니다.
❷ 해당 기업의 **대주주**와 **임원**이 매수하는 것이 더 신뢰도가 높습니다.
❸ 고점에서 **대주주**와 **임원**의 매도물량이 나오는 것은 좋지 않은 신호입니다.

④ 유통비율

유통비율이 높은 주식은 시장에서 많은 투자자들이 보유하고 있으며, 정상적으로 거래가 이루어지고 있다는 것입니다. 그래서 가격 왜곡 현상이나 이상 급등 및 급락 현상이 적습니다.

반면 유통비율이 낮은 주식, 소위 말하는 **품절주**는 주식시장에서 거래되고 있는 주식 수가 적어 주가가 뚜렷한 이유 없이 급등, 급락하기도 합니다. 그래서 투자자들이 일반적으로 사용하고 있는 기술적 지표들이 맞지 않는 경우가 자주 발생하죠. 그렇다보니 때때로 세력의 작전 대상 주식이 되기도 합니다.

품절주

통상적으로 대주주와 자사주, 이해관계자 지분의 합이 75% 이상일 경우 품절주라고 합니다. 즉, 유통 비율이 총발행주식수 중 25% 미만인 주식을 뜻합니다.

하지만 이러한 **품절주도 잘 활용하면 매매 기회가 생길 수 있습니다.** 일반적으로 대주주의 지분율이 높은 주식은 대주주가 기업 경영과 성장에 큰 관심이 있다고 볼 수 있습니다. **기업이 성장함에 따라 발생하는 이익은 누구보다 대주주가 많이 가져가기 때문이죠.** 그리고 소수의 투자자들만 시장에서 거래하기 때문에 조용하게 성장해 나갈 수 있습니다. 기업이 성장하기 위해서는 투자를 잘 받는 것 또한 필수 요소입니다.

반면 대주주 지분율이 낮은 주식은 신규 투자자금을 유치하기 부담스럽습니다. 유상증자 등을 통해 신규 투자를 받을 경우 대주주 지분율이 낮아지고, 대출도 제때 상환하지 못하면 담보로 잡았던 주식을 넘겨주어야 하기 때문이죠. 따라서 **대주주 지분율이 높은 품절주에 강점이 있다고 볼 수 있습니다.**

그렇지만 **품절주가 본래 가치보다 훨씬 더 높은 가격으로 급등한다면 좋은 기업이라 하더라도 매도를 고려해야 합니다.** 품절주는 가격 왜곡 현상이 쉽게 나타날 수 있기 때문입니다. 이럴 경우에는 주가가 진정된 이후에 다시 매수를 고려하는 것이 좋습니다.

▶ 품절주의 장점과 단점

장점	단점
배당을 늘릴 확률이 높음	주가가 뚜렷한 이유 없이 급등, 급락하기 쉬움
대주주가 주가 관리에 대한 관심이 높음	기존의 지지선, 저항선 등이 제 역할을 하지 못할 가능성이 큼
높은 지분율을 바탕으로 투자유치를 통해 성장할 가능성이 높음	기업의 성장보다는 대주주 자신의 이익에만 관심이 높을 수 있음

❶ 주식시장의 종목 대부분이 상승하는 강세장에서는 품절주보다는 시장 흐름에 맞는 주식을 매매하는 것이 좋습니다.

❷ 품절주는 약세장과 보합장에서 매매하는 것이 좋습니다.

❸ 품절주는 유통물량이 적기 때문에 한번에 매매하기보다는 분할 매수와 분할 매도를 하는 것이 바람직합니다.

더 알아보기!

베타

베타는 주식시장 전체 변동에 대한 해당 종목의 수익률 민감도를 이야기합니다. 베타가 1이라면 주식시장이 1% 오를 때 해당 종목도 1% 오른다는 뜻입니다. 그래서 시장이 **상승기**에 있을 때는 **베타가 높은 주식**이 더 큰 수익을 기대해볼 수 있습니다. 반면 시장이 **하락기**에 있을 때는 **베타가 낮은 주식** 위주로 포트폴리오를 편성하는 것이 좋습니다.

베타 < 0 : 시장의 움직임보다 덜 민감하게 움직임 → 경기방어주의 성격을 가짐
베타 > 1 : 시장의 움직임보다 민감하게 움직임 → 경기민감주의 성격을 가짐
베타 = 0 : 시장의 움직임과 무관하게 움직임
베타 = -1 : 시장의 움직임의 반대방향으로 움직임

▶ 기업개요 살펴보기

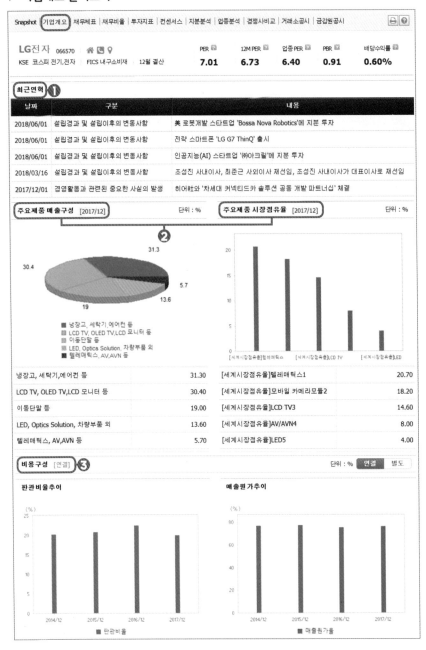

Snapshot | 기업개요 | 재무제표 | 재무비율 | 투자지표 | 컨센서스 | 지분분석 | 업종분석 | 경쟁사비교 | 거래소공시 | 금감원공시

LG전자 066570

KSE 코스피 전기,전자 | FICS 내구소비재 | 12월 결산

PER	12M PER	업종 PER	PBR	배당수익률
7.01	6.73	6.40	0.91	0.60%

최근연혁 ①

날짜	구분	내용
2018/06/01	설립경과 및 설립이후의 변동사항	美 로봇개발 스타트업 'Bossa Nova Robotics'에 지분 투자
2018/06/01	설립경과 및 설립이후의 변동사항	전략 스마트폰 'LG G7 ThinQ' 출시
2018/06/01	설립경과 및 설립이후의 변동사항	인공지능(AI) 스타트업 ㈜아크릴'에 지분 투자
2018/03/16	설립경과 및 설립이후의 변동사항	조성진 사내이사, 최준근 사외이사 재선임, 조성진 사내이사가 대표이사로 재선임
2017/12/01	경영활동과 관련된 중요한 사실의 발생	히어社와 '차세대 커넥티드카 솔루션 공동 개발 파트너십' 체결

주요제품 매출구성 [2017/12]   단위 : %

- 냉장고, 세탁기,에어컨 등
- LCD TV, OLED TV,LCD 모니터 등
- 이동단말 등
- LED, Optics Solution, 차량부품 외
- 텔레매틱스, AV,AVN 등

냉장고, 세탁기,에어컨 등	31.30
LCD TV, OLED TV,LCD 모니터 등	30.40
이동단말 등	19.00
LED, Optics Solution, 차량부품 외	13.60
텔레매틱스, AV,AVN 등	5.70

주요제품 시장점유율 [2017/12]   단위 : %

[세계시장점유율]텔레매틱스1	20.70
[세계시장점유율]모바일 카메라모듈2	18.20
[세계시장점유율]LCD TV3	14.60
[세계시장점유율]AV/AVN4	8.00
[세계시장점유율]LED5	4.00

비용구성 [연결] ③   단위 : % 연결 별도

판관비율추이

매출원가추이

기업개요에서 유심히 봐야 하는 것은 최근 연혁, 주요제품 매출구성, 주요제품 시장점유율, 비용구성입니다.

❶ 최근 연혁

회사의 **최근 이슈**를 알 수 있습니다.

LG전자의 경우 최근 연혁을 통해 4차 산업에 투자를 늘리고 있는 것을 알 수 있죠.

❷ 주요제품 매출구성과 시장점유율

그 기업의 **핵심 사업아이템**이 무엇인지, 얼마만큼의 **시장점유율**을 확보하고 있는지 알 수 있습니다.

LG전자는 커넥티드 카와 4차 산업과 관련된 투자를 진행하는 동시에 텔레매틱스 부문의 글로벌 시장점유율이 높은 것으로 나타납니다. 커넥티드 카 시장의 규모가 확대된다면 매출 증가를 기대해볼 수 있습니다.

판관비

기업이 핵심 사업 아이템을 판매 및 관리, 유지하는 과정에서 발생하는 비용을 통틀어서 칭하는 용어입니다.

❸ 비용구성

비용구성을 통해 **판관비**와 매출원가가 일정한지를 파악해야 합니다. 더불어 경쟁사와 함께 비교 중이라면 판관비와 매출원가 추이를 같이 비교할 수 있습니다.

기업개요 체크하기!

☑ 주력 제품이 무엇인지 파악하라.
☑ 최근 연혁을 통해 현재 기업의 이슈가 무엇인지 파악하고 세부적인 뉴스를 찾아봐라.
☑ 해당 기업의 부문별 시장점유율을 파악하라.
☑ 비용 구성에서 판관비와 매출원가가 일정하게 관리되고 있는지 파악하라.

▶ 투자지표 살펴보기

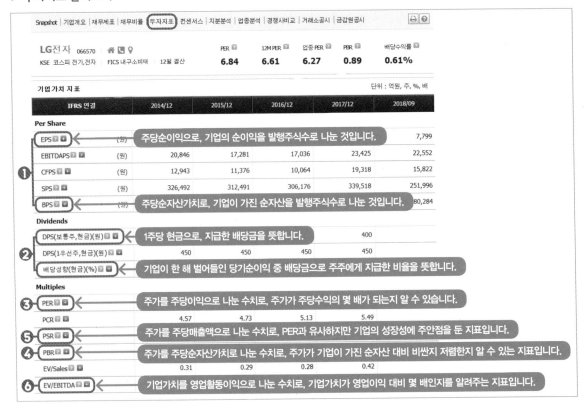

투자지표에서는 PER과 PBR 같이 주식의 가치를 비교하고 판단해볼 수 있는 지표를 확인할 수 있습니다. 반드시 알아야 할 투자지표들 위주로 알아보겠습니다.

❶ EPS와 BPS

챕터1에서 알아보았듯이 EPS와 BPS는 기업의 내재가치를 구하는데 중요한
지표입니다.

다. 미상환전환사채 발행현황

미상환 전환사채 발행현황

(기준일 :   2018년 09월 30일   )   (단위 : 천원, 주)

종류\구분	발행일	만기일	권면총액	전환대상 주식의 종류	전환청구가능기간	전환조건		미상환사채		비고
						전환비율 (%)	전환가액	권면총액	전환가능주식 수	
제1회 무기명식 이권부 무보증 사모 전환사채	2017년 05월 30일	2022년 05월 30일	13,000,000	보통주	2018.05.30 ~ 2022.04.30	100	5,090	13,000,000	2,554,027	-
합 계	-	-	13,000,000	-		-	-	13,000,000	2,554,027	-

투자하고자 하는 기업이 서로 동질성을 가지고 있다면 **EPS와 BPS를 활용한
내재가치를 통해 비교할 수 있습니다.** 이때 미상환전환사채와 신주인수권부사채
등으로 인해 **오버행** 이슈가 있는지 고려해야 합니다.

오버행

주식시장에 언제든지 매도물량으로
나올 수 있는 잠재주식을 의미합니
다. 해당 종목의 현 주가가 교환 가격
을 넘는다면 주식으로 전환되어 매
도 물량으로 출현할 가능성이 더욱
높은 것으로 해석할 수 있습니다.

EPS = 10,000원
총발행주식수 : 100주
전환가능주식수 : 30주

▶ **EPS = 7,700원**

예를 들어 EPS가 10,000원인 기업의 전환 가능 물량이 총발행주식수의 30%
라면 이 부분을 고려하여 EPS를 차감해서 비교해야 합니다. 이 경우 EPS가
10,000원으로 표기되지만, 실제로는 7,700원인 셈입니다. **아직 주식으로
전환되지 않은 물량이 주식으로 전환되면, 그 가치가 희석되기 때문이죠.**

❷ 배당

투자자에게 배당은 무시할 수 없는 요소입니다. **꾸준히 배당해왔고, 배당수익률이 높은 기업은 큰 규모의 자금을 투자하는 기관에서 선호합니다. 또한, 이런 주식은 안정성이 높습니다.** 주가가 일정 수준 이상으로 빠지게 되면 주가 대비 배당 수익률이 좋아지게 됩니다. 그로 인해 매수세가 들어오게 되죠.

그래서 배당을 하는 기업은 일반적으로 일정한 **DPS**를 가지거나 일정한 **배당성향**을 가지게 됩니다. 그로 인해 올해에 받을 배당금도 예측해볼 수 있는 것이죠.

▶ 배당성향이 일정한 기업

Dividends				
DPS(보통주,현금)(원) ? ➕	485	700	600	200
DPS(1우선주,현금)(원) ? ➕			650	200
배당성향(현금)(%) ? ➕	34.31	33.05	33.95	

배당성향이 일정한 기업은 동일한 비율의 배당성향을 이용해 당해 배당금을 예상해볼 수 있습니다.

▶ 배당금이 일정한 기업

Dividends				
DPS(보통주,현금)(원) ? ➕	100	100	100	100
DPS(1우선주,현금)(원) ? ➕				
배당성향(현금)(%) ? ➕	60.42	99.87	67.23	48.52

대주주 지분율이 높은 기업이나 **모회사에 지속적으로 자금이 필요할 때** 일정한 배당금을 책정하는 경우가 있습니다. 이때 당해의 배당금은 특별한 일이 있지 않는 한 동일하게 이어질 가능성이 높습니다.

DPS

DPS(Dividend Per Share, 주당배당금)는 배당금 총액을 발행주식수로 나눈 것입니다. 해당 주식을 1주 가지고 있을 때 받을 수 있는 금액에 해당합니다.

배당성향

당기순이익 중 현금으로 주주들에게 지급된 배당금 총액의 비율을 뜻합니다.

❶ 포털사이트에서 배당주를 검색하여 배당수익률이 높은 기업을 알아볼 수 있습니다.

❷ 투자 대상에서 기업의 계속성이 보장되지 않는 중국 기업을 제외하는 등 투자할 만한 종목을 정리합니다.
❸ 작년 순이익과 올해 3분기까지 발표된 실적을 비교해 75% 수준 이상이면 매수 관심주에 올려놓습니다.
❹ 찬바람이 불기 시작하는 10월부터 관심을 가지고 분할 매수합니다.
❺ 강세장보다는 약세장이 배당주 투자 적기입니다.

주식투자를 하면서 자주 접하게 되는 지표 중 하나가 바로 PER, PBR과 같은 배수 지표입니다. 대부분의 투자자들은 지표를 정확히 이해하려고 하기보다는 단순히 '낮으면 좋다'고 생각합니다. 그러나 배수 지표는 주식투자의 가장 기본이 되는 지표이므로 반드시 숙지해야 합니다.

❸ PER

여러분이 치킨집을 인수하기 위해 알아보던 중, 1년에 1억원의 순이익을 올리는 '구웠네 치킨'을 발견했습니다. 이 음식점을 인수하기 위해 얼마를 지불할 건가요? 1년치 순이익의 5배를 주고 살 것인가요? 10배를 주고 살 것인가요?

1년치 순이익의 10배를 주고 산다면 PER의 값이 10이 됩니다. 또한, 내가 투자한 원금이 회수되기까지 10년이라는 시간이 걸린다는 의미죠. 이것이 PER의 핵심입니다.

만약 이 치킨집을 10배가 아닌 5배를 주고 산다면 어떨까요? 굉장히 저렴하게 사는 것이죠. 그래서 'PER이 낮은 기업이 좋은 기업이다'라는 말이 통용된 것입니다. 그럼 PER이 낮은 기업은 무조건 좋은 기업일까요? 그렇지만은 않습니다.

$$PER = \frac{주가}{주당순이익(EPS)} \qquad PER = \frac{시가총액}{순이익}$$

PER이 낮아지는 데는 크게 2가지 이유가 있습니다. EPS가 높아질 때와 주가가 낮아질 때입니다.

$$PER = \frac{10,000}{1,000} = 10 \implies \text{EPS가 2,000원으로 상승} \implies PER = \frac{10,000}{2,000} = 5$$

$$PER = \frac{10,000}{1,000} = 10 \implies \text{주가가 5,000원으로 하락} \implies PER = \frac{5,000}{1,000} = 5$$

기업이 과거보다 돈을 잘 벌지만 주가가 그대로 있을 때 PER은 낮아집니다. 이것이 바로 투자자들이 원하는 저평가된 기업인 것이죠. 이후 주가가 적정가치를 따라 상승한다면 PER도 상승할 것입니다. 따라서 PER이 낮은 상태에서 상승하는 종목이 매수하기에 좋습니다.

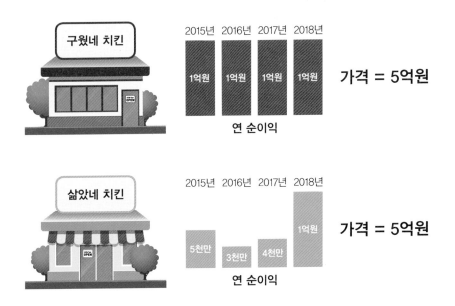

다시 치킨집을 인수하는 상황으로 돌아가서 살펴보겠습니다.

매년 꾸준하게 1억원씩 순이익을 올렸던 '구웠네 치킨'과 과거 순이익이 들쭉날쭉하다가 최근에 1억원의 순이익을 올린 '삶았네 치킨'이 있습니다. 두 곳 모두 시장에서 5억원에 거래된다면 여러분은 어떤 가게를 인수할 것인가요?

두 치킨집 모두 미래의 이익을 미리 알 수 있는 방법은 없습니다. 하지만 **과거 실적 추이를 통해 앞으로의 이익을 추정해볼 수 있습니다.** 매년 꾸준하게 1억원의 순이익을 올린 '구웠네 치킨'은 큰 문제가 발생하지 않는 한 다음 해에도 1억원 정도의 순이익을 올릴 것입니다. 반면 순이익이 들쭉날쭉한 '삶았네 치킨'은 다음 해에도 동일하게 1억원의 순이익을 올릴 것이라고 예상하기란 쉽지 않죠.

두 가게가 동일한 가격에 거래된다면 '구웠네 치킨'이 당연히 인기가 더 많을 것입니다. 이러한 수요에 따라 자연스럽게 가격도 올라가겠죠. PER도 마찬가지입니다. **들쭉날쭉한 이익으로 인해 매년 큰 폭으로 PER이 움직이는 기업보다는 이익이 안정적으로 증가 추세에 있는 기업이 좋습니다.**

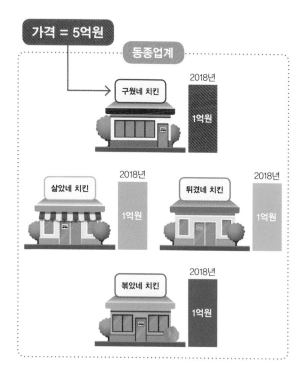
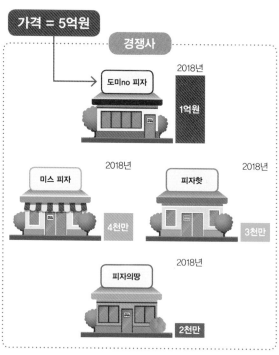

동종업계나 경쟁사와도 비교를 해야 합니다. 1년 순이익이 1억원인 '구웠네 치킨'과 '도미no 피자'가 각각 5억원에 매물로 나와 있다면 어떤 가게를 인수하는 것이 좋을까요?

'구웠네 치킨'은 다른 치킨가게들과 동일하게 매년 1억원의 순이익을 올리고 있습니다. 이는 '구웠네 치킨'만이 가지는 강점이 없다는 것이죠. 즉, 시장 지배력이 없다는 것입니다. 반면 '도미no 피자'는 동종업계 내에서 순이익이 가장 높습니다. 순이익만 가지고 모든 것을 평가하기는 어렵지만 일정 부분 이상 시장 지배력을 가지고 있는 것으로 추측할 수 있으며, 앞으로도 이를 유지할 가능성이 높은 것이죠.

따라서 **동종업계 내에서 높은 시장점유율이나 경쟁력을 가진 기업이 업계 평균 PER과 비슷한 수준이라면 매수하기에 매력적**이라 할 수 있습니다.

💡 PER을 활용한 절대매매 TIP!

❶ PER은 저PER이 좋은 것이 아니라, 저PER에서 PER이 올라가는 종목이 좋은 것입니다.
❷ 과거 PER 추이가 일정한 종목이 좋습니다.
❸ 동종업계나 경쟁사와 비교해야 합니다.
❹ 적자인 기업은 PER 값이 산정되지 않으므로 흑자인 기업만 PER을 확인할 수 있습니다.

더 알아보기!

PER 지표의 약점과 보완

❶ PER 지표만 가지고 매매에 활용하기에는 무리가 있습니다. 그래서 ROE와 같은 성장성 지표와 조합하여 사용하는 것이 좋습니다.
❷ 저PER 상태(10 미만)에서 ROE가 3분기 이상 15% 이상을 달성한다면 투자자들이 바라는 저평가주일 확률이 높습니다.
❸ 매출액 성장률이 매년 10% 이상 성장하고 있다면 더욱 좋은 신호입니다.
❹ 저PER 혹은 고PER인 상태가 중요한 것이 아니라, 그 상태가 된 이유를 찾는 것이 가장 중요합니다.

④ PBR

$$PBR = \frac{주가}{주당순자산(BPS)} \qquad PBR = \frac{시가총액}{순자산}$$

PBR은 기업이 가진 자산에 비해 주가가 얼마나 비싼지, 저렴한지 등을 알아볼 수 있는 투자지표입니다.

$$PBR > 1 = 고평가$$
$$PBR < 1 = 저평가$$

흔히 PBR이 1 미만이면 현재 기업이 가진 자산보다 주가가 저렴하다고 이야기하며, 저평가되었다고 판단합니다.

가치투자의 아버지, 벤저민 그레이엄은 PBR의 개념을 강조했습니다. 요즘은 회사가 도산하는 경우가 적지만 그레이엄이 활동하던 시대에는 대공황을 경험하면서 많은 기업들이 도산하는 모습을 볼 수 있었습니다. 그래서 **청산가치**의 중요성을 느끼게 되었죠. 이때부터 많은 사람들이 주가가 얼마나 저평가되었는지 판단하는 데에 PBR을 사용하기 시작했습니다.

그러나 최근 주식시장에는 PBR을 적용하기 다소 어려운 점이 있습니다. 그 이유는 크게 2가지입니다. **첫 번째는 기업의 가치를 결정할 때 과거에는 자산가치가 큰 비중을 차지했지만, 요즘은 기업이 보유한 자산 '이외의 무언가'가 중요해졌습니다.** 장부가치로 수치화할 수 없는 특허권, 기술력, 브랜드 등 말이죠.

두 번째는 자산가치가 유동적이기 때문입니다. 장부에 부채로 표기된 차입금이나 회사채 등은 장부금액 그대로 상환해야 합니다. 그러나 기계설비, 장비, 건물 등은 대부분 시간이 갈수록 가치가 감소합니다.

벤저민 그레이엄
가치투자의 아버지

'주식 투자를 할 때는 두 가지를 명심할 것. 첫 번째는 절대로 손해 보지 말 것, 두 번째는 첫 번째 원칙을 절대 잊지 말 것'

청산가치

현재 시점에서 파산 등의 이유로 영업활동을 중단하고 청산할 경우 회수 가능한 금액을 뜻합니다.

❶ PBR의 값은 낮을수록 저평가되었다고 볼 수 있습니다.

❷ PBR의 값이 1 미만이라면 그 기업의 주가는 청산가치 미만이라고 할 수 있습니다.

❸ PBR이 낮은 이유가 기업의 경쟁력 하락인지. 계절적 요인이나 일시적 요인으로 인한 것인지 반드시 파악해야 합니다.

❹ 통신업과 같이 독과점 기업의 PBR이 과거 3년 평균 PBR보다 낮으면 좋은 매수 기회로 볼 수 있습니다.

❺ PSR

순이익이 발생하지 않는 회사는 PER을 통해서 평가하기 어렵습니다. 그러나 기술 기반 사업들은 큰 기대감으로 인해 높은 주가를 형성하죠. 이런 경우 PER이나 PBR과 같은 지표로는 파악하기 어려워 PSR을 사용하기도 합니다. **매출액을 성장의 바로미터로 보는 것이죠.**

$$PSR = \frac{주가}{1주당\ 매출액} \qquad PSR = \frac{시가총액}{매출액}$$

PSR은 1주당 매출액 대비 주가가 몇 배로 거래되는지를 나타내는 지표입니다. PSR이 1이라면 시가총액과 매출액이 같다는 것입니다. PSR이 1 이하라면 해당 기업이 벌어들이는 매출액보다 시가총액이 작다는 뜻이죠.

매출액만 가지고 기업을 평가하기에는 한계점이 많기 때문에 적자인 기업, 기술기반 기업 등을 평가할 때 PSR을 **보충적인 방법**으로 사용해야 합니다.

⑥ EV/EBITDA(EV : Enterprise Value, EBITDA : Earnings Before Interest, Tax, Depreciation and Amortization)

$$\text{EV/EBITDA} = \frac{\text{EV(기업의 시장가치)}}{\text{EBITDA(세전영업이익)}}$$

EV/EBITDA는 기업가치가 순수한 영업활동을 통해 벌어들인 이익의 몇 배에 거래되고 있는지를 알려주는 지표입니다. 즉, **이 기업을 인수하면 몇 년만에 영업활동을 통해 원금을 회수할 수 있는지 알 수 있는 것이죠.**

PER은 기업의 자산 상황에 대한 고려 없이 주가와 이익의 관계만 생각합니다. **실제 비용으로 나가는 부분과, 감가상각비와 같이 장부상에서만 비용으로 처리되는 부분을 구분하지 못한다는 것이죠.** 이를 고려한 개념이 바로 EBITDA입니다.

$$\text{EV/EBITDA} = \frac{\text{시가총액 + 부채 - 현금}}{\text{총 이익 + 세금 + 감가상각비 등}}$$

쉽게 말해 EBITDA는 기업의 전체 이익에 세금과 감가상각 금액을 더한 것이라 볼 수 있습니다. 그리고 EV는 해당 기업의 시가총액에서 현금을 빼고 부채를 더해 계산합니다. 그 이유는 해당 기업을 인수한다고 가정했을 때 그 기업의 현금은 즉시 돌려받을 수 있지만, 부채는 떠안아야 하기 때문입니다. 그래서 기업이 보유한 현금이 많거나, 감가상각비 등 실제로 나가지 않는 비용을 높게 책정하게 되면 **EV/EBITDA 값**이 낮아지게 됩니다. PER만 가지고 보면 저렴해 보이지 않는 주식도 EV/EBITDA를 통해서 보면 저평가되어 있음을 알 수 있습니다.

메리츠 코리아 펀드로 유명한 존 리 대표도 실제 투자에서 저평가된 주식을 찾을 때 EV/EBITDA를 사용할 것을 적극 권장했습니다.

EV/EBITDA 값

EV/EBITDA 계산식으로 볼 때, 현금이 많으면 분자의 값이 낮아져 EV/EBITDA가 낮게 나오게 됩니다. 또한, 감가상각비를 높게 책정하면 분모의 값이 커져 EV/EBITDA가 낮게 나옵니다.

존 리,
메리츠자산운용 대표이사
"주식투자는 보통 사람들의
유일한 '부의 창출' 기회이다."

🔆 **EV/EBITDA을 활용한 절대매매 TIP!**

❶ EV/EBITDA는 낮지만 PER이 높고 다른 이유로 주식이 외면받을 때 매수를 고려해볼 수 있습니다.
❷ **저평가 주식**을 찾을 때 조건검색식에서 활용할 수 있습니다. 예) EV/EBITDA 하위 30위

▶ **EV/EBITDA 매매 사례**

약 50% 상승

2016년 결산 당시 PER과 EV/EBITDA가 큰 폭의 차이를 나타냄

실적 발표 시기, 저평가 구간

| 기업가치 지표 | | | | | 단위 : 억원, 주, %, 배 |
IFRS 연결	2014/12	2015/12	2016/12	2017/12	2018/09
Multiples					
PER	14.97	N/A	38.02	N/A	
PCR	5.53	11.13	5.60	7.96	
PSR	0.28	0.23	0.27	0.34	
PBR	0.47	0.41	0.39	0.44	0.48
EV/Sales	0.42	0.38	0.43	0.56	
EV/EBITDA	5.70	5.98	5.90	7.04	

3. 재무차트 이용하기

앞에서 다루지 않았던 재무제표와 재무비율의 항목들을 알아보겠습니다.
**메뉴번호 [0604]를 검색하면 재무차트가 나옵니다. 재무차트는 숫자로 표기된
재무제표의 항목을 투자자가 직관적으로 이해할 수 있도록 그래프나 선으로
나타납니다.** 이를 통해 여러 해의 재무제표와 재무비율 등을 마음대로 구성해서
볼 수 있습니다. 실제로 많은 투자자가 참고하는 요소들 위주로 살펴보겠습니다.

▶ 재무차트

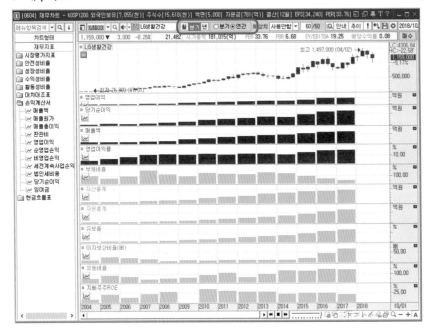

① 영업이익, 당기순이익, 매출액

기업의 성장에는 여러 방식이 있지만 **매출액 증가를 통한 외형 성장을 하는 것이
가장 바람직합니다.** 그래서 자신이 투자하고자 하는 기업의 과거부터 현재까지
매출액이 성장하고 있는지를 확인해야 합니다. 이후 **영업이익**과 **당기순이익**을
통해 이익의 질도 살펴봐야 합니다. 영업이익에 비해 당기순이익이 과도하게
많지는 않은지 체크해봐야 합니다.

영업이익

영업이익은 당기순이익과 같이 일
정 기간 발생한 기업 전체의 수익에
서 비용을 차감한 뒤 남은 금액을 말
합니다. 그러나 여기서 말하는 영업
이익은 영업외수익 등을 차감한 기
업 본연의 영업으로 벌어들인 이익
을 말합니다.

당기순이익

일정 기간 발생한 기업 전체의 수익
에서 비용을 차감한 뒤 남은 금액입
니다. 여기에는 기업의 본래 사업과
맞지 않는 영업외수익도 포함하여
산출합니다.

기업의 외형 성장 체크하기!

☑ 매출액이 증가하고 있는가?
☑ 매출액이 성장함에 따라 영업이익과 당기순이익도 성장하고 있는가?
☑ 영업이익과 당기순이익이 큰 차이가 나지는 않는가?
☑ 괄목할 만한 차이가 난다면 그 이유가 무엇인가?
☑ 단기투자자라면 분기 재무차트를 통해 **이익의 계절성**이 있는지 확인하라.
☑ 경쟁사 대비 높은 영업이익률을 달성하고 있는가?

*이익의 계절성

이익이 계절에 따라 변하는 성질을 가진 것을 뜻합니다. 아이스크림과 같이 여름에는 많이 팔리지만 겨울에는 적게 팔리는 제품을 생산하는 기업이 이에 해당됩니다.

재무레버리지

기업이 빌려온 타인자본(부채)이 순이익에 영향을 주는 것을 말합니다.

② 부채비율과 유동비율 그리고 유보율

기업은 이익을 극대화하기 위해 자기자본만 활용하는 것이 아니라 타인자본도 활용해 **재무레버리지** 효과를 극대화해야 합니다. 그러나 타인자본이 많아지게 되면 고정적으로 나가는 이자비용이 많아져 기업경영에 부담을 주게 되죠. 그래서 **부채는 적정한 수준에서 잘 관리가 되어야 합니다.**

더 알아보기!

자본조달 비용

기업의 자본조달 방식으로는 **자기자본 조달 방식, 타인자본 조달 방식, 기업내부 조달 방식**이 있습니다. 대표적인 자기자본 조달 방식에는 유상증자가 있습니다. 단순히 보기에는 유상증자를 통해 필요한 자금을 조달하게 되면 이자도 발생하지 않으며, 배당금을 주지 않아도 된다는 장점이 있습니다. 그래서 타인자본(부채)을 통한 조달 방식보다 비용이 낮다고 간주하는 경향이 있죠.

그러나 유상증자를 하면 주주가치가 희석됩니다. 주주의 요구수익률이 이자율보다 높기 때문에 **재무구조가 건전한 기업이라면 이익잉여금이나 은행권 대출, 회사채 발행 등으로 자본을 조달하고 제때 상환하는 것이 중요합니다.**

이러한 부분은 **부채비율, 유동비율, 유보율**에서 확인할 수 있습니다. 기업의 안정성을 평가할 수 있는 것이죠. 그리고 기업은 하나의 대출만 가지지 않고 만기와 구조가 다른 여러 개의 부채를 가지고 있습니다. 그래서 **유동부채와 비유동부채로 분류하여 계획적으로 잘 상환해야 합니다.**

일반적으로 투자자들은 유보율이 높을수록 좋은 것으로 알고 있습니다. 유보율이 높다면 기업경영의 안정성은 생기겠지만 여러 문제도 야기하게 됩니다. 기업 내 유보금이 많아지게 되면 부동산, 장비, 타 법인 등 신규 투자나 배당 등으로 사용할 필요가 있습니다. 그래야 계속 성장할 수 있는 기업이 될 수 있는 것이죠. 그러나 **유보금이 사용되지 않고 쌓여있다면 일반적으로는 무상증자나 자사주소각과 같은 이벤트를 기대해볼 수 있으나 횡령과 같은 좋지 않은 이슈가 생길 수도 있습니다.**

부채비율

기업의 타인자본 의존도를 나타내는 비율로, 부채총액을 자기자본으로 나눈 값입니다. 부채총액이 많을수록 부채비율이 높게 나옵니다.

유동비율

기업의 지불능력을 판단하기 위한 비율로, 유동자산을 유동부채로 나눈 값입니다. 이 비율이 높을수록 기업의 지불능력이 좋다고 판단할 수 있습니다.

유보율

기업이 동원할 수 있는 자금량을 측정하는 지표로 쓰입니다. 일반적으로 유보율이 높을수록 기업의 안정성이 높습니다. 그러나 과감한 신규 투자 등으로 인해 유보율이 줄어들 수도 있기 때문에 절대적인 지표는 될 수 없습니다.

체크리스트!

기업의 안정성 체크하기!

☑ 부채비율이 200% 미만인가?
☑ 부채비율이 200% 이상이라면 이자보상비율은 3년 이상 10배를 넘었는가?
☑ 유동비율은 100% 이상인가?
☑ 유보율이 과도하게 높지 않은가?
☑ 이자보상비율이 3배 미만이면 매수를 보류하라.

*이자보상비율
기업의 채무상환능력을 보여주는 지표입니다. 영업이익이 이자비용의 몇 배인지를 알 수 있습니다. 이자보상비율이 1이라면 이 기업은 벌어들인 돈을 모두 이자 내는 것에 사용하고 있다는 뜻입니다.

③ 자산총계, 자본총계, ROE

기업이 실질적으로 성장하고 있는지 파악하기 위해서는 자산과 자본의 증가 여부를 살펴봐야 합니다. 기업이 얼마만큼 잘 성장하고 있는지는 **ROA**와 **ROE**를 통해 알 수 있습니다.

ROA

ROA(Return On Assets)는 기업의 총자산순이익률로, 총자산으로 얼마의 순이익을 올렸는지를 측정하는 지표입니다. 해당 기업이 보유한 자산을 얼마나 효율적으로 운용했는지를 알 수 있습니다.

ROE

ROE(Return On Equity)는 기업의 자기자본이익률로, 해당 기업에 투자된 자본금을 사용하여 얼마의 순이익을 올렸는지를 측정하는 지표입니다.

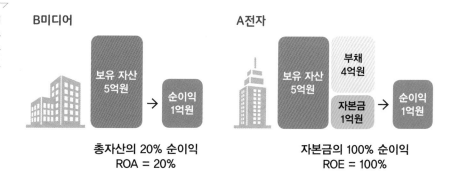

투자자들은 ROA와 ROE를 통해 회사가 어느 정도의 속도로 성장하고 있는지도 알 수 있습니다. ROA와 ROE가 **지속적으로 높은 수치**를 보여준다면 이는 해당 기업이 **고성장**하고 있다는 뜻입니다.

이러한 기업을 찾기 위해서는 ROE를 유심히 살펴봐야 합니다. **주식투자는 결국 기업의 지분에 대한 투자입니다.** 그래서 기업에 투하된 자기자본 대비 얼마의 이익을 올렸는지가 투자의 중요한 지표가 되는 것이죠.

$$ROE = \frac{PBR}{PER} \qquad ROE = \frac{순이익}{자기자본}$$

기업이 보유한 자기자본 대비 많은 순이익을 낼수록 ROE의 값이 높아지게 됩니다. 또 다른 경우로, 벌어들이는 순이익의 규모는 그대로지만 자기자본을 줄이면 ROE가 높아지는 착시효과가 나타나기도 합니다. 그래서 **갑작스럽게 ROE가 높아진 기업의 경우에는** 주식소각이나 배당 등을 통해서 자본금을 의도적으로 낮추진 않았는지 확인해야 합니다. 이는 일시적인 현상으로 그칠 수밖에 없기 때문에 ROE가 업계 평균과 비교하여 3년 이상 높은 수준을 유지하는지 살펴봐야 합니다.

☀ ROE를 활용한 절대매매 TIP!

❶ ROE가 15% 이상인지 확인해야 합니다.
❷ ROE가 연속성이 있는지 확인해야 합니다.
❸ 업종 내 ROE를 비교하고, 업종 평균 이상의 ROE를 가졌는지 확인해야 합니다.
❹ 기업 내 유보금을 쌓아두지 않고 계속 투자가 이루어지고 있는지 확인해야 합니다.
❺ 단기투자자는 3분기 연속 ROE가 15% 이상 달성된 기업을 선택하는 것이 좋습니다.
❻ 중장기투자자는 3년 연속 ROE가 15% 이상 달성된 기업을 선택하는 것이 좋습니다.

체크리스트!

기업의 성장성 체크하기!

☑ 자산총계가 증가하는 추세인가?
☑ 자본총계가 증가하는 추세인가?
☑ ROE는 15%가 넘는가?
☑ 경쟁사와 비교해 ROE가 높은 편인가?
☑ ROE가 30% 이상으로 지나치게 높다면 ROA와 비교하라.
　 높은 ROE에 비해 ROA가 15% 미만으로 낮다면 투자에 적합하지 않습니다.

개선 선생의 꿀팁!

PER과 같이 재가공되어 해석되는 데이터는 하나의 툴로 일관되게 보자!

주식 관련 정보를 제공하는 인터넷 플랫폼들이 많아지는 추세입니다. 이에 따라 PER, PBR과 같은 투자지표는 제공하는 플랫폼에 따라 다소 다른 경향을 보입니다. 그 이유는 데이터를 반영하는 주기와 계산하는 방식이 서로 다르기 때문입니다.

따라서 **하나의 플랫폼을 정해서 일관성 있게 보는 것이 좋습니다.** 그래야 PER 등이 어떻게 변하고 있는지 추이를 잘 파악할 수 있습니다.

CHAPTER 03

검색식 활용하기

#조건검색
#검색기
#추천검색식

– 양봉이, 음봉이, 개선 선생이 입장하셨습니다. –

양봉이

이제 재무제표를 어떻게 보는지 알 것 같아요!

음봉이

그런데 저평가된 기업을 사고 싶으면
2,000개가 넘는 종목을 다 찾아봐야 하나요?

개선 선생

그렇지 않아요. 조건검색이라는 툴을 이용하면
우리가 원하는 종목을 쉽게 찾을 수 있습니다.

음봉이

우와 진짜요? 저평가된 기업을 검색해서
투자만 하면 끝이겠네요!

개선 선생

조건검색을 통해서 저평가된 기업을
찾을 수 있지만 투자결정은 기술적 분석 등으로
조금 더 면밀히 살펴본 이후에 해도 늦지 않겠죠?

자, 그럼 조건검색을 어떻게 활용하는지
같이 한 번 보도록 해요!

1. 검색기가 무엇인가요?

이제까지 재무적으로 좋은 기업이 어떤 조건을 갖추어야 하는지에 대해 알아보았습니다. 주식시장에는 2,000개 이상의 종목이 있습니다. 이렇게 많은 종목의 재무제표를 모두 확인하는 것은 불가능하죠. 따라서 PER은 10 미만, ROE는 15% 이상 등의 **조건에 맞는 종목을 검색할 수 있는 조건검색을 활용하는 것이 도움이 됩니다.**

▶ **조건검색 메뉴**

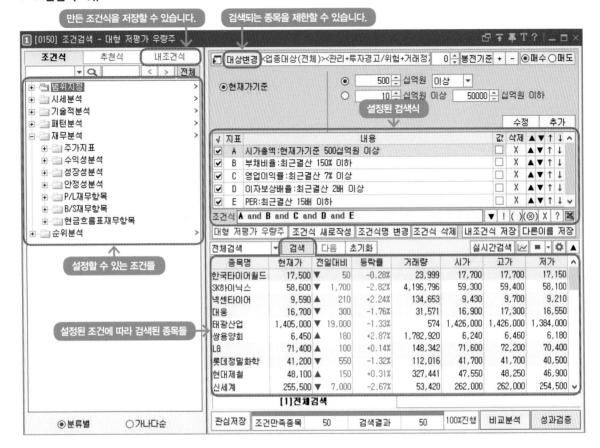

만든 조건식을 저장할 수 있습니다.

검색되는 종목을 제한할 수 있습니다.

[0150] **조건검색** 메뉴를 통해서 매출액, 영업이익, 자본금 등 재무적 요소뿐만 아니라 패턴, 시세, 기술적 지표 등 다양한 방법으로 종목을 검색할 수 있습니다.

검색기

검색기에 대해 더 궁금하다면 특별부록에서 제공하는 p.451 '고수의 실전 검색기 15개'를 확인해보세요!

2. 기본적 분석 조건

재무분석과 관련된 조건은 위와 같이 다양하지만, 실제로 쓰이는 조건은 많지 않습니다. 그래서 반드시 알아야 할 조건들 위주로 함께 알아보겠습니다.

① PER

PER은 최근결산 기준을 사용하는 것이 좋습니다. 특정 배수 이하를 설정하거나 하위 30개와 같이 저평가된 종목을 찾을 때 유용합니다.

② PBR

PBR도 최근결산을 기준으로 1배 이하와 같이 저평가된 종목을 찾을 때 유용하게 쓰입니다.

③ EV/EBITDA

EV/EBITDA 지표는 PER, PBR과 함께 저평가된 종목을 찾는데 도움이 됩니다. PER과 동일하게 사용하고 해석할 수 있습니다. 실제 저평가 종목을 찾는 데 있어 PER보다 더 활용적입니다.

④ EPS

⑤ BPS

EPS와 BPS은 종목마다 발행주식수와 주가의 수준이 달라 일정한 기준을 세우기 어렵습니다. 그래서 EPS와 BPS를 사용한 조건검색은 활용도가 떨어 집니다.

⑥ 시가총액

시가총액 2,000억원 이상 혹은 5,000억원 이하 등의 조건을 통해 원하는 기업의 규모를 설정할 수 있습니다.

⑦ 영업이익률

영업이익률은 최근결산 또는 최근3년평균을 기준으로 사용하는 것이 좋습니다. 전통적인 제조업의 영업이익률은 5% 전후이며, 서비스, 기술 기반 산업은 평균적으로 10% 전후입니다. 그래서 영업이익률이 꾸준히 20% 이상인 기업은 고성장하는 기업임을 알 수 있습니다. 찾고자 하는 기준에 따라 상위 30개와 같은 순위 검색을 하거나 10% 이상과 같은 조건검색을 활용할 수 있습니다.

⑧ ROE

ROE도 영업이익률과 동일하게 최근결산, 최근3년평균을 사용합니다. 또한, 특정 수치 이상 또는 상위 30개를 설정하여 종목을 검색할 수 있습니다. 다만 여러 가지 조건이 모두 상위 30개, 하위 30개로 설정되어 있으면 종목이 검색되지 않을 확률이 높습니다. 기본적으로 'and' 조건으로 설정되기 때문에 이런 경우 'or' 조건으로 변경해야 합니다.

⑨ 매출액증감률 및 영업이익증감률

영업이익률이나 ROE가 높은 기업을 검색하면 이미 주가가 높은 경우가 많습
니다. 매출액증감률이나 영업이익증감률이 매년 성장하는 기업을 검색하면
성장 초기의 기업을 발견할 수도 있습니다. 최근3년평균 증감률 3% 이상 등의
조건을 사용하게 되면 꾸준히 성장하고 있는 기업이 검색됩니다.

⑩ 총자본증감률

자본총계가 증가하는 것은 성장하고 있다는 뜻이고, 이런 기업에 투자해야 한다
는 것을 배웠는데요. 이런 관점에서 총자본증감률 조건은 성장하는 기업을 찾기
에 적합합니다. 최근3년평균 증감률 5% 이상과 같은 조건을 걸어 검색해볼 수
있습니다.

⑪ 부채비율

일반적으로 부채비율은 100% 미만인 기업에 투자하는 것이 좋습니다.

⑫ 유동비율

일반적으로 유동비율은 100% 이상인 것이 좋습니다. 그러나 너무 높은
유동비율은 기업이 자산을 효율적으로 쓰고 있지 않음을 뜻합니다. 따라서
100% 이상 500% 이하 등의 구간을 설정하는 것이 좋습니다.

⑬ 이자보상배율

⦿최근결산 ○최근분기	⦿	1 ⊟ 배 이상 ▼		
	○	1 ⊟ 배 이상	10 ⊟ 배 이하	
	○	상위 30 ⊟ 개		
	○	하위 30 ⊟ 개		추가

이자보상배율이 높다고 큰 투자매력이 있다고 보기는 어렵지만, 이자보상배율이 낮을 경우 기업 운영에 문제가 생기게 됩니다. 따라서 3배 미만이면 검색에서 제외되도록 하는 조건을 활용하면 좋습니다.

⑭ 매출액

⦿최근결산 ○최근분기	⦿	500 ⊟ 억원 이상 ▼		
	○	500 ⊟ 억원 이상	500000 ⊟ 억원 이하	
	○	상위 30 ⊟ 개		
	○	하위 30 ⊟ 개		추가

⑮ 영업이익

⦿최근결산 ○최근분기	⦿	50 ⊟ 억원 이상 ▼		
	○	50 ⊟ 억원 이상	50000 ⊟ 억원 이하	
	○	상위 30 ⊟ 개		
	○	하위 30 ⊟ 개		추가

매출액과 영업이익은 상위 30개와 같은 순위 검색을 활용할 수 있습니다.

개선 선생의 꿀팁!

투자의사 결정 초기에 검색기를 활용하자!

재무적인 정보만으로 종목을 선정하여 투자에 나서기에는 다소 부족한 감이 있습니다. 그래서 **투자의사 결정의 초기 단계에서 검색기를 활용해 위험한 종목을 먼저 제외한 후에 매수 여부를 결정하는 것이 바람직합니다.**

고수의 HTS 화면 설정법

개선 선생의 TOP 시크릿

❶ [0198] 실시간 종목 조회 순위

투자자들이 현재 어떤 종목에 관심이 많은지 알 수 있습니다. **많은 투자자가 관심을 가지는 종목은 그에 따라 거래량이 증가하고 등락폭이 커질 가능성이 높습니다.**

❷ [0796] 투자자별 매매동향

투자자별 매매동향 메뉴에서는 코스피, 코스닥 시장 전체에서 투자주체별 순매수 금액, 순매도 금액 등과 같은 매매동향을 알 수 있습니다. 개별 종목의 수급 내역과 일자별로 과거 내역까지 모두 확인이 가능합니다.

이를 통해 투자자는 **해당 종목에 주요 수급 세력이 누구인지, 어느 정도 가격대에 집중 매수 또는 매도했는지** 알 수 있습니다.

❸ [4989] 키움주문

주문메뉴에서는 현재 보고 있는 종목의 호가창과 주문, 계좌잔고를 동시에 확인할 수 있어 간편하고 빠르게 주문이 가능합니다.

❹ [0600] 키움종합차트

메인 차트 메뉴이며, 여러 보조지표와 함께 자세하게 볼 수 있도록 세팅하는 것이 좋습니다.

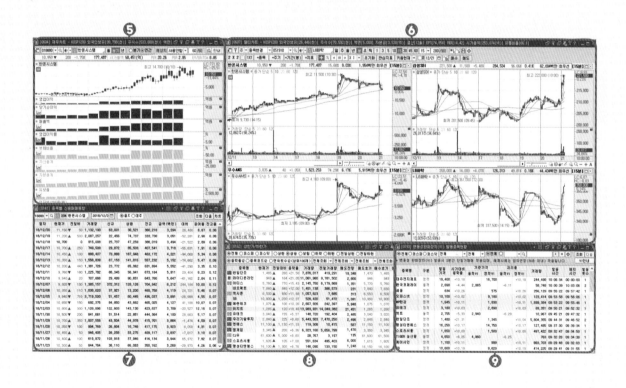

❺ [0604] 재무차트

투자의사 결정을 하기 전에 **해당 기업의 대략적인 재무사항을 한눈에 파악할 수 있습니다.** 재무차트를 설정한 후 실제로 매매 시에 사용할 수 있습니다.

❻ [0607] 멀티차트

여러 개의 차트를 동시에 볼 수 있는 메뉴입니다. **일반적으로 단타매매나 여러 종목 중에서 매수를 고려할 때 사용할 수 있습니다.** 여러 개의 차트를 동일한 캔들 수로 분봉이나 일봉 등으로 비교해볼 수 있습니다.

❼ [0141] 종목별 신용매매동향

종목별 신용매매동향에서는 해당 종목의 일자별 신용매매 상황을 알 수 있습니다. 공여율과 잔고율을 참고해 매매에 임해야 합니다. 여기서 공여율이란 거래일 당일 기준으로 해당 주식의 총 거래량 중 신용거래의 비율을 뜻합니다. 잔고율은 총발행주식수 중 신용거래로 매수한 비율을 뜻합니다.

즉, 공여율이 다른 날에 비해 높은 날은 많은 투자자들이 해당 종목이 상승할 것이라는 믿음을 가지고 신규 신용 매수를 많이 한 날입니다. 반면 잔고율이 점점 높아지게 되면 매도 압력이 커지게 되어 상승 폭을 줄이는 경향이 있습니다. 그 이유는 현금으로 주식을 매수하여 보유하는 것보다 신용으로 매수한 것이 심리적으로 불안감이 커 수익이 조금만 발생해도 빠르게 매도에 나서는 경향이 있기 때문입니다.

따라서 **공여율이 눈에 띄게 높은 날 이후에 잔고율이 평균 대비 높은 수치를 보인다면 매도물량이 많이 나올 것으로 예상해볼 수 있습니다.**

❽ [0162] 상한가/하한가

상한가/하한가 메뉴에서는 당일 상한가와 하한가뿐만 아니라 상승, 하락 순위도 볼 수 있습니다. **현재 시장에서 강한 상승을 보여주는 섹터나 트렌드를 한눈에 알 수 있습니다.**

❾ [0193] 변동성완화장치(VI) 발동종목현황

VI현황 메뉴에서는 VI가 발동되는 종목들을 시간대별로 볼 수 있습니다. 장초반 VI가 발동되는 종목들의 재료를 분석해서 **추가 상승여력이 있다고 판단되면 매수하여 단기 차익 실현을 목표로 할 수 있습니다.**

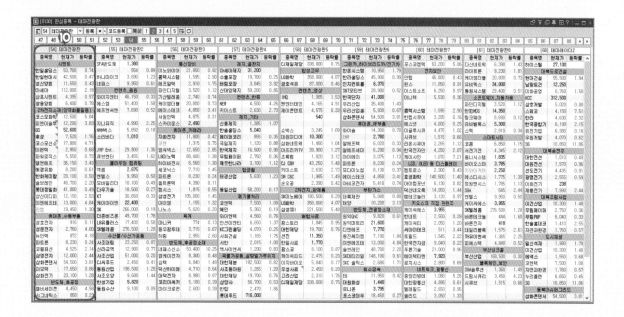

⑩ [0130] 관심종목

관심종목은 여러 칸으로 늘릴 수 있습니다. **평소 관심 있는 섹터나 트렌드, 테마에 맞도록 종목을 미리 설정해두면 시장의 흐름을 읽을 수 있습니다.** 이런 경험이 쌓이게 되면 새로운 투자 기회를 발견할 수도 있습니다.

PART 05 에서는 …

이번 파트에서는 주식투자를 하는 사람이라면 한 번쯤은 거쳐간다는 기술적 분석에 대해 알아볼 예정입니다. 기술적 분석은 각각 장점과 한계점이 있지만, 이를 잘 활용한다면 좋은 투자 성과를 올릴 수 있습니다. 주요 기술적 지표에 대해 개념과 활용법을 알아보고, 이를 바탕으로 실제 매매에서는 어떻게 적용되고 활용할 수 있는지 자세히 알아보겠습니다.

PART
05

매수하기
[기술적 분석편]

CHAPTER 01 기술적 분석이란

– 양봉이, 음봉이, 개선 선생이 입장하셨습니다. –

양봉이

기술적 분석은 꼭 해야 하나요?
과거 자료라서 필요 없을 것 같은데…

개선 선생

모든 분석방법은 과거 자료를 바탕으로 할 수밖에
없습니다. 기본적 분석도 마찬가지죠.

음봉이

그렇다면 기술적 분석을 해야 하는 이유가 따로 있나요?

개선 선생

기술적 분석은 가격 움직임에 대한
과거 자료입니다. 가격 움직임 속에는
사람들의 심리가 녹아있죠. 그 속에는
패턴이 존재하여 미래의 움직임을
추정해볼 수 있습니다.

게다가 가격은 개인투자자들이 접할 수 없는
정보들도 빠르게 반영하기 때문에 결코
무시해서는 안 되는 요소인 것이죠.
이번 챕터에서는 기술적 분석에 대해
자세히 알아볼게요.

1. 기술적 분석은 언제, 어디서 시작됐을까?

역사가 짧은 것 같아 보여도 사실 주식만큼이나 오래된 것이 바로 기술적 분석
입니다. 기술적 분석의 시초가 어디인지에 대한 의견은 다양하지만, 일본의 쌀
거래에서부터 시작되었다는 의견이 가장 지배적입니다.

#기술적분석   #역사   #찰스다우
#혼마무네히사 #가치함정

17 ~ 18세기 일본은 경제적으로 굉장히 번영한 시기를 맞이하게 됩니다. 그러나 당시에는 화폐가 없었기 때문에 쌀이 회폐의 역할을 대신했습니다. 쌀이 다른 물건과의 교환 기준이 되면서도 수단이 되는 것이었죠. 그래서 쌀을 생산하던 지방 영주들은 오사카에 있는 창고로 쌀을 보내고, 쌀에 대한 소유권으로 오늘날의 유가증권과 비슷한 증권을 교부받게 됩니다.

쌀을 생산하여 증권을 교부받는 영주가 있었다면, 쌀 거래소에서 이 증권을 사고팔면서 차익을 남기는 중개상이 있었습니다. 이들은 돈을 필요로 하는 영주들이 많을 때 증권의 가격이 떨어진다는 것을 알고 이를 싸게 매입했죠. 그리고 쌀의 수요가 증가하는 시기에 되팔아 차익을 남기는 전형적인 BLSH(Buy Low Sell High)의 방식을 통해 돈을 벌게 됩니다.

기술적 분석에 관심 있는 투자자라면 **삼산**, **삼천**과 같은 패턴을 들어본 적이 있을 것입니다. 전설적인 쌀 상인이었던 혼마 무네히사가 발견한 가격 패턴이 바로 그것입니다. 혼마는 가격 자체의 움직임을 분석한 기술적 분석가의 시초였다고 볼 수 있는 것이죠. 게다가 쌀 상인들은 쌀 가격의 움직임을 시가, 종가, 고가, 저가로 구분하고 이를 양초 모양으로 표시했습니다. 이것이 바로 오늘날 캔들차트의 기원이 되었습니다. 대부분의 기술적 지표가 미국에서 개발되었지만, 일본만 유일하게 캔들차트, 일목균형표 등과 같은 독자적인 기술적 분석법을 가지고 있습니다.

미국은 19세기 찰스 다우의 **다우이론**을 기점으로 기술적 분석이 자리를 잡고 발전하기 시작했습니다. 다우이론에 따르면 주가는 반복되는 패턴과 추세를 나타냄을 알 수 있죠. 이후 다우이론을 발전시킨 엘리어트 파동이론부터 최근 많은 투자자들이 쓰고 있는 볼린저 밴드, MACD, RSI까지 많은 지표들이 미국에서 개발된 지표들입니다.

2. 기술적 분석의 최근 흐름

이러한 기술적 분석의 유용성에 대해서는 오래전부터 논란이 많았습니다. '기업가치를 무시하고 가격만 보고 투자하는 것은 투기다', '해석에 따라 달라지기 때문에 객관성이 없다', '지나간 과거 자료로 미래를 판단할 수 없다' 등의 주장이 많았죠. 기본적 분석도 과거의 자료를 이용하기는 마찬가지이기 때문에 이러한 논란에서 자유로운 것은 아니었습니다. 그러나 오히려 기술적 분석이 즉각적으로 반영되는 가격을 분석함에 따라 기본적 분석에 비해 선행성을 보여주기도 합니다.

삼산/삼천

삼산은 3개의 산과 유사한 모습으로, 3개의 고점을 만드는 패턴을 뜻합니다. 삼천은 삼산과는 반대로 3개의 저점을 만드는 패턴을 뜻합니다.

다우이론

주가의 움직임과 그 추세를 기술적으로 분석한 이론입니다.

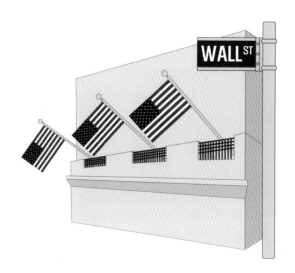

최근 월가를 비롯한 세계 각지에서 기술적 분석가가 두각을 나타내고 있습니다. 가까운 일본만 하더라도 기술적 분석을 이용한 투자로 성공한 사례를 심심치 않게 볼 수 있습니다. 그 대표적인 예가 바로 코테가와 타키시입니다. 그는 2000년대 초반에 160만엔으로 주식투자를 시작해 단 5년만에 160억엔을 만든 것으로 유명합니다. 오직 주가와 차트만 보고 매매하면서 이룬 결과물인 것이죠.

CMT

CMT(Charted Market Technician)는 투자 대상의 가치를 분석하는 CFA와 유사한 국제 자격증입니다. 이는 가격의 움직임을 분석하는 능력을 국제적으로 인정받는 것입니다. 세계 최고 권위를 가진 기술적 분석 자격증이라고 할 수 있습니다.

또한, 월가에서는 시장의 방향성과 관계없이 수익을 올리는 헤지펀드의 성과가 수년째 상위권을 차지하고 있습니다. 이를 증명이라도 하듯 **CMT** 자격 인증자는 2018년에 1,995명으로, 3년 전 1,195명에 비해 약 66% 이상 증가하였습니다.

3. 오른손에 재무제표, 왼손에 차트

가치함정은 저평가된 종목을 매수하였지만 어느 시점에 저평가된 주식이 본래의 가치를 평가받을지 모르는 것을 뜻합니다. 주식시장에서 종종 '가치함정의 덫에 걸렸다'라는 말을 들을 수 있습니다. 이는 저평가된 종목을 매수하였으나 수년째 매수한 가격 그대로이거나 오히려 더 하락한 경우를 뜻합니다.

2006년 워런 버핏은 영국 테스코의 주식이 저평가되어 있다는 판단하에 꾸준히 매수하여 비중을 늘려왔습니다. 그러나 2014년 테스코 회계부정 사태로 인해 큰 손실을 보게 되었습니다. 이처럼 가치투자의 거장이라고 할 수 있는 투자자도 결국 장부상의 숫자만 보고 투자했다가 낭패를 본 것이죠.

만일 버핏이 여러 기술적 분석과 지표들을 잘 활용했다면, 회계부정 사태를 100% 정확하게 알지는 못하더라도 징후를 발견하여 손실을 줄일 수 있었을 것입니다. 그래서 기본적 분석과 기술적 분석을 함께 사용하는 것이 중요합니다.

CHAPTER 02

거래량은 최고의 예언가!

#선행지표
#매집봉
#거래량순증
#거래량조합
#가장유용한지표

– 양봉이, 음봉이, 개선 선생이 입장하셨습니다. –

음봉이

주식투자는 미래를 보고 하는 건데...
미래를 맞출 수가 있나요?

개선 선생

만약 주가의 미래를 볼 수 있는 지표가 있다면
믿을 건가요?

양봉이

그런 지표가 있다면 저는 꼭 챙겨보겠습니다!

개선 선생

그것이 바로 거래량입니다.

거래량은 선행성을 가질 수 있는 유일한
지표입니다. 이러한 거래량에 대해
자세히 한 번 알아보도록 해요!

1. 거래량으로 흔적을 찾자!

주요 기술적 지표 중 하나인 거래량은 기술적 분석에 있어 가장 중요한 지표라 해도 과언이 아닙니다. **거래량만이 다른 기술적 지표들과 달리 선행성을 보이기 때문이죠.**

그렇다면 거래량이 왜 최고의 예언가일까요? 일반적으로 거래량은 사려는 사람 또는 팔려는 사람이 많다면 증가하게 되죠. 그래서 다음과 같은 패턴을 보이게 됩니다.

이는 일반적인 거래량 증가의 패턴입니다. 우리가 실제 매매에서 집중해야 할 부분은 전체적인 거래량이 아닙니다. **큰 자금을 운용하는 수급 주체가 해당 종목에 관심을 가지고 있는지를 찾는 것에 주력해야 합니다.** 수급 주체가 특정 종목에 관심을 가지고 매수하기 시작했다면, 주가나 다른 기술적 지표에서는 그 흔적을 발견할 수 없을지도 모릅니다. **하지만 거래량에는 반드시 드러나게 되어 있습니다.**

하얀 눈밭을 걷다 보면 앞에 지나간 동물이 곰인지, 토끼인지, 다람쥐인지는 그 발자국의 크기로 구분할 수 있습니다. 하지만 이 발자국들도 조금만 멀리서 보거나 관심을 가지지 않는다면 잘 보이지 않죠.

거래량도 이와 유사합니다. 많은 투자자들이 거래량의 중요성을 알지 못하고 있습니다. 겉으로 보기에는 단순해 보이기 때문이죠. 사실 거래량 하나로 얻을 수 있는 정보는 다른 어느 지표와 비교할 수 없을 정도로 많습니다. 그 가치 또한 비교할 수 없죠.

주가가 오르기 위해서는 큰 자금력을 가진 기관투자자와 외국인투자자 같은 세력이 해당 종목을 매수해주어야 합니다. **이들은 큰 자금을 핸들링하기 때문에 한 번에 매수하지 못하죠. 그래서 거래량에 흔적이 나타나게 됩니다.** 눈밭에서 사냥감을 찾을 때 큰 곰과 같은 사냥감을 찾아야 먹을 것이 많은 것처럼 **거래량으로 큰 세력을 찾는 것이 중요**합니다.

그리고 이러한 큰 세력들은 개인투자자들과 다른 세력들을 속이기 위한 작전을 펼치기도 합니다. 주요 지지선 이탈이나 추측성 기사인 카더라 뉴스 등을 통해서 말이죠. **거래량을 보지 않고 매매에 임하게 된다면 이러한 눈속임 작전에 쉽게 넘어가게 됩니다.**

거래량을 통한 매매 방법은 크게 거래량만 독립적으로 사용하는 것과 다른 지표들과 혼합하여 사용하는 것이 있습니다.

2. 거래량만 활용한 실전 매매

① 거래량 매집봉
주가가 본격적으로 상승하기 2 ~ 3개월 전에, 이전 평균 거래량의 5 ~ 10배에 가까운 거래량이 터지게 되면 주의 깊게 봐야 합니다. 이를 **거래량 매집봉**이라고 합니다.

▶ **거래량 매집봉을 활용한 매매 사례**

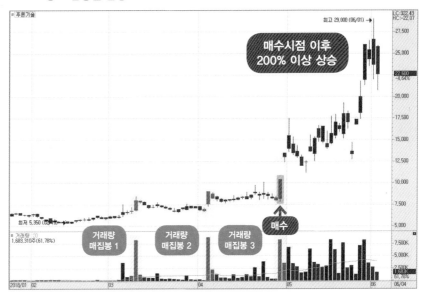

주가가 좁은 박스권을 그리면서 횡보하다가, 거래량 매집봉이 발생하면서 상승하지만 첫 번째 돌파 시도는 실패할 가능성이 높습니다. 주 세력의 매집이 충분하지 않고, 대기 매물이 많기 때문이죠.

그래서 첫 번째 거래량 매집봉에서 매수하면 상승 이후 눌림 현상으로 인해 보유하기 힘들어질 가능성이 높기 때문에, 이때는 관망하는 것이 좋습니다.

거래량 매집봉은 큰 자금력을 가진 세력이 현재 대기 매물이 얼마나 되는지 테스트하기 위한 용도로 사용하기도 합니다. 이는 큰 거래량으로 주가를 띄웠을 때 매도하는 물량이 어느 정도인지를 확인함과 동시에, 추가로 그 물량을 매집하는 것이죠.

이후 돌파가 나와서 상승하기 시작한다면 적은 거래량에도 주가는 급등하게 됩니다. 이미 매물을 다 소화했기 때문이죠.

그러나 **만일 세 번째 돌파 시도에도 횡보하던 구간을 돌파하지 못한다면 매도하는 것이 좋습니다.** 투자자들의 심리적 마지노선이 세 번이지만 세 번째에도 돌파하지 못한다는 것은 그만큼 매도하고 싶어하는 사람이 많다는 뜻이기 때문이죠.

거래량이 강하게 터진 상한가 종목, 매수해도 될까?

과거에 가격 상승 제한폭이 15%일 때는 대량 거래량을 수반한 장대양봉이 발생하게 되면 다음 날까지 그 상승세가 이어지는 경우가 많았습니다.

그러나 상한가가 30%로 바뀐 이후, 상한가 첫 날 거래량이 많이 터지면 다음 날까지 상승세를 이어가는 것이 부담스러워졌습니다. 그래서 대량 거래량을 동반한 상한가 종목은 다음 날 주가가 하락하게 되는 것을 자주 볼 수 있습니다.

그래서 아무리 좋은 재료가 있는 종목이라도 눌림을 공략해 매수하는 것이 좋습니다. 전일 상한가의 50% 밑으로 하락하지 않고 지지한다면 매수해볼 수 있습니다. 이를 '50% 룰'이라고 하며 다양한 곳에 활용할 수 있습니다. '50% 룰'은 챕터 4 p.222에서 자세히 알아보겠습니다.

② 급등 종목의 거래량 패턴

유 튜 브
연결하기

★ 거래량 관련 영상
바로 확인!

QR코드로
영상 보는 법
p.12 참고!

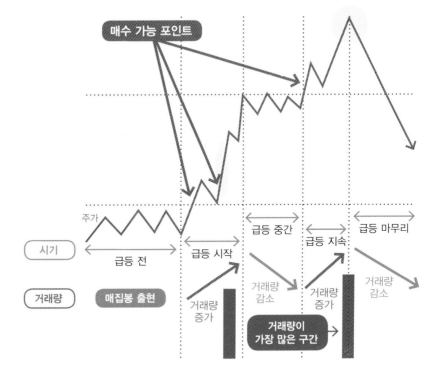

급등 종목은 위와 같은 거래량 패턴을 보이게 됩니다.

고가놀이

상승하던 주가가 상승을 잠시 멈추
고 높은 가격대에서 횡보하는 모습
을 이르는 말입니다.

급등 전 : 거래량이 거의 없는 수준으로 거래가 적다가 종종 거래량이 터지는 매집봉이 나타납니다. 거래량은 적지만 주가의 하방 지지가 단단한 모습을 확인할 수 있습니다.

급등 시작 : 거래량을 동반한 강한 상승으로 기존에 횡보하던 박스권을 돌파하게 됩니다. 이후 거래량은 눈에 띄게 증가한 모습을 볼 수 있습니다.

급등 중간 : **고가놀이**라고 일컫는 구간으로, 급등하던 주가가 잠시 쉬어가는 모습을 보여줍니다. 고가놀이가 반드시 발생하는 구간은 아닙니다. 이때 거래량은 큰 폭으로 감소하고, 주가는 급등 전과 유사하게 일정한 박스권을 그리면서 횡보하게 됩니다.

급등 지속 : 고가놀이를 하던 주가가 거래량을 동반한 강한 상승으로 다시 박스권을 돌파하고 재차 상승하는 구간입니다. 급등 시작 구간과 비교하면 거래량이 적지만 예외의 경우도 있습니다.

급등 마무리 : 급등하던 주가가 급등을 마무리하고 다시금 하락추세로 돌아선 구간입니다. 이때는 거래량도 점차 감소하고, 해당 종목을 매수하는 사람이 적어 적은 거래량에도 주가가 큰 폭으로 하락하게 됩니다.

▶ 거래량 패턴으로 찾는 급등 종목 사례

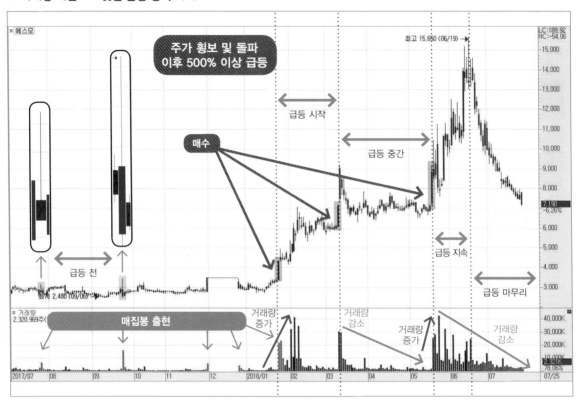

거래량이 적음에도 주가가 하락하지 않고 하방이 견고한 모습을 보이면서
매집봉이 나타나는 것은 굉장히 긍정적인 신호입니다. 위 사례는 횡보하던
구간을 강한 거래량을 동반하여 돌파하면서 본격적으로 상승하는 경우입니다.

③ 추세 전환 예측

주가가 하락을 멈추고, 조금씩 상승하면서 거래량이 같이 증가하기 시작한다면 관심 있게 지켜봐야 합니다. 하락하던 주가가 상승추세로 돌아서기 위해서 거래량 증가는 반드시 필요하다는 것을 알 수 있습니다.

▶ 추세 전환 예측 사례

해당 종목은 거래량이 본격적으로 상승한 이후에 2년이 되지 않는 기간 동안 500% 이상 상승하게 됩니다.

🔆 거래량 추세 전환 예측 절대매매 TIP!

❶ 거래량이 적은 상태로 횡보, 하락하던 주가가 점차 상승하면서 거래량도 함께 증가하기 시작한다면 관심 있게 지켜봐야 합니다.

❷ 주가가 추세를 지키는 건전한 조정을 받은 이후, 기존 거래량의 5 ~ 10배의 거래량이 발생한다면 매수 신호입니다.

❸ 여러 보조지표나 캔들 패턴 등에서도 매수신호를 나타낸다면 이는 강력한 매수신호로 해석할 수 있습니다.

사실 거래량이 상당항 폭으로 줄어든 상태라면 주가가 현 수준을 유지하기가 굉장히 어렵습니다. 거래량이 감소한다는 뜻은 해당 종목에 대한 관심이 떨어졌음을 나타내기 때문이죠. **거래량이 적으면 대기 매수물량이 적어 내가 원하는 물량을 원하는 가격에 팔기가 어렵습니다. 그로 인해 거래량이 적은 종목들의 주가는 천천히 하락하게 됩니다.**

▶ **주가 하락을 부르는 거래량 감소**

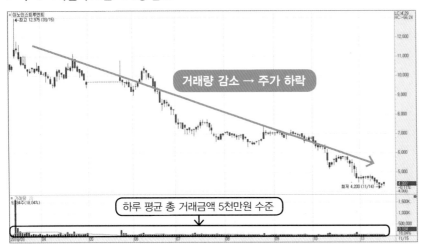

위의 사례처럼 거래량이 적은 종목의 주가는 큰 반등 없이 지속적으로 떨어지게 됩니다. 그러나 거래량이 감소함에도 불구하고 주가가 현 수준을 유지한다면 반드시 유심히 살펴보아야 합니다.

▶ **유심히 살펴봐야 하는 거래량 감소 패턴**

이 경우 거래량은 감소하지만 주가는 횡보하는 모습을 보여줍니다. 이후 본격적으로 거래량과 주가가 상승하기 시작하여 400% 이상 상승하게 됩니다.

④ 거래량 순증 그리고 다이버전스

거래량 중 가장 강력하고 바람직한 유형은 주가 상승과 함께 순증하는 거래량 입니다. 주가가 점차 상승하면서 거래량도 계단식으로 증가하게 된다면 이를 매수신호로 사용할 수 있습니다.

▶ **거래량 순증**

주가가 횡보하던 박스권을 돌파한 이후, 계속 상승하면서 거래량이 계단식 순증을 한다면 이를 매수신호로 사용할 수 있습니다. **계단식 순증이 확인되는 세 번째 자리부터는 매수가 유효합니다.**

▶ **거래량 다이버전스**

주가가 상승하면 거래량이 증가하는 것이 일반적인 모습입니다. 그러나 주가가 2차, 3차 상승을 거듭하는데 거래량은 점차 감소하는 추세라면, 이후 추세 전환이 기다리고 있음을 예상할 수 있습니다.

3. 거래량 + α를 활용한 실전 매매

① 캔들 + 거래량

앞에서 큰 자금을 가진 세력이 매수에 가담하면 거래량 매집봉이라는 흔적이 남는다는 것을 알아보았습니다. 큰 자금이 들어오면서 거래량이 증가하게 되면 주가 상승은 자연스러운 현상입니다. 그러나 단기 투자성향을 가진 여러 투자자가 이를 알아차리고 함께 매수에 가담하게 되면 주가의 추가 상승에 방해요소가 됩니다.

그래서 큰 자금을 가진 세력은 최대한 흔적을 남기고 싶어하지 않습니다. 만일 거래량이 급등하면서 주가 급등도 같이 이루어진다면 VI 발동, 상승률 상위 종목 등에 해당 종목이 알려지게 될 것입니다. 그로 인해 그 종목에 관심이 없었던 투자자들까지 관심을 가지게 됩니다. 그래서 상승폭이 작은 캔들, 즉, 매집봉을 만들어 주식을 매수하는 것이죠.

캔들 매집봉의 종류

❶ 도지형 캔들

큰 자금력을 가진 주체가 수익을 극대화하기 위해 해당 종목의 물량을 대량으로 매수한 흔적입니다.

❷ 위꼬리가 긴 캔들

본격적으로 시세가 나오기 전 매도 대기 물량이 어느 정도 남아 있는지를 테스트하기 위한 매집봉으로, 해당 종목의 주식을 더 사기 위한 방법입니다.

❸ 망치형 캔들

2번과 유사한 형태로, 본격적으로 시세를 내기 전 매도 대기 물량을 테스트하기 위한 매집봉입니다. 위꼬리가 긴 캔들과 달리 망치형 캔들은 당일 시가를 강하게 갭 상승시켜 물량을 매집하는 방식입니다.

1, 2차 상승이 나온 이후 고가놀이가 끝나고 재상승하는 구간에서 자주 확인할 수 있는 유형의 매집봉입니다.

다음으로 매집봉의 사례를 살펴보겠습니다.

▶ 매집봉 사례 ①

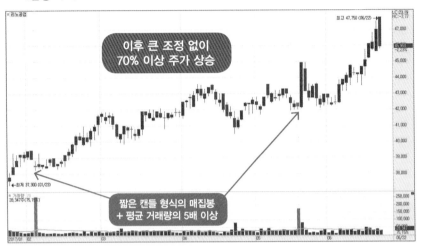

첫 번째 사례는 평소 거래량 대비 많은 거래가 발생했음에도 불구하고 당일
가격 범위가 좁은 도지형 캔들 매집봉이 발생한 경우입니다.

▶ 매집봉 사례 ②

두 번째 사례는 십자 모양 매집봉의 모습으로 당일 4% 이하의 변동폭을 보여줍니다. 그에 비해 거래량은 평균 거래량의 10배 이상 폭증하였습니다. 이후 주가는 큰 조정 없이 큰 폭으로 상승하게 됩니다.

▶ **매집봉 사례 ③**

세 번째 사례는 두 번째 차트 종목의 다른 기간에 해당하는 모습입니다. 많은 거래량이 발생한 이후 강한 추세이탈 없이 300% 이상 주가가 상승한 것을 확인할 수 있습니다.

💡 **매집봉 절대매매 TIP!**

❶ 매집봉의 판단은 당일 장 마감시간 부근에서 하는 것이 좋습니다. 장 마감시간이 가까워올수록 시장에 나오는 물량이 제한적이기 때문에 가격을 흔들어 기습적으로 많은 물량을 매수할 수 없기 때문입니다.

❷ 매집봉이 발생하면 급하게 같이 매수하기보다는 천천히 지지를 확인하면서 분할 매수하는 것이 좋습니다.

❸ 이후 강한 거래량을 동반한 박스권 상단을 돌파하는 장대양봉이 나온다면 조금 더 추가 매수해볼 수 있습니다.

❹ 이후 빠른 시일 내에 주가가 이전 박스권으로 돌아가지 않는다면 지속 보유할 수 있습니다.

❺ 매도는 목표수익률을 정하거나 여러 가지 매도기술을 자유롭게 사용해 목표 가격을 정해볼 수 있습니다.

도지형 캔들 매집봉은 세력의 큰 발자국

일반적으로 거래량이 많다는 것은 해당 주식을 사려는 사람과 팔려는 사람이 많음을 뜻합니다. 사고 파는 사람이 적은 종목보다 많은 종목이 가격에 대한 의견 합치가 되지 않을 가능성이 높습니다. 그래서 거래량이 많이 발생한 날의 주가는 위꼬리나 아래꼬리를 길게 만드는 것이 일반적이죠.

따라서 도지형 캔들 매집봉이 나오면 세력이 통정거래를 하는 것은 아닌지 의심해봐야 합니다. 기존 거래량의 5 ~ 10배, 많게는 20 ~ 30배까지 거래가 발생하지만 당일 가격이 거의 움직이지 않았다는 것은, 많은 수량이 거래되었으나 대부분의 거래가 소수에 의해 이루어졌을 가능성을 배제할 수 없습니다.

큰 자금력을 가진 세력들이 하나의 계좌에서 집중적으로 매수와 매도를 하게 되면 거래소의 단속 대상이 됩니다. 쉽게 적발될 수 있는 것이죠. 그래서 계좌를 옮기는 작업을 하게 됩니다. 이 흔적이 바로 도지형 캔들 매집봉으로 나타나는 것입니다. 따라서 위와 같은 시나리오를 예상하고 매매할 수 있습니다.

*통정거래

매수할 사람과 매도할 사람이 미리 거래할 수량, 가격, 시간을 정해놓고 주식을 서로 매매하는 것을 말합니다. 통정거래는 선의의 투자자들의 판단을 흐려 시장을 혼란시키고, 부당이익 취득 가능성이 높아 증권거래법상으로 금지된 사항입니다.

매집봉은 많으면 많을수록 좋을까?

매집봉은 큰 자금을 가진 세력의 거래 흔적이기 때문에 매집봉이 많이 나타나는 것이 좋을 것이라 생각할 수도 있습니다. 그러나 매집봉이 너무 많이 보이게 되면, 세력 매수에 대한 거래인지, 세력 매도에 대한 거래인지 알기가 쉽지 않습니다.

그래서 **매집봉은 2 ~ 3개가 적당하며, 세 번째 매집봉에서 기존의 매물대를 돌파하고 상승하는 것이 가장 좋습니다.**

② 차트 패턴 + 거래량

거래량을 차트 패턴과도 함께 해석할 수 있습니다. 아래 그림과 같이 차트상에서 거래량이 터져야 하는 순간과 터지면 안 되는 순간이 있습니다. 바닥권에서의 대량 거래량 발생은 긍정적인 신호로, 천장권에서의 대량 거래량 발생은 부정적인 신호로 받아들입니다. 특히 **패턴을 완성하는 시점에 발생하는 거래량의 모양이 중요합니다.**

거래량이 터져야 하는 순간

▶ 상승 반전형

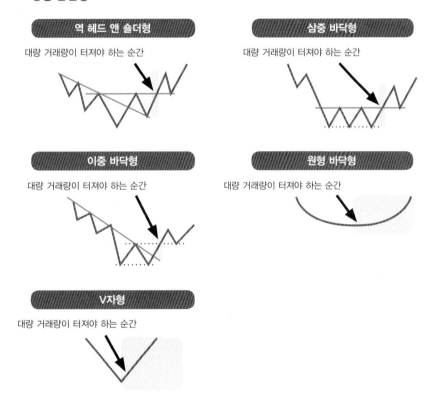

거래량이 터지면 안 되는 순간

▶ 하락 반전형

헤드 앤 숄더형

대량 거래량이 터지면 안 되는 순간

삼중 천장형

대량 거래량이 터지면 안 되는 순간

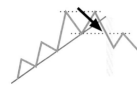
이중 천장형

대량 거래량이 터지면 안 되는 순간

원형 천장형

대량 거래량이 터지면 안 되는 순간

역 V자형

대량 거래량이 터지면 안 되는 순간

③ 이동평균선 + 거래량

▶ **이동평균선의 호전**

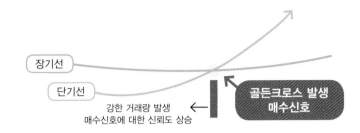

▶ **이동평균선의 역전**

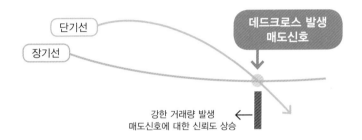

이동평균선을 분석할 때 강한 거래량은 해당 신호의 신뢰도를 높여주는 역할을 합니다. 예를 들어 단기선이 장기선을 상향 돌파하는 골든크로스가 나타나게 되면 매수신호로 사용합니다. 만일 이 시점에 강한 거래량을 동반한다면 더 높은 신뢰도를 가진 매수신호로 간주할 수 있습니다.

④ 신용물량 + 거래량

주가가 올라갈 것이라는 확신이 든다면 투자자들은 본인이 가진 자금력 외에 돈을 빌려 투자하기도 합니다. 이를 신용매수라고 합니다. 증권사로부터 돈을 빌려 산 주식은 상승하기만 한다면 아무런 문제가 없습니다. 그러나 주가가 하락한다면 증권사 입장에서는 돈을 못 받을 가능성이 높기 때문에 일정 비율 이하로 떨어지면 **반대매매**를 강제로 시켜버리게 됩니다.

반대매매

고객이 증권사의 돈을 빌려 주식을 매입하고 난 후, 상환일이 되거나 담보가치가 일정비율 이하로 내려가게 되면 증권사에서 고객의 의사와 관계없이 주식을 강제로 일괄매도 하는 것을 말합니다.

주가급락으로 인해 신규로 매수하고자 하는 사람이 적으면 신용잔고는 줄어들지만 거래량은 큰 폭으로 증가하지 않게 됩니다. 거래가 활발하게 이루어지지 않기 때문이죠.

그러나 **신용잔고**가 줄어들면서 거래량이 폭발적으로 증가하는 경우가 있습니다.

이때는 반대매매로 나오는 물량을 누군가가 적극적으로 매수하고 있음을 알 수 있습니다. 이를 목격한 다른 투자자들도 매수에 가담하여 거래량이 활성화됩니다. 그럼 이 가격대가 심리적 지지선이 되고 이 지지선을 깨지 않는다면, 신용잔고를 줄여 가벼워진 종목의 주가는 쉽게 상승하게 됩니다.

신용잔고

차트에 신용잔고(종목별)를 선택하여 추가하면 함께 확인할 수 있습니다.

▶ **거래량으로 파악하는 반대매매 물량**

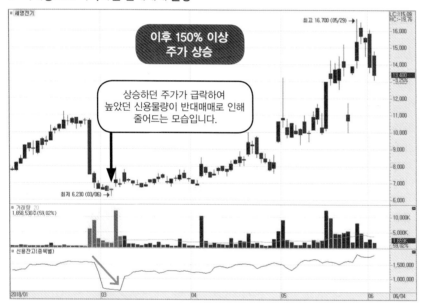

⑤ 지지, 저항, 추세 + 거래량

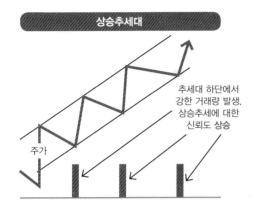

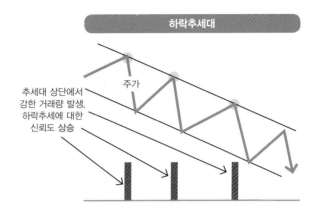

거래량은 지지, 저항, 추세를 강하게 만들어 주고 신뢰도를 높여주는 역할을 합니다. 만일 주가가 우상향하는 추세선 하단에 닿을 때마다 많은 거래량으로 지지한다면 이 추세는 신뢰도가 높다고 해석할 수 있습니다. 하락추세에서도 추세대 상단에서 대량의 거래가 발생한다면 하락추세에 대한 신뢰도가 높음을 알 수 있습니다.

평행추세대는 상단추세대와 하단추세대 중 더 많은 거래량이 발생하는 추세대가 신뢰도가 높음을 알 수 있습니다.

개선 선생의 꿀팁!

의미 있는 지지선과 저항선 찾기

지지선과 저항선은 단순히 저점과 저점, 고점과 고점을 연결하는 것이 아닙니다. 의미 있는 저점과 고점을 찾아 연결해야 하는 것이죠. 여기에는 2가지 포인트가 있습니다. 첫 번째는 같은 저점이라도 **거래량이 많이 발생한 저점**은 그렇지 않은 저점에 비해 **더 강한 지지**가 형성됩니다. 고점 또한 마찬가지입니다. 두 번째는 **더 오랜 기간, 더 많은 횟수의 지지와 저항을 받은 저점 또는 고점**일수록 높은 신뢰도를 가지게 됩니다.

CHAPTER 03 이동평균선 끝장내기

– 양봉이, 음봉이, 개선 선생이 입장하셨습니다. –

음봉이

차트에 보면 여러 선들이 나타나는데,
무엇을 의미하는지 이해하기가 어려워요ㅠㅠ

개선 선생

그건 이동평균선이라고 하는데, 캔들, 거래량,
이동평균선이 기술적 분석의 주요한 축인 만큼
이를 모르고 매매해서는 안 됩니다!

양봉이

이동평균선이 주가의 평균값을 나타내는 것 같은데,
평균값은 큰 의미가 없지 않을까요?

개선 선생

평균값을 통해 얼마나 많은 투자자들이 현재
수익권인지, 손실권인지를 파악해 매매에
활용할 수 있습니다. 정말 유용한 지표죠.
이동평균선에 대해 자세히 알아볼게요!

1. 단순하지만 강력한 이동평균선

이동평균선도 기술적 분석의 주 지표 중 하나입니다. 거래량과 마찬가지로 이동평균선도 많은 의미를 내포하고 있지만 개인투자자들은 해석에 어려움을 겪고 있는데요. 간단하게 설명드리자면 이동평균선은 해당 기간에 그 주식을 매수한 사람들의 평균 가격이라고 해석할 수 있습니다.

이동평균선

이동평균선은 일정 기간의 주가를 평균한 값입니다. 이를 선으로 나타내 투자자의 투자판단에 도움을 주는 지표입니다. 5일 이동평균선이라면 5일간의 주가 평균값이라 볼 수 있습니다.

$$n일의\ 이동평균선 = \frac{P_0 + P_1 + P_2 + \cdots + P_{(n-1)}}{n}$$

P_0 = 당일 종가,　P_n = n일전 종가

만일 주가가 20일 이동평균선보다 아래에 있다면 20일 동안 거래한 사람들의 평균 매수가격보다 주가가 낮다는 것을 뜻합니다. 즉, 20일간 거래했던 대부분의 투자자가 손실구간에 있다는 뜻이겠죠. 그래서 주가가 다시 상승하여 20일선 부근에 접근할수록 평균 매수가격을 넘어서게 되어 매도하려는 사람들이 많아지게 됩니다.

이동평균선	5일선	10일선	20일선	60일선	240일선
이름	단타선	세력선	생명선	중기(매집)선	장기(매집)선
기간	1주	2주	1개월	3개월	1년

널리 사용되는 이동평균선에는 5일, 10일, 20일, 60일, 120일, 240일, 길게는 480일 이동평균선까지 있습니다.

단타매매를 주로 하는 사람들에게 장이 열리지 않는 주말은 위험요소입니다. 거래가 되지 않는 동안 돌발 이벤트가 발생하게 되면 주가 하락에 대응하지 못하기 때문이죠. 그래서 일주일 중 주식이 거래되는 5일을 이동평균선으로 설정하여 사용하게 됩니다.

단타선으로 5일선 대신 3일선을 사용하기도 합니다. 미수거래를 하게 되면 세 번째 영업일에 미수된 금액을 상환해야 하기 때문에 통상 3일 이내에 주식을 사고 팔게 됩니다. 그래서 조금 더 빠른 매매신호를 발견하기 위해 3일선을 설정하여 사용하기도 합니다.

큰 자금력을 갖춘 세력은 단기매매의 성향을 가지더라도 많은 물량을 사고 팝니다. 그래서 2주 정도의 시장흐름을 파악하기 위해 10일 이동평균선을 주로 보게 되며, 주식시장에서는 이를 **세력선**이라고 부릅니다.

20일 이동평균선은 1개월간의 시장흐름을 나타냅니다. 빠르게 매매가 이루어지는 주식시장에서 1개월은 꽤 긴 시간이죠. 20일 이동평균선을 이탈하여 주가가 하락하게 되면 하락추세가 생길 가능성이 높습니다. 그래서 빠르게 주가가 회복하기는 쉽지 않죠. 이것이 20일 이동평균선을 **생명선**이라 부르는 이유입니다.

60일 이동평균선은 3개월 간의 시장흐름을 나타낸 것으로, 기업의 실적이 발표되는 분기 기준과 동일합니다. 발표되는 기업의 실적에 따라 주가가 영향을 받기 때문에 이를 기준으로 설정한 것이죠. 기업의 실적이나 업황 등을 분석해 투자하는 중장기적 성향을 가진 투자자들이 많이 보는 선이기도 합니다. 그래서 이를 **중기선**이라고 부릅니다.

240일 이동평균선은 1년간의 시장흐름을 나타냅니다. 기업의 사업보고서가 발표되고, 1년간의 기업 경영실적이 나오는 시기입니다. 중기선과 마찬가지로 중장기적 성향을 가진 투자자들이 많이 보는 선이며, 단기적 가격 변동이 이동평균선의 모습에 큰 영향을 주지 못하는 **장기선**에 해당합니다.

2. 이동평균선 新 해석법

① 교차

▶ **이동평균선의 호전**

▶ **이동평균선의 역전**

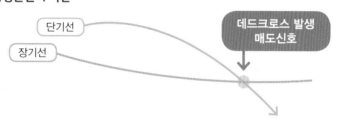

단기 이동평균선과 장기 이동평균선의 교차를 매매에 사용하는 방법입니다. 일반적으로 5일선, 10일선, 20일선을 가장 많이 사용합니다.

그리고 선호하는 보유기간에 따라 사용하는 단기선과 장기선이 달라지게 됩니다.

▶ **투자성향에 따라 달라지는 단기선과 장기선**

구분	단기선	장기선
단타매매	3일선	7일선
중장기매매	60일선	240일선

단타매매를 주로 하는 투자자라면 3일 이동평균선을 단기선으로, 7일 이동평균선을 장기선으로 설정하는 것이 좋습니다. 중장기매매를 주로 하는 경우

라면 60일 이동평균선과 240일 이동평균선의 교차를 활용하여 매매해 볼 수 있습니다.

② 지지와 저항

이동평균선은 비닐, 캔들은 공, 그리고 거래량은 공의 무게라고 생각해봅시다. 그림 5일 이동평균선은 5장의 비닐을 겹친 것이고 20일 이농평균선은 20장의 비닐을 겹친 것이라 볼 수 있습니다.

높은 곳에서 공이 떨어질 때 그 공의 무게가 가볍다면 많은 비닐을 겹치지 않더라도 충분히 튕겨낼 수 있을 것입니다. 그렇지만 공이 크고 무겁다면 여러 장의 비닐을 겹쳐야 튕겨낼 수 있을 것입니다.

> 높은 곳에서 공이 떨어진다. ▶ 주가가 하락 중에 있다.
> 그 공의 무게가 가볍다면 ▶ 거래량이 적다면
> 많은 비닐을 겹치지 않더라도 ▶ 5일 또는 10일 이동평균선
> 튕겨낼 수 있을 것입니다. ▶ 이동평균선의 지지를 받고 반등할 것입니다.

즉, 주가가 하락할 때 하락세가 약하고 동반하는 거래량이 적다면 5일선 또는 20일선 같은 단기 이동평균선에서 지지 받고 상승할 가능성이 높습니다. 만약 5일선에서 지지하지 못한다면 다음 지지선으로는 20일 이동평균선을 기대해볼 수 있습니다.

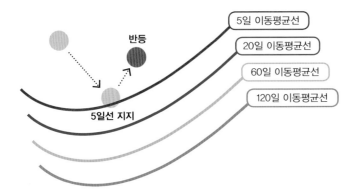

이동평균선 해석법

이동평균선 = 비닐
캔들 = 공
캔들의 길이 = 공의 크기
거래량 = 공의 무게

5일 이동평균선
20일 이동평균선
60일 이동평균선
120일 이동평균선
반등
5일선 지지

반면 주가의 하락폭이 크고 그에 동반한 거래량이 많다면 60일선 또는 120일선에서 다시금 지지가 나와 반등할 가능성이 높습니다. 공이 크고 무겁다면 얇은 비닐을 쉽게 뚫는 것과 같은 것이죠.

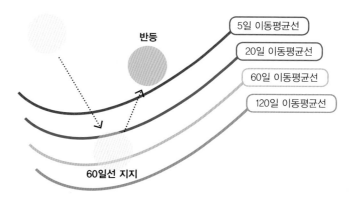

저항의 경우도 마찬가지입니다. 공을 아래에서 위로 던져 비닐을 뚫는다고 생각하면 간단하겠죠? 쇠공처럼 무거운 공을 강하게 위로 던진다면 두꺼운 비닐도 뚫을 수 있겠지만 가벼운 공을 약하게 던진다면 얇은 비닐도 뚫기 힘들 것입니다.

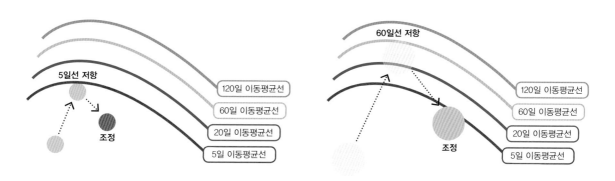

차례대로 이동평균선이 정리된 상태를 **정배열**, **역배열**이라 합니다.

이동평균선의 이러한 특징들 때문에 주식시장에서는 '정배열 상태인 종목을 매수하라'는 말을 자주 들을 수 있습니다. 이동평균선이 정배열이면 주가가 상승 중에 있음을 나타내고, 주가가 하락하더라도 아래에 강한 지지선이 있기 때문이죠.

정배열

위에서 본 이동평균선의 순서가 빠른 순서로 배열되어 있는 것을 뜻합니다. 예를 들면 5일선이 가장 위에 위치하고 20일선, 60일선, 120일선의 순서로 나열되었을 때 정배열 상태라 할 수 있습니다.

역배열

위에서 본 이동평균선의 순서가 느린 순서로 배열되어 있는 것을 뜻합니다. 예를 들면 120일선이 가장 위에 위치하고 60일선, 20일선, 5일선의 순서로 나열되었을 때 역배열 상태라 할 수 있습니다.

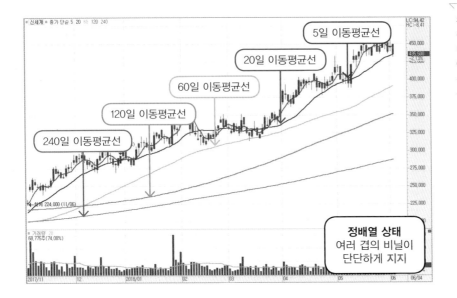

실제 사례만 놓고 보더라도 정배열 상태인 종목은 주가가 조금 하락하면 강한 매수세가 들어와 지지를 받습니다. 그러나 역배열 상태인 종목은 쉽게 상승으로 전환되지 못합니다. 하지만 실제 매매에 있어서 정배열 상태인 것을 확인한 이후 매수한다면 매수 타이밍에 늦는 경향이 있고, 역배열을 확인하고 매도한다면 이미 하락한 이후일 가능성이 높습니다.

혼조세

주가가 상승이나 하락의 뚜렷한 모습을 보이지 않음을 나타내는 말입니다. 이동평균선에서는 정배열이나 역배열 상태가 아닌 단기, 중기, 장기 이동평균선이 한 곳에 뒤섞여 있는 모습을 뜻합니다.

비닐도 양쪽에서 팽팽하게 당기고 있을 때가 느슨하게 있을 때보다 뚫기 쉽겠죠? 그래서 이동평균선이 상승 중이거나 하락 중이 아닌 평평한 **혼조세**를 보일 때, 매수나 매도에 나서는 것이 바람직합니다. 또한, 이동평균선이 혼조세를 보일 때 주가가 상방이나 하방으로 방향을 정하게 되면 정해진 방향으로 강하게 움직이게 됩니다. 그 이유는 지지 혹은 저항의 역할을 할 이동평균선이 없기 때문이죠.

▶ 이동평균선의 혼조세를 활용한 매매 사례

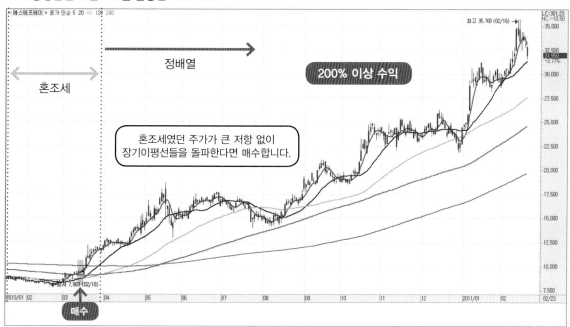

역배열의 다른 말, 악성 대기 매도물량

이동평균선이 역배열인 상태에서는 쉽게 주가가 상승하기 어렵습니다. 주가가 5일 이동평균선보다 낮은 위치에 있다면 최근 5일간 매수한 사람들은 손해를 보고 있을 확률이 높습니다. 그렇다면 주가가 240일 이동평균선 아래에 있다면 최근 240일간 매수한 사람들이 손해를 보고 있다는 뜻이겠죠? 그리고 당연히 5일간 그 종목을 매수한 사람보다 240일간 그 종목을 매수한 사람이 더 많을 것입니다.

그래서 주가 위에 5일 이동평균선만 있을 때보다 다른 장기 이동평균선이 같이 있다면 주가 상승에 부담으로 작용하게 됩니다. 주가가 조금만 올라도 매도하고자 하는 사람들이 나타나게 되는 것이죠.

그래서 위 사례처럼 역배열 상태에서 나타나는 갑작스런 주가 상승 시에는 해당 주식을 보유했다면 매도하고, 보유하지 않았다면 매수에 가담하지 않는 것이 좋습니다.

그러나 역배열이라고 전부 매수 관심 종목에서 제외하기보다는 역배열 말기에 있는 종목을 잘 찾는다면 큰 수익을 낼 수 있는 기회를 잡을 수 있습니다. 이는 p.266 '개선 선생의 TOP시크릿'에서 자세히 다루도록 하겠습니다.

3. 최적의 매수, 매도 타이밍! 그랜빌 투자전략

조셉 E. 그랜빌

조셉 그랜빌은 기술적 분석의 원조, 주식시장 예언가, OBV이론의 창시자 등으로 유명한 투자자입니다.

이동평균선의 활용에 관해서는 **그랜빌**의 투자전략을 빼놓고 이야기할 수 없습니다. 월가의 투자자 조셉 그랜빌은 주가와 이동평균선 간의 관계를 파악해 매매전략을 고안하였습니다. 이를 그랜빌의 투자전략이라고 합니다. 주가와 이동평균선 간의 이격을 기본 골자로 하기 때문에 **단기성 시장**에 강한 전략입니다.

그랜빌이 사용한 이동평균선

그랜빌은 200일선을 사용할 때 가장 높은 신뢰도를 보였다고 직접 언급한 적이 있습니다. 그래서 장기 투자전략을 세운다면 240일선 대신 200일선을 사용해보는 것도 좋은 방법이 될 수 있습니다.

이동평균선을 기준으로 매수와 매도를 결정합니다. 일반적으로는 20일 이동평균선을 사용하고, 좀 더 장기적인 전략을 세우기 위해서는 240일선을 사용하기도 합니다.

그럼 매수전략 4가지 유형을 먼저 살펴보겠습니다.

① 매수 1번 유형

4가지의 유형 중 가장 확실한 유형입니다. 이동평균선의 하락세가 멈추고 상승세로 돌아서는 도중, 주가가 아래에서 이동평균선을 돌파하는 골든크로스가 나타날 때 매수하는 전략입니다.

이때 매수하지 못한 경우에는 다시 해당 이동평균선의 지지를 받으면 매수해볼 수 있습니다. 상승을 초기, 중기, 말기로 나누어본다면 **상승 초기에 자주 나타나는 유형**입니다.

② 매수 2번 유형

상승 초기와 중기에 자주 나오는 모습입니다. 가끔 상승 말기에도 나오는 유형이기에 주의를 요합니다. 추세는 강한 바람과 같기 때문에 주가가 기존 추세와 반대 방향으로 움직일 경우 상당한 저항이

예상됩니다. 2번 유형은 이동평균선이 우상향하는 상승추세 도중, 주가가 일시적인 조정으로 인해 이동평균선에 닿는 모습입니다. 바로 이때가 매수지점이 됩니다.

그러나 주가가 이동평균선에 닿는다고 무조건 상승하는 것이 아니므로 2번

유형은 확인이 필요합니다. **주가가 이동평균선에 지지를 받고 다시 상승하는 지를 확인하고 매수**하는 것이 좋습니다.

③ 매수 3번 유형

2번 유형과 비슷하지만 주가가 이동평균선과 동조화되어 자연스럽게 상승하는 것이 특징입니다. **주가가 이동평균선에 닿은 이후 다시금 멀어지는 모습을 확인하고 매수**에 나서야 합니다.

④ 매수 4번 유형

상승 초기 급등주에서 자주 발견할 수 있는 패턴입니다. 급등주가 자주 나타나지 않는 만큼 실제 주식시장에서 흔하게 찾아볼 수 있는 유형은 아닙니다. 주가와 이동평균선이 과하게 벌어진 이후 다시 주가가 이동평균선을 향해 상승할 때 매수하는 전략입니다.

▶ **매수 1번 유형, 3번 유형 사례**

이번에는 매도 4가지 유형에 대해 알아보겠습니다.

★ 그랜빌 투자전략 매도
관련 영상 바로 확인!

QR코드로
영상 보는 법
p.12 참고!

⑤ 매도 1번 유형

상승 중기 이상에서 자주 볼 수 있는 모습입니다. 주가가 바닥으로부터 일정 범위 이상 상승한 이후, 추가 상승하기보다는 횡보하게 되면서 이동평균선도 평평하게 됩니다. 이때 다시 박스권을

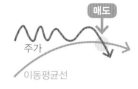

돌파하고 상승한다면 상승추세를 이어가겠지만, 주가가 이동평균선을 깨고 내려간다면 본격적인 하락추세임을 알리는 신호가 됩니다. 이때는 지체 없이 매도에 나서는 것이 좋습니다.

⑥ 매도 2번 유형

이동평균선이 하락추세에 있는 도중, 주가가 단기간의 급등으로 인해 이동평균선을 상향 돌파한 모습입니다. 골든크로스가 나왔다고는 하지만 추세를 되돌릴 수 있을 것이라는 기대보다는 매도

로 대응해야 합니다. 하락추세 중 이격이 많이 벌어지게 되면 당연히 하락하는 동안 매수했던 물량들이 매도물량으로 나오게 됩니다. 이로 인해 주가는 다시 이동평균선으로 근접하게 되는 것이죠.

만약 이동평균선 돌파 이후 하락추세가 전환되어 상승한다 하더라도 조정 없이 상승하기는 쉽지 않습니다. 그래서 확인 작업을 거친 이후 매수하여도 늦지 않습니다.

▶ 매도 2번 유형 사례

⑦ 매도 3번 유형

주가가 하락추세인 이동평균선보다 크게 동떨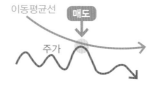
어진 상태에서 이동평균선 근처까지 상승했으나
이동평균선에 미치지 못하고 다시 하락하는
모습입니다. 일반적으로 주가와 이동평균선은
서로 만나려는 성질을 가지고 있습니다. 그러나 주가와 이동평균선이 서로의
거리를 좁히는데 성공하지 못하고 다시 벌어진다는 것은 해당 추세 방향으로
아직 힘이 남아 있다는 뜻입니다.

그래서 이 경우에는 주가가 추가로 하락할 가능성이 더욱 크기 때문에, 주가가
이동평균선에 근접한 상황에서 돌파하지 못하고 다시 이격이 벌어진다면
매도에 나서야 합니다.

⑧ 매도 4번 유형

상승말기에 주로 나타나는 모습입니다. 얼핏 보면
상승추세를 이어갈 것으로 보이지만, 주가가 이동
평균선과 과하게 벌어진 부분과 상승 파동이 3개인
부분이 겹치면서 상승 말기에 무게를 두어야 하는
상황입니다. 이 경우에는 우선 매도에 나서고 이후
주가가 이동평균선의 지지를 받고 재상승할 때
다시 매수해도 늦지 않습니다.

▶ 매도 4번 유형 사례

4. 20일선을 활용한 실전 매매

① 5일선과 20일선의 골든크로스

가장 일반적인 매매방법으로, 횡보나 상승하는 20일선을 5일선이 상향 돌파하는 자리에서 매수하는 것입니다.

② 5일선과 20일선의 데드크로스

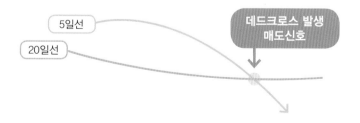

5일선과 20일선의 골든크로스가 매수신호라면, 5일선이 20일선을 하향 돌파하는 데드크로스는 매도신호라고 할 수 있습니다.

▶ 5일선과 20일선을 활용한 골든크로스, 데드크로스 사례

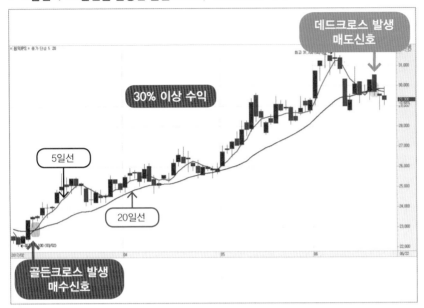

③ 20일선의 기울기와 거래량

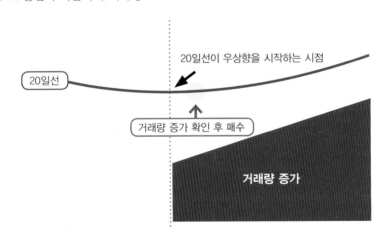

하락하던 주가가 상승 반전하기 위해서는 20일선의 방향이 우상향해야 합니다. 이 시기에 거래량 증가를 동반한다면 신뢰도 높은 매수신호로 활용할 수 있습니다.

④ 20일선 눌림목

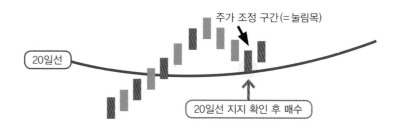

주식시장에서 주가가 쉬지 않고 지속적으로 상승하는 모습을 찾아보기란 쉽지 않습니다. 20일선이 우상향하면서 본격적인 상승을 시작하더라도, 현재 주가보다 높은 가격에서 매수했던 물량들을 소화해야 하기 때문에 조정을 거칠 수밖에 없습니다. 매도물량을 소화하고도 20일선을 이탈하지 않는다는 것은 아직 상승 여력이 남아 있음을 뜻합니다. 그래서 20일선에서 지지가 나오는 지점이 바로 매수시점이 됩니다.

▶ **20일선 눌림목 매매 사례**

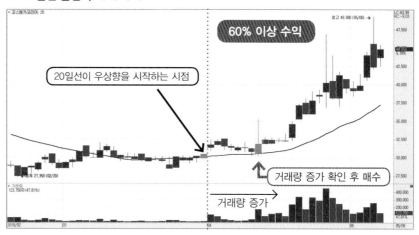

위 사례에서는 거래량 증가와 지지를 동시에 확인하는 매수시점 이후에 강한 주가 상승이 나왔음을 확인할 수 있습니다.

⑤ 240일선 눌림목

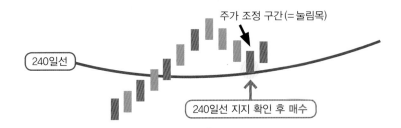

240일선도 동일하게 조정 구간에서 매수할 수 있습니다. 240일선이 완만한 상승을 보일 때, 주가가 240일선에 닿게 되면 지지를 받아 주가가 반등할 확률이 굉장히 높습니다.

▶ 240일선 눌림목 매매 사례

⑥ 20일선 돌파매매

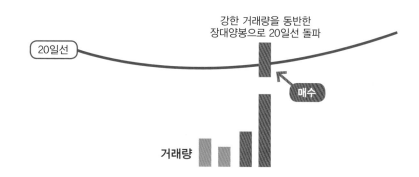

주가가 20일선 아래에서 횡보하면서 약한 흐름을 보이고 있을 때 강한
거래량을 동반한 장대양봉은 해당 주식의 분위기를 반전시키게 됩니다. 이는
단기간에 강한 상승을 불러올 가능성이 높습니다. 20일선의 돌파가 나오면서
전일 대비 많은 거래량이 발생했다면 이를 매수신호로 사용할 수 있습니다.

▶ **20일선 돌파매매 사례**

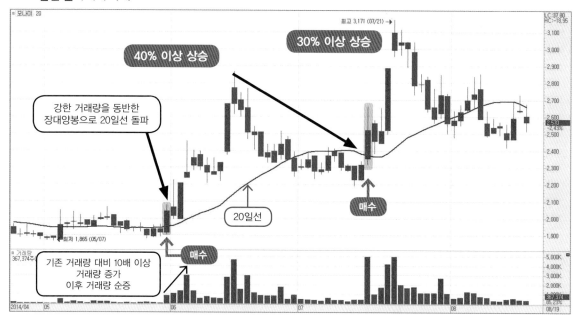

⑦ 속임수 자리

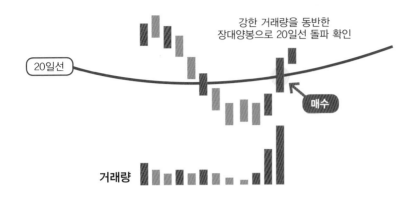

주가가 상승하게 되면 투자자들의 관심을 끄는 것은 당연합니다. 그래서 큰 자금을 운용하는 주체는 주가 상승을 주도할 때 단기투자자들의 매도물량이 부담스럽습니다. 그래서 일부러 주가를 떨어뜨린 뒤 재상승시키게 되죠. 이를 주식시장에서는 '개미털기'라는 표현을 쓰기도 합니다.

보통 개미털기 이후 주가가 다시 천천히 상승한다면 단기투자자들이 다시 매수에 가담합니다. 그래서 이러한 패턴 이후 주가는 급등하는 경향을 보입니다.

▶ 속임수 자리 매매 사례

위의 매매 방법들에서도 알 수 있듯이 이동평균선의 핵심은 바로 **힘의 균형을 파악**하는 것입니다. 여러 이동평균선의 모습과 배열 상태로 현재 주가가 상승의 힘을 가졌는지, 하락의 힘을 가졌는지를 잘 파악해 이를 매매에 활용해야 합니다.

이동평균선은 실제 매매에서 굉장히 유용한 도구입니다. 하지만 후행성을 지닌 지표이기 때문에 **이동평균선만 단독으로 사용하기보단 여러 지표들과 조합하여 사용할 때 가장 높은 확률**을 보여줍니다. 이를 충분히 유의해서 매매하길 바랄게요!

개선 선생의 꿀팁!

이동평균선의 방향성 이해하기

이동평균선이 평평하지 않고 위나 아래를 향하고 있다면 이는 추세를 형성하고 있음을 나타냅니다. 추세가 형성되어 주가가 움직일 때는 추세를 반대 방향으로 돌리기가 쉽지 않습니다.

그래서 이동평균선이 상승추세에 있을 때는 강한 하락이 나오지 않는 이상 단기 조정에 그치고 추가 상승을 이어갈 확률이 높은 것이죠. 따라서 상승추세에서는 이동평균선 부근에서 지지를 기대하고 매수하는 전략이 필요합니다. 또한, 하락추세에서는 이동평균선 부근에서 저항을 예상하고 매도하는 전략이 유효합니다.

캔들 끝장내기

- 양봉이, 음봉이, 개선 선생이 입장하셨습니다. -

양봉이

다들 캔들이 중요하다고 하는데, 캔들은 그냥
가격을 표현한 것 아닌가요?

개선 선생

캔들은 거래의 흔적이죠. 주식 거래의
모든 것이 캔들 안에 녹아있다고 해도
과언이 아닐 정도로 중요한 지표에요.

음봉이

그럼 캔들의 모양만 잘 배워두면 시장의 방향을
예측할 수 있는 건가요?

개선 선생

그렇지 않아요. 캔들은 모양도 중요하지만
그 위치나 다른 지표와의 관계도 중요하기 때문에
복합적으로 볼 줄 알아야 합니다.

다양한 캔들 해석법이 있지만, 이번 챕터에서
핵심적인 내용을 위주로 함께 알아보도록 해요!

1. 캔들 해석 어디까지 해봤니?

PART 2에서 캔들은 가격을 나타내는 것뿐만 아니라 투자자들의 심리 표현이라는
점을 배웠습니다. 캔들에는 투자자들의 욕심, 공포와 같은 심리가 녹아있는
것이죠. 그래서 이를 유심히 살펴본다면 매매에 큰 도움이 됩니다.

캔들은 매수 세력과 매도 세력 사이의 힘의 균형을 보여준다고 할 수 있습니다.

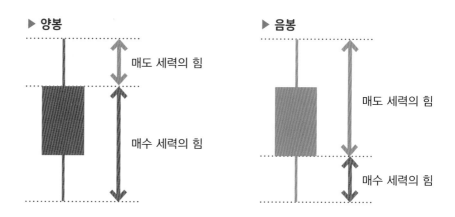

▶ 양봉 — 매도 세력의 힘 / 매수 세력의 힘
▶ 음봉 — 매도 세력의 힘 / 매수 세력의 힘

양봉은 아래꼬리부터 몸통까지의 길이가 매수 세력의 힘이라고 볼 수 있습니다. 이 길이가 길면 길수록 앞으로 상승할 가능성이 높습니다. 반면 음봉은 위꼬리부터 몸통까지가 매도 세력의 힘입니다. 이 길이가 길면 길수록 앞으로 하락할 가능성이 높아지는 것이죠.

그래서 캔들을 해석할 때 무엇보다 중요한 것은 바로 '캔들의 힘을 느끼는 것'입니다. 캔들을 통해 매수 세력이 힘을 가졌는지, 매도 세력이 힘을 가졌는지를 파악해야 합니다. 또한, 힘을 가졌다면 얼마 만큼의 힘을 가졌는지를 느낄 수 있어야 합니다.

캔들 해석

더 알아보기!

❶ 캔들의 몸통이 긴 경우

다음 날에 대한 확신이 그만큼 강하다는 것을 의미합니다.

양봉의 몸통이 길다면 다음 날 추가 상승에 대한 기대감이 높은 것입니다. 반면 음봉의 몸통이 길다면 다음 날까지 주가 하락할 수 있다고 생각하는 투자자들이 많은 것입니다.

❷ 캔들의 꼬리가 긴 경우

다음 날에 대한 불확실한 감정이 드러난 것으로 볼 수 있습니다.

위꼬리가 길다면 당일 강한 기대감으로 상승했으나 생각보다 큰 호재가 아니었거나, 뒤따르는 매수세가 약했음을 알 수 있습니다. 반대로 아래꼬리가 길다면 해당 종목이 악재 등의 충격에 의해 장 중에 강하게 하락했지만, 시간이 지남에 따라 사람들이 이성을 되찾고 매수에 가담했음을 알 수 있습니다.

캔들의 유형을 볼 때 위 내용을 적용한다면 캔들 해석에 도움이 될 것입니다.

2. 캔들 해석 시 유의할 점

캔들을 해석할 때는 몇 가지 유의할 점이 있습니다.

첫 번째, 캔들의 모양이 모든 것을 설명하지 않는다는 것입니다. 장대양봉, 망치, 도지 등 캔들의 모양마다 의미가 다르지만, **캔들이 나타나는 위치와 거래량에 따라 그 해석과 중요성이 달라집니다.** 예를 들어 저가권에서 대량 거래를 수반한 장대양봉의 출현은 굉장히 긍정적인 신호이지만, 고가권에서 대량 거래가 터지면서 발생되는 장대양봉은 경계의 대상이 됩니다.

두 번째, **하나의 캔들만 독립적으로 사용하기에는 불완전하다는 점입니다.** 당일의 캔들 모양뿐만 아니라 다음 날 캔들이 어떠한 모습이냐에 따라서도 그 해석이 달라지게 됩니다. 따라서 캔들이 1개일 때 가지는 의미와 2개, 3개일 때 가지는 의미를 이해하고 있어야 합니다.

마지막으로, 캔들은 미래를 예측하기보다는 **경고 표지판**과 같은 존재입니다. 하락 반전형 캔들이 나타난다면 '주가가 곧 하락 반전할 수 있으니 주의하시오' 라고 쓰여있는 경고가 뜨는 것과 같은 것이죠. 그래서 투자자들은 이를 항상 유의하면서 투자에 임해야 합니다.

3. 대표적인 캔들 유형

하나의 캔들

① 장대봉

장대봉의 기준

대형주는 8% 이상, 중소형주는 15% 이상일 때 장대봉이라 할 수 있습니다.

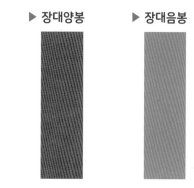

▶ 장대양봉   ▶ 장대음봉

평소 주가 움직임보다 큰 몸통을 형성하는 것을 장대양봉 혹은 장대음봉이라고 합니다. 이는 강한 심리의 표현으로, 매수나 매도 중 한 쪽 세력의 힘이 굉장히 강한 것을 의미합니다. 따라서 장대봉을 기준으로 기존의 추세가 강화되거나 반전될 가능성이 높습니다.

▶ **저가권 장대양봉 사례 ①**

이후 주가는 140% 이상 상승

저가권에서 방향성이 없는 모습

그동안의 지지부진한 분위기를
반전하는 대량 거래를 동반한
장대양봉이 출현한 모습입니다.

매수

거래도 거의 일어나지 않는 모습

▶ **고가권 장대양봉 사례 ②**

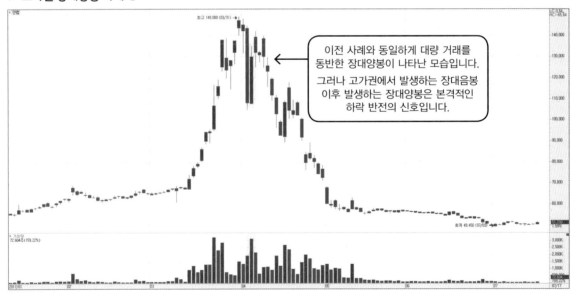

이전 사례와 동일하게 대량 거래를
동반한 장대양봉이 나타난 모습입니다.

그러나 고가권에서 발생하는 장대음봉
이후 발생하는 장대양봉은 본격적인
하락 반전의 신호입니다.

❶ 저가권에서 대량 거래를 동반한 장대양봉은 강한 추세 반전의 신호입니다.
❷ 고가권에서 대량 거래를 동반한 장대양봉은 고점이 다가왔다는 경고 신호입니다.
❸ 고가권에서 장대양봉이 발생했으나 거래량이 적었다면, 이후의 주가 흐름을 관찰해보아야 합니다.
❹ 고가권에서 장대음봉과 대량 거래량은 본격적인 하락 반전의 신호입니다.

② 망치형

망치형 캔들의 기준

캔들의 위꼬리는 없거나 매우 짧고,
아래꼬리는 몸통 길이의 최소 2배
이상을 보여줄 때 망치형 캔들이라
할 수 있습니다.

▶ **망치형 캔들**

망치형 캔들은 장 중에 주가가 하락했지만 강력한 매수세가 유입되어 장 마감
까지 주가를 끌어올린 모습을 보입니다.

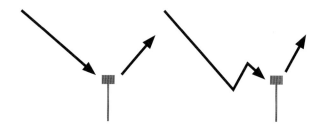

이러한 **망치형**은 곧 상승 반전될 것이라는 신호를 주기 때문에 직전 추세가
하락세인 경우에는 더 높은 신뢰도를 보입니다.

▶ 망치형 캔들 사례 ①

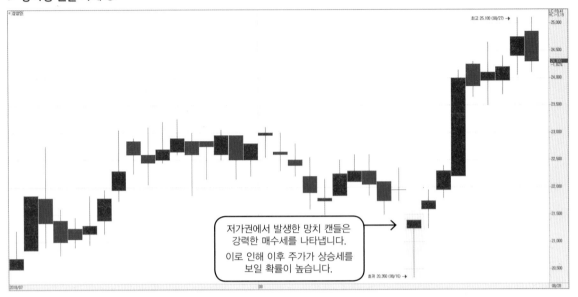

저가권에서 발생한 망치 캔들은
강력한 매수세를 나타냅니다.

이로 인해 이후 주가가 상승세를
보일 확률이 높습니다.

▶ 망치형 캔들 사례 ②

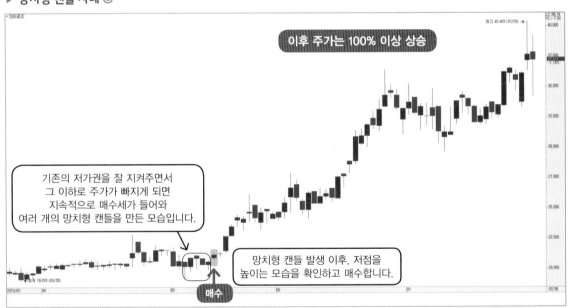

이후 주가는 100% 이상 상승

기존의 저가권을 잘 지켜주면서
그 이하로 주가가 빠지게 되면
지속적으로 매수세가 들어와
여러 개의 망치형 캔들을 만든 모습입니다.

망치형 캔들 발생 이후, 저점을
높이는 모습을 확인하고 매수합니다.

매수

망치형 캔들 절대매매 TIP!

❶ 바닥권에서 나오는 망치형 캔들이 신뢰도가 높습니다.

❷ 주가가 빠졌다가 다시 올라가는 전환점에서 망치형 캔들이 나오는 것이 가장 좋습니다.

❸ 아래꼬리가 길수록 매수세가 강한 것이므로 아래꼬리의 길이를 유심히 살펴봐야 합니다.

❹ 망치형 캔들이 나타났을 때 매수 시점은 망치형 캔들의 종가보다는 이후 주가가 조정될 때를 노려, 아래꼬리 범위 내에서 매수하는 것이 좋습니다.

❺ 만약 이후 주가가 망치형 캔들의 아래꼬리를 벗어난다면 추가 하락 가능성이 높아진 것으로 판단하고 매도하는 것이 바람직합니다.

③ 역망치형

역망치형 캔들의 기준

꼬리 길이가 몸통의 2배 이상일 때 역망치형 캔들이라 할 수 있습니다.

▶ 역망치형 캔들

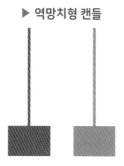

역망치형 캔들은 매수세보다 매도세가 강해서 생긴 것입니다. 고가권에서 역망치형 캔들이 출현하면 저가에서 매수한 투자자들의 강렬한 수익실현 의지라고 볼 수 있습니다.

그러나 우리가 주목해야 할 부분은 저가권에서 나타나는 역망치형 캔들입니다.

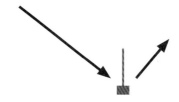

역망치형 캔들은 양봉, 음봉, 양봉 3개의 캔들을 합친 것과 같습니다. 그래서 역망치형 캔들의 중요성을 알기 위해서는 우선 **양음양 법칙**을 공부해야 합니다.

양음양 법칙

양음양 법칙을 활용한 매매방법은 p.410에서 자세히 알아보도록 해요.

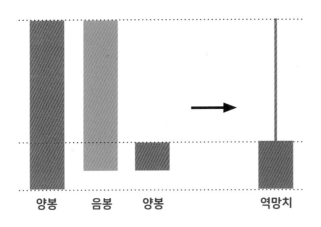

양음양 법칙은 큰 자금력을 갖춘 주체가 주가를 본격적으로 상승시키기 전에 매도 대기 물량을 테스트하면서 물량을 추가로 매집하기 위한 방법으로 사용됩니다. 즉, 앞에서 알아보았던 매집봉의 한 종류인 것이죠. 이런 자리 부근에서 매수를 하면 상승 확률이 높고, 하락하더라도 손실률이 낮습니다.

이때, 캔들의 모양만 보는 것보다는 거래량과 이동평균선의 위치를 함께 보는 것이 중요합니다.

유 튜 브
연결하기

★ 양음양 관련 영상
바로 확인!

QR코드로
영상 보는 법
p.12 참고!

▶ 역망치형 캔들 사례 ①

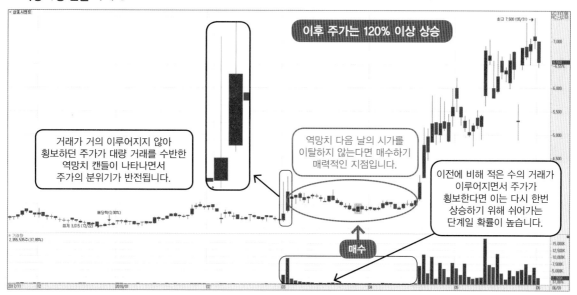

이후 주가는 120% 이상 상승

거래가 거의 이루어지지 않아 횡보하던 주가가 대량 거래를 수반한 역망치 캔들이 나타나면서 주가의 분위기가 반전됩니다.

역망치 다음 날의 시가를 이탈하지 않는다면 이는 매수하기 매력적인 지점입니다.

이전에 비해 적은 수의 거래가 이루어지면서 주가가 횡보한다면 이는 다시 한번 상승하기 위해 쉬어가는 단계일 확률이 높습니다.

매수

▶ 역망치형 캔들 사례 ②

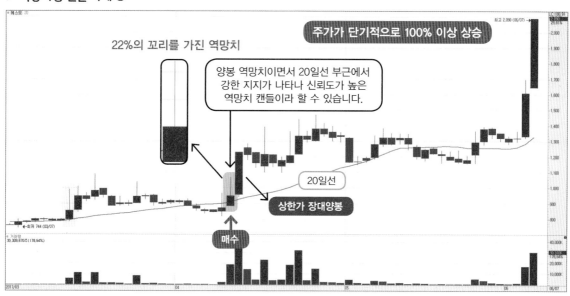

22%의 꼬리를 가진 역망치

주가가 단기적으로 100% 이상 상승

양봉 역망치이면서 20일선 부근에서 강한 지지가 나타나 신뢰도가 높은 역망치 캔들이라 할 수 있습니다.

20일선

상한가 장대양봉

매수

④ 도지형과 비석형

▶ 도지형 캔들 　　▶ 비석형 캔들

도지형과 비석형 캔들의 기준

정확하게 보합은 아니더라도 시가와 종가가 큰 차이가 나지 않는다면 도지형 또는 비석형 캔들이라 볼 수 있습니다.

도지형과 비석형 캔들은 장 중에 움직임은 있었지만, 시가와 종가가 큰 차이가 없는 것입니다. 도지형과 비석형 캔들은 중요한 추세 반전신호입니다. 그래서 고가권에서 발생하는 도지냐, 저가권에서 발생하는 도지냐에 따라 그 의미가 달라지게 되는 것이죠.

▶ 도지형　　▶ 북향 도지형　　▶ 남향 도지형　　▶ 비석형　　▶ 잠자리형

도지의 다른 유형에는 북향 도지, 남향 도지, 비석형 도지, 잠자리형 도지 등이 있습니다. 우리가 여기서 집중해야 할 도지의 유형은 저가권에서 나타나는 도지형과 비석형 도지입니다.

저가권에서 도지형이나 비석형 캔들이 발생한다는 것은 쉬어감을 뜻합니다. 온종일 일한 농부보다 틈틈이 쉬면서 일한 농부가 결과적으로 많은 일을 했다는 이야기를 들어 보신 적 있으시죠? 주가도 마찬가지입니다. 중간중간 쉬면서 가야 더 멀리 갈 수 있는 것이죠.

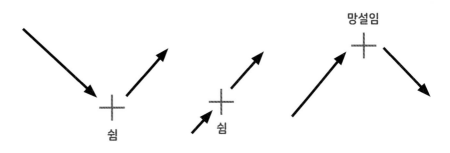

그래서 저가권이나 상승 도중에 나타나는 도지형 캔들은 추가 상승을 위한 웅크림이라고 볼 수 있습니다. 하지만 고가권에서의 도지형 캔들은 망설임입니다. 고가권에서 망설임은 곧 주가 하락을 뜻합니다.

▶ **도지형 캔들 사례 ①**

▶ 도지형 캔들 사례 ②

> 고가권에서 나타나는 도지는 '망설임'을 의미합니다.
> 이는 곧 주가 하락을 뜻합니다.

> 도지가 발생하면서 쉬어가는 구간임에도 거래량은 크게 줄어들지 않고 있는 상황입니다. 이는 차익실현이 계속되고 있음을 뜻합니다.

💡 도지형 캔들 절대매매 TIP!

❶ 저가권이나 초기 상승 도중에 나타나는 도지형 캔들은 본격적인 상승을 위해 쉬는 것이라고 볼 수 있습니다.

❷ 고가권에서 대량 거래를 동반한 도지형 캔들의 출현은 추세 반전의 신호이므로 매도를 준비해야 합니다.

❸ 도지형 캔들이 여러 개가 보일 때는 캔들 하나 하나가 큰 의미를 가지지 못합니다. 그래서 그동안 없던 도지형 캔들이 나타날 때는 주의 깊게 살펴봐야 합니다.

❹ 도지형 캔들이 출현할 때의 거래량은 주가가 상승할 때보다 줄어든 모습을 보이는 것이 좋습니다.

❺ 도지형 캔들에서 주요한 지지선은 시가와 종가가 일치하는 가격대입니다. 작지만 몸통이라고 할 수 있는 부분을 지지한다면 지속적으로 매수 가능한 구간이라고 볼 수 있습니다.

매도세는 매수세보다 급하고 감정적이다

투자자들이 느끼는 감정은 매매에 큰 영향을 미치게 됩니다. 사람들은 자신이 가진 것을 잃어버리는 상황이 오면 극도의 스트레스를 받게 되죠. 이로 인해 정상적인 의사결정을 내리기 어려워집니다.

투자자는 주식이 하락해 손실을 입게 되면, 실현되지 않은 평가금액이라 생각하여 매도 주문을 내지 못하게 됩니다. 이후에 매수한 가격 이상으로 올라오면 매도하면 된다고 생각하는 것이죠. 반면 투자한 주식이 상승해 수익을 보고 있을 때는 상황이 달라지게 됩니다. 실현되지 않은 수익이지만 사람들은 이미 자신이 번 돈이라고 생각하죠. 그래서 100만원이었던 수익금이 90만원, 80만원으로 내려갈수록 초조한 감정이 들고, 섣부른 매도를 하게 됩니다.

따라서 **천장에 가까울수록 캔들의 꼬리가 짧아야 추가 상승을 이어갈 확률이 높습니다.** 고가권에서 계속해서 위꼬리가 생긴다면 이는 곧 하락으로 전환된다는 경고 신호일 수 있습니다.

두 개의 캔들

① 장대양봉 지지

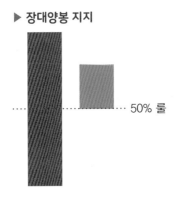

▶ **장대양봉 지지**

50% 룰

과거에는 당일의 장대양봉을 보고 다음 날 추가 상승을 기대해 매수하면 수익을 낼 확률이 높았습니다. 그러나 상한가가 30%로 변한 이후에는 20% 이상의 장대양봉이 출현한 다음 날에 주가가 추가 상승을 이어가는 모습을 보기 힘들어졌죠. 그래서 다음 날 캔들 모양이 중요해졌습니다. 전일 장대양봉 몸통의 50% 이하로 주가가 빠지지 않는다면 추가 상승 가능성이 높은 것으로 볼 수 있습니다. 이를 50% 룰이라고 합니다.

▶ 장대양봉 지지 사례

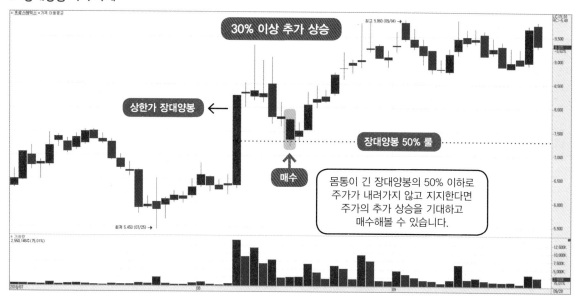

 절대매매 TIP!

50% 룰

❶ 꼬리보다 몸통이 긴 20% 이상의 장대양봉이 출현한다면 관심을 가져야 합니다.

❷ 장대양봉 출현 이후 3일간 장대양봉 몸통의 50% 이하로 빠지지 않고 지지한다면 매수해볼 수 있습니다.

❸ 매수한 이후라도 주가가 장대양봉 몸통의 50% 이하로 떨어진다면 매도하는 것이 바람직합니다.

❹ 전고점을 돌파하는 자리에서 대량 거래를 동반한 장대양봉이 발생할 때 매수하지 못했다면, 이후 눌림이 나올 때 50% 룰을 지켜서 매수하는 것이 좋습니다.

② 장악형

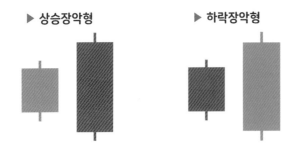

▶ 상승장악형　　　▶ 하락장악형

장악형 캔들은 전일 캔들을 전부 덮는 캔들이 발생했을 때 발견할 수 있는 유형입니다. 대표적인 반전형 캔들이죠. 반전의 조건이 성립하기 위해서는 캔들의 유형뿐만 아니라 직전 추세도 필요합니다.

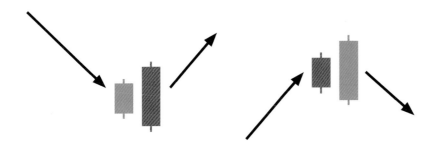

상승장악형 캔들이 신뢰도를 가지기 위해서는 직전 추세와 캔들 위치, 거래량 등을 함께 확인해야 합니다. 주가가 하락을 멈추고, 이전 음봉을 덮으면서 거래량이 실린 양봉이 출현한다면 신뢰도 높은 상승장악형 캔들이 되는 것이죠.

▶ 상승장악형 사례

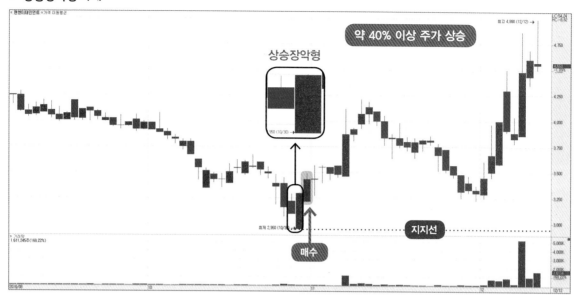

상승장악형

약 40% 이상 주가 상승

지지선

매수

💡 장악형 절대매매 TIP!

❶ 장악형 캔들 유형은 대표적인 반전형 패턴입니다. 그래서 패턴이 성립하기 위해서는 직전 추세가
존재해야 합니다.

❷ 상승 혹은 하락을 결정하는 두 번째 캔들에 많은 거래가 일어날수록, 봉의 길이가 길어질수록 높은
신뢰도를 가집니다.

❸ 장악형 캔들 유형을 활용한 매매시점은 패턴이 완성된 시점이 아닙니다. 패턴 완성 이후 주가 흐름을
살펴 매매해야 합니다.

❹ 두 번째 캔들의 시가가 저항선 혹은 지지선의 역할을 하게 되고 이를 확인하고 매매해야 합니다.

③ 잉태형

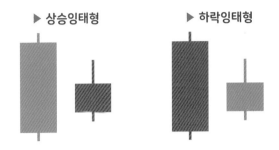

▶ 상승잉태형   ▶ 하락잉태형

잉태형은 장악형과 마찬가지로 추세 전환의 신호로 받아들이지만, 그 강도는 장악형보다 낮은 유형입니다.
장악형은 둘째 날 캔들이 반드시 다른 색이어야 하지만, 잉태형은 같은 색이거나 도지형 캔들이 발생하더라도 잉태형으로 볼 수 있습니다.

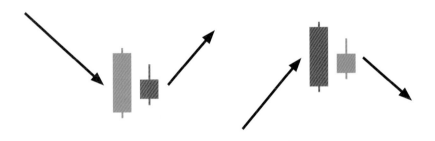

잉태형도 추세 반전 패턴이므로 직전 추세가 필요합니다.

▶ 상승잉태형 사례

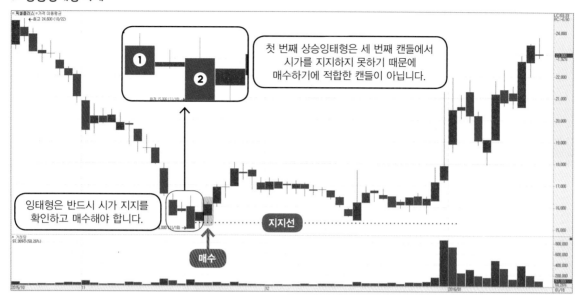

첫 번째 상승잉태형은 세 번째 캔들에서
시가를 지지하지 못하기 때문에
매수하기에 적합한 캔들이 아닙니다.

잉태형은 반드시 시가 지지를
확인하고 매수해야 합니다.

지지선

매수

-💡 잉태형 절대매매 TIP!

❶ 잉태형은 시장이 직전 추세를 이어가기 힘든 모습으로, 곧 추세 반전이 있을 수 있음을 알려주는 신호
입니다.

❷ 잉태형 캔들 패턴이 완성된 다음 날에 상승잉태형이 전일 시가를 지지하면 매수합니다. 하락잉태형이
전일 시가를 저항하면 매도해볼 수 있습니다.

❸ 고가권에서 20% 이상의 장대양봉이 나온 이후 십자 잉태형 패턴이 나타난다면 이는 무시해서는 안
되는 신호입니다.

④ 관통형 캔들

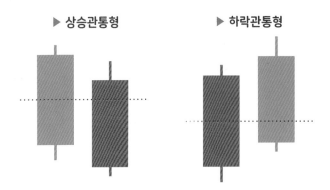

▶ 상승관통형   ▶ 하락관통형

관통형 캔들 패턴도 추세 반전을 예고하는 신호로 사용됩니다. 전일 캔들 몸통의 50% 이상 관통하는 유형의 캔들입니다. 전일 캔들의 몸통 안으로 더 깊이 들어갈수록 이 지점에서 상승 반전이 일어날 가능성이 커지게 됩니다.

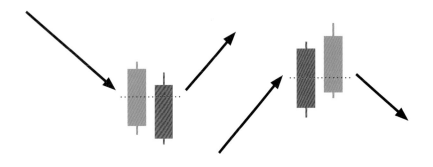

다른 반전형 패턴과 마찬가지로 관통형 캔들도 직전 추세가 필요합니다.

> ▶ **추세 반전 신호의 강도**
>
> 장악형 > 관통형 > 잉태형

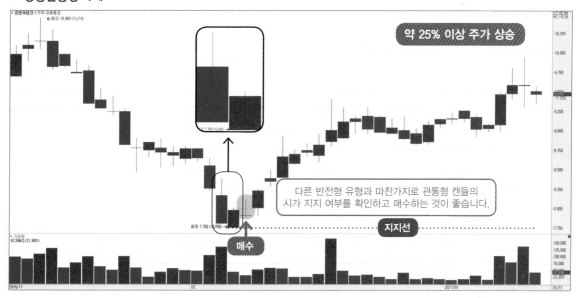

약 25% 이상 주가 상승

다른 반전형 유형과 마찬가지로 관통형 캔들의
시가 지지 여부를 확인하고 매수하는 것이 좋습니다.

지지선

매수

관통형 절대매매 TIP!

❶ 상승관통형은 둘째 날 양봉에서 대량 거래가 일어날수록, 하락관통형은 둘째 날 음봉에서 대량 거래가
일어날수록 추세 반전에 대한 신호가 강한 것으로 볼 수 있습니다.

❷ 상승관통형은 둘째 날 양봉의 시가 지지여부를 확인하고 매수하고, 하락관통형은 둘째 날 음봉의 시가
저항여부를 확인하고 매도에 나서야 합니다.

❸ 둘째 날 양봉 혹은 음봉의 길이가 짧을수록 시가 지지와 저항 여부를 더욱 신중하게 확인해야 합니다.

세 개의 캔들

① 적삼병과 흑삼병

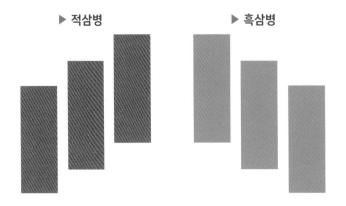

적삼병은 세 개의 양봉이 순차적으로 상승하는 모습을 나타내는 캔들입니다. 반면 흑삼병은 세 개의 음봉이 순차적으로 하락하는 모습을 나타내는 캔들입니다.

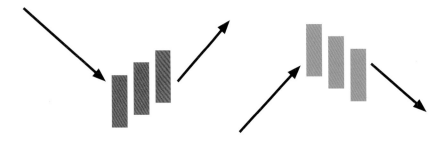

저가권에서 나타나는 적삼병과 고가권에서 나타나는 흑삼병은 추세 반전에 대한 강력한 신호입니다. 이때 거래량이 점진적으로 상승하면 추세 전환의 가능성이 더 높은 것으로 볼 수 있습니다.

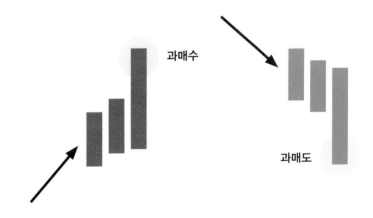

과매수

과매도

상승 도중 적삼병, 하락 도중 흑삼병이 발생하기도 하는데 이때는 기존의 추세가 강화되는 것으로 봅니다. 그러나 세 번째 캔들의 길이가 길어지고 많은 거래가 발생한다면 과매수 혹은 과매도가 아닐지 판단해보아야 합니다.

▶ 적삼병 사례

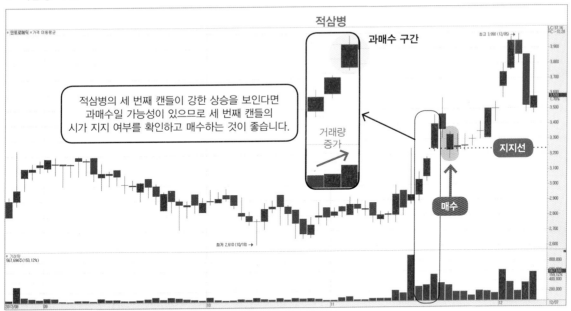

적삼병

과매수 구간

적삼병의 세 번째 캔들이 강한 상승을 보인다면 과매수일 가능성이 있으므로 세 번째 캔들의 시가 지지 여부를 확인하고 매수하는 것이 좋습니다.

거래량 증가

지지선

매수

▶ 동일한 적삼병 사례의 긴 기간을 나타낸 차트

이후 큰 조정 없이 약 350% 이상 주가 상승

적삼병 발생시점

매수

🔖 **적삼병, 흑삼병 절대매매 TIP!**

❶ 저가권에서 거래량이 증가하는 적삼병은 매수신호로, 고가권에서 거래량이 증가하는 흑삼병은 매도신호로 사용할 수 있습니다.

❷ 세 번째 캔들이 장대양봉인 과매수 적삼병은 기존의 추세가 강화되는 신호로 볼 수 있으나, 바로 매수에 나서기보다는 50% 룰을 지켜 지지를 확인하고 매수하는 것이 좋습니다.

❸ 과매도 흑삼병은 되돌림 현상으로 살짝 반등하지만, 주가는 이내 다시 내려갈 확률이 높습니다. 그래서 되돌림 현상을 이용해 매도에 나서는 것이 좋습니다.

개선 선생의 **꿀팁!**

세 발걸음과 한 번의 비틀거림 법칙(Three Steps and Stumble Rule)

'세 발걸음과 한 번의 비틀거림 법칙'은 월가의 주식시장 속설 중 하나입니다. 이는 미연준(미국 연방준비제도)이 세 번의 연속적인 금리인상을 하게 되면, 주식시장이 약세를 보인다는 말인데요. 이는 사람들의 심리와도 관계가 있는 것으로 주식시장에서 3이라는 숫자가 강력한 의미를 가지는 것과 같습니다.

금리인상은 주식시장 하락을 부추기는 요인입니다. 연속적이지 않거나, 한 두 번의 인상으로는 투자자들이 크게 반응하지 않지만, 세 번의 금리인상은 확실한 신호로 받아들이게 됩니다.

주가도 이와 비슷합니다. 한 두 번의 움직임은 투자자들이 민감하게 받아들이지 않지만, 같은 방향으로 세 번 움직이게 되면 확실한 신호로 받아들입니다. 저가권에서 두 개의 양봉이 나타날 때는 확신이 없지만, 세 개의 양봉이 발생하면 상승 전환에 대한 확신을 가지게 되는 것이죠. 그래서 저가권에서 발생하는 적삼병과 고가권에서 발생하는 흑삼병이 큰 의미를 가집니다.

② 샛별형과 저녁별형

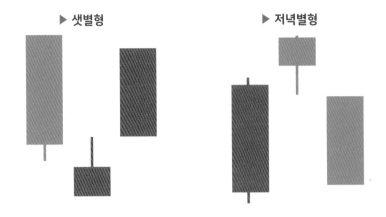

샛별형과 저녁별형 캔들 패턴은 추세 반전의 신호입니다.

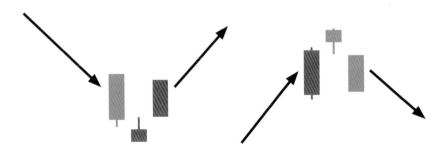

샛별형에서 첫 번째 캔들이 장대음봉인 모습을 통해 아직까지는 매도세가 시장을 주도하는 세력이라는 것을 확인할 수 있습니다. 이후 두 번째 캔들에서 몸통이 작은 양봉이 발생하면 매도세력이 힘을 잃어간다는 신호입니다. 세 번째 캔들에서 첫 번째 음봉의 몸통 깊숙이 양봉이 자리 잡으면 매수세가 시장에서 주도권을 잡았음을 나타냅니다.

저녁별형은 이와 반대되는 모습을 보이며, 곧 하락추세로 반전될 것이라는 신호와 같습니다.

▶ 샛별형 사례

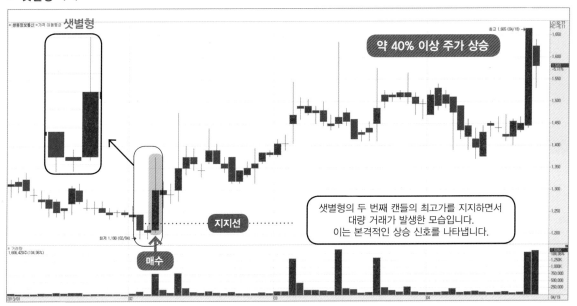

샛별형

약 40% 이상 주가 상승

지지선

매수

샛별형의 두 번째 캔들의 최고가를 지지하면서
대량 거래가 발생한 모습입니다.
이는 본격적인 상승 신호를 나타냅니다.

▶ 저녁별형 사례

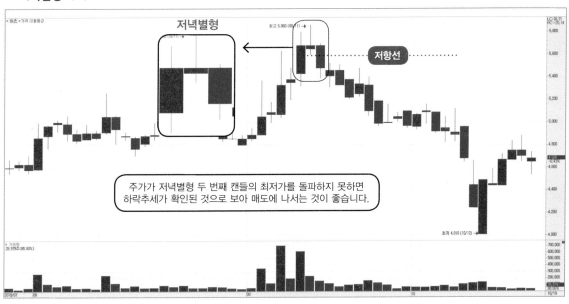

저녁별형

저항선

주가가 저녁별형 두 번째 캔들의 최저가를 돌파하지 못하면
하락추세가 확인된 것으로 보아 매도에 나서는 것이 좋습니다.

4. 차트 패턴 끝장내기

차트는 가격에 대한 과거 기록입니다. '언제 어떤 주식이 얼마에 거래되었다'를 나타내는 것이죠. 누군가는 과거 가격 자체가 무슨 의미가 있냐고 이야기할 수도 있습니다. 그러나 이 가격을 결정하는 과정에서 투자자들의 심리가 반영되고, 그 흔적이 남아 투자자들의 머릿속에 각인됩니다. 이러한 것들이 반복 학습되어 정형화된 패턴으로 나타나는 것이죠.

주가가 삼각형 패턴을 그릴 때마다 강한 상승을 보여주었다면, 투자자들은 이를 기억할 것입니다. 이후, 다시 그 패턴이 생긴다면 강한 상승을 기대하고 매수하겠죠. 이처럼 차트 패턴은 강한 힘을 가지고 있습니다. 그래서 캔들 유형뿐만 아니라 차트 패턴도 익혀두어야 합니다.

도형 패턴

도형 패턴은 우리가 일상 생활에서 자주 접할 수 있는 모양으로 나타나는 패턴입니다. 한 번만 보더라도 쉽게 인지할 수 있는 삼각형, 사각형, 글자 모양과 같은 패턴이죠.

① 삼각형 패턴

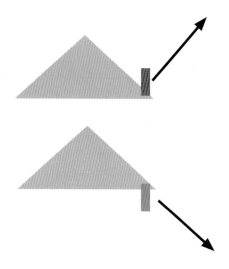

삼각형 패턴은 주가의 범위가 확장되었다가 다시 좁아지는 모습을 보입니다.

▶ **삼각형 패턴 사례**

삼각형 패턴이 완성된 이후 대량 거래가 발생하면서 돌파하는 방향으로 추세가 형성될 확률이 높습니다.

약 40% 이상 주가 상승

동일한 기간 = 동일한 기간 매수

대량 거래 발생

② 상승삼각형 패턴

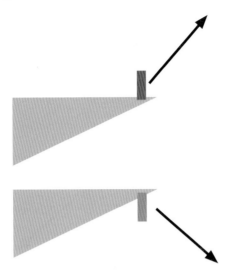

상승삼각형 패턴은 주가의 저점은 상승하고 있지만 상단 저항대에 대기 매도물량이 많은 경우에 나타납니다. 상단의 강한 저항대를 돌파한다면 그 이후로는 큰 저항 없이 주가 상승을 이어갈 수 있는 패턴입니다.

상승삼각형 패턴

상승삼각형 패턴이라고 해서 패턴이 완성된 이후 무조건 주가가 상승하는 것은 아닙니다. 다른 도형 패턴들과 마찬가지로 패턴이 완성된 이후 돌파하는 방향이 중요합니다.

▶ **상승삼각형 패턴 사례**

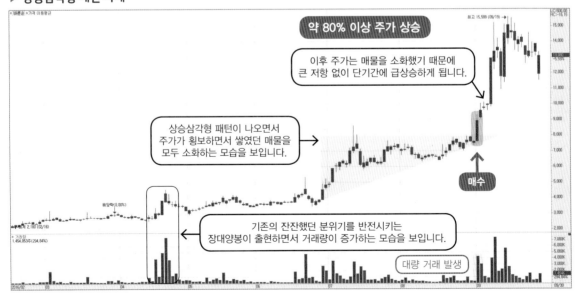

③ 하락삼각형 패턴

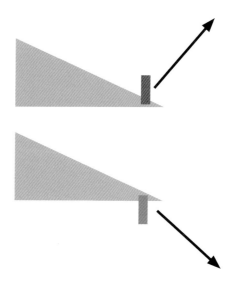

하락삼각형 패턴

하락삼각형 패턴도 패턴이 완성된 이후 돌파하는 방향이 중요합니다.

하락삼각형 패턴은 주가의 고점이 낮아지면서 상승 탄력이 약해지고 있지만 하단에 강한 지지대가 있는 모습입니다. 하락삼각형 패턴이라고 해서 패턴이 완성된 이후 주가가 반드시 하락하지는 않습니다. 그러나 상승삼각형에 비해 주가가 상승할수록 출현하는 매도물량이 많아, 상승 탄력이 둔화될 가능성이 큰 패턴입니다.

▶ **하락삼각형 패턴 사례**

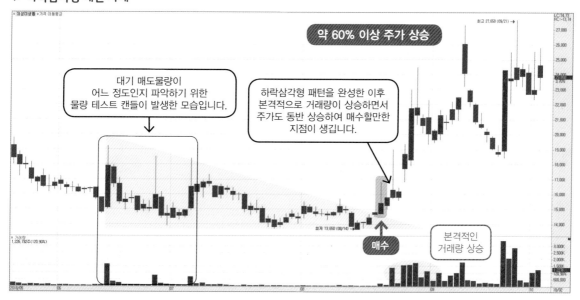

④ 대칭삼각형 패턴

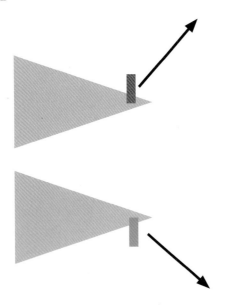

대칭삼각형은 기울기가 서로 다른 두 개의 추세선이 수렴하는 모습을 보입니다.
즉, 변동폭이 갈수록 줄어드는 모습을 보이게 되죠. 이후 패턴이 완성될 때
결정된 방향으로 시세가 나게 될 가능성이 높습니다.

▶ **대칭삼각형 패턴 사례**

더 알아보기!

대칭삼각형 패턴에서 목표가격 설정하기

대칭삼각형 패턴은 아래에 있는 추세선과 평행한 새로운 선을 그어 목표 가격을 설정할
수 있습니다.

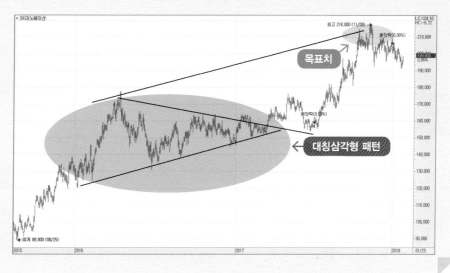

⑤ 다이아몬드 패턴

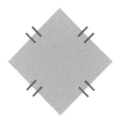

다이아몬드형은 주가의 변동폭이 넓어졌다가 다시 좁아지는 모습을 보입니다. 주가가 정확하게 도형의 모양을 만들기보다는 확장·수렴하는 모습을 확인하는 것이 중요합니다.

다른 도형 패턴들과 달리 다이아몬드형은 주가의 변동성이 확대되는 구간과 축소되는 구간의 기간이 유사한 경향을 보입니다. 그리고 가격 변동폭도 비슷하여 정방형의 모습을 나타냅니다.

▶ **다이아몬드형 패턴 사례**

⑥ 사각형 패턴

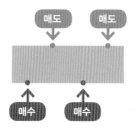

사각형 패턴은 주식시장에서 박스권이라고도 부르는 유명한 패턴입니다.
하단 지지선과 상단 저항선을 가진 패턴으로, 주가가 상단과 하단 중 더
많은 거래량이 발생하는 곳이 더 강한 힘을 가졌다고 볼 수 있습니다. 상단
저항선에서 거래량이 많이 발생하면 추가 상승보다는 하락하는 힘을 가진
것이죠.

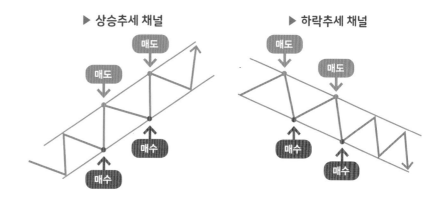

또한, 사각형 패턴은 추세 채널의 형태로 나타나기도 합니다. 그래서 상승
혹은 하락추세에서도 사각형 패턴을 발견할 수 있습니다. 이를 이용해 추세
중간에도 박스권 매매를 해볼 수 있는 것이죠.

▶ 사각형 패턴 사례

약 20% 이상 주가 상승

사각형 패턴 상단을 강하게 돌파하지 못한다면 매도하는 것이 좋습니다.

매도

매도

지속 보유

주가가 일정한 구간 안에서 횡보하는 모습입니다.

매수

매수

매수

💡 **도형 패턴 절대매매 TIP!** 📖

❶ 도형 패턴은 패턴이 완성된 이후 대량 거래가 발생하면서 돌파하는 방향으로 시세가 날 가능성이 높습니다.

❷ 패턴이 완성되는 시점에 어떤 캔들이 나타나는지, 거래량은 어떻게 발생하는지 유심히 확인할 필요가 있습니다.

❸ 패턴이 명확해질수록 거래량이 증가하는 모습을 확인할 수 있습니다.

❹ 패턴을 형성하는데 오랜 시간이 걸릴수록 이후 추세가 더 강하고 오래가게 됩니다.

⑦ L자형 패턴

유튜브
연결하기

★ L자형 매매 기법
관련 영상 바로 확인!

주식대학 고수의 비기
N자형 매매
실전적용법

QR코드로
영상 보는 법
p.12 참고!

L자형 패턴은 기존의 주가가 잠자듯이 조용히 횡보하고 있다가 갑작스런 상승이 나오는 패턴입니다. 큰 호재가 갑자기 발생하는 경우에 L자형 패턴이 자주 출현하게 됩니다. 사전에 물량을 매집할 수 있는 기회가 없었기 때문에 다른 패턴에 비해 상승세를 이어갈 확률이 높습니다.

▶ L자형 패턴 사례

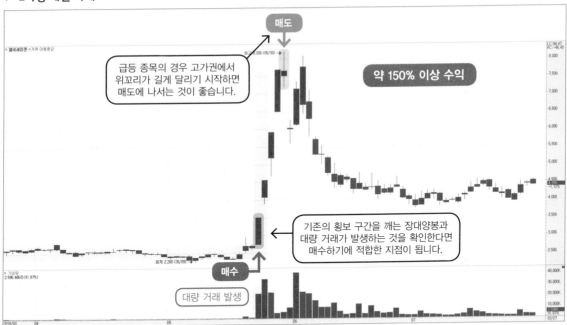

급등 종목의 경우 고가권에서 위꼬리가 길게 달리기 시작하면 매도에 나서는 것이 좋습니다.

약 150% 이상 수익

기존의 횡보 구간을 깨는 장대양봉과 대량 거래가 발생하는 것을 확인한다면 매수하기에 적합한 지점이 됩니다.

매도

매수

대량 거래 발생

⑧ N자형 패턴

N자형 패턴은 초기 상승이 나온 이후 주가가 조정받고 재상승하는 모습을 보여줍니다. N자형 차트 모양은 생각보다 자주 발견할 수 있습니다. 그러나 N자형 패턴의 핵심포인트는 조정 이후 재상승이 나오는 구간에서 발생하는 거래량과 캔들의 유형입니다.

▶ N자형 패턴 사례

약 70% 이상 주가 상승

N자형 패턴을 완성하는 단계에서 강한 주가 상승과 대량 거래로 인해 매수하기에 적합한 지점이 나타납니다.

매수

거래량 증가

급등주는 N자형 패턴에서 나타난다!

주가가 급등하기 이전에 N자형 패턴을 보이는 경우가 많습니다. 그 이유는 큰 자금을 가진 세력이 본격적으로 주가를 상승시키기 전에 의도적으로 하락시키는 개미털기가 이루어지면서 주가가 N자형 모양을 그리게 되는 것이죠. 이 패턴에서 중요한 점은 다음과 같습니다.

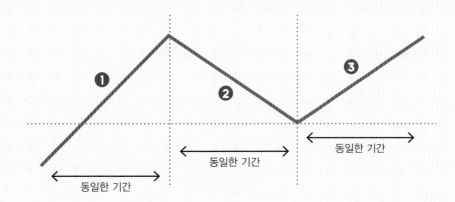

❶ N자형 패턴에서 저점이 전 저점에 비해 높은지 확인해야 합니다. 저점이 높다는 뜻은 저가에서 매수세가 들어오고 있음을 뜻합니다.

❷ N자형에서는 각각의 변곡점까지 거리가 동일한 거래일수로 만들어지는 것이 신뢰도가 높습니다.

❸ N자형 패턴에서는 주가와 20일선과의 이격도가 중요합니다. 진폭이 작아 이격이 거의 벌어지지 않으면서 N자형을 그린다면 급등을 준비하는 단계라 볼 수 있습니다.

❹ 만일 N자형의 진폭이 크고 이격이 많이 벌어진다면, 단타로만 매매하는 것이 좋습니다.

❺ 2번 지점에서 20일선을 하향 이탈하고 난 이후 다시 20일선에 안착하는 지점이 매수시점이 됩니다.

❻ 매수한 이후 주가가 20일선을 이탈한다면 그 지점이 바로 매도지점이 됩니다.

대표적인 반전형 패턴

주식투자를 하다보면 '헤드 앤 숄더', '삼중바닥' 등과 같은 단어를 자주 접할 수 있습니다. 이는 유명한 반전형 패턴으로, 추세가 반전될 자리를 예상할 수 있게 해줍니다.

▶ **상승 반전형 패턴**

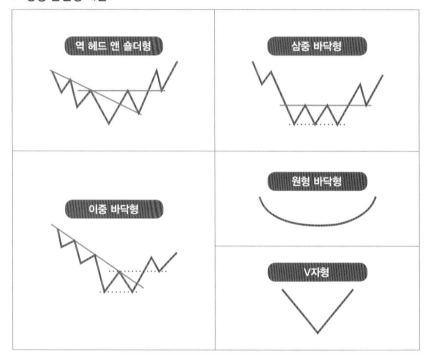

▶ 하락 반전형 패턴

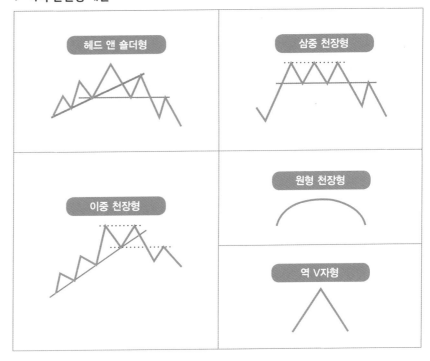

▶ **반전형 패턴의 대표적 특징**

❶ 주요한 추세선의 돌파가 추세 반전의 첫 신호입니다. 그러나 모든 주요한 추세선의 돌파가 추세 반전으로 이루어지는 것은 아니기 때문에 확인 작업이 필요합니다.

❷ 추세 반전형 패턴이 되기 위해서는 직전 추세가 존재해야 합니다.

❸ 거래량은 상승형 패턴에서 더욱 중요하게 해석됩니다. 상승추세로 전환하고 본격적으로 상승하기 위해서는 저점에서의 거래량 상승은 필수요소입니다. 따라서 주가 상승 시 거래량이 함께 증가하지 않는다면 추세를 이어나갈 확률이 낮아지게 됩니다.

❹ 천장형은 형성하는 기간이 짧고 모양이 불안정한 경향이 강합니다. 가격의 움직임 또한 변동이 큽니다. 반면 바닥형은 좁은 가격 범위 안에서 오랜 시간 패턴을 그리는 경향이 강합니다. 투자자들이 고점에서 가지는 심리를 생각해본다면 이해하기 쉽습니다.

❺ 패턴이 크게 형성될수록 이후에 더 큰 가격 변화를 가져옵니다. 즉, 패턴이 형성되는데 소요되는 시간과 가격 범위가 크면 클수록 이후에 생기는 추세나 가격 변동폭이 커지게 되는 것이죠.

① 헤드 앤 숄더형과 역 헤드 앤 숄더형 패턴

반전형 패턴 중에서 헤드 앤 숄더형과 역 헤드 앤 숄더형이 가장 잘 알려진 패턴입니다. 패턴의 모양이 사람의 어깨와 머리의 모습과 비슷하다고 하여 붙여진 이름이기도 합니다. 유명한 패턴이기 때문에 패턴이 완성되면 누구나 쉽게 추세가 전환되었다는 것을 알 수 있죠. 그래서 반전된 추세가 강화되어 더 강한 추세로 이끌게 됩니다.

▶ **헤드 앤 숄더형 패턴**

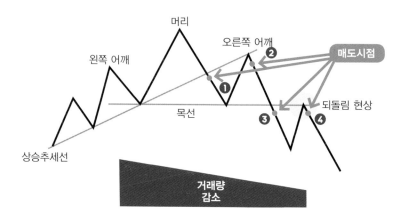

▶ **역 헤드 앤 숄더형 패턴**

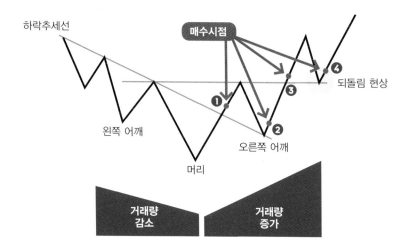

▶ 헤드 앤 숄더형의 구성

왼쪽 어깨

헤드 앤 숄더형에서는 추세가 이어지면서 왼쪽 어깨를 형성하게 됩니다. 즉, 기존의 상승추세를 깨지 않으면서 저점과 고점이 높아지게 되는 것이죠. 왼쪽 어깨만 형성되어 있을 때는 상승추세가 여전히 유효한 것으로 봅니다.

역 헤드 앤 숄더형에서는 왼쪽 어깨만 형성되어 있을 경우 하락추세가 유효한 것으로 봅니다.

머리

왼쪽 어깨의 저점부터 상승하여 새로운 고점을 형성하지만 기존의 추세선을 이탈하는 하락이 나타나게 됩니다. 이후 하락을 멈추고 반등하기 시작하는 저점을 만들었을 때 머리가 완성된 것으로 봅니다. 왼쪽 어깨의 하락이 끝나는 저점과 머리의 하락이 끝나는 저점을 연결하면 목선이 됩니다.

역 헤드 앤 숄더형에서도 동일하게 기존의 하락추세선을 상향 돌파하는 고점이 형성됩니다. 이후 왼쪽 어깨의 고점과 머리의 고점을 연결하면 목선이 됩니다.

오른쪽 어깨

머리부터 하락한 저점이 반등을 하지만 기존의 상승추세를 회복하지 못하고 목선을 이탈하는 경우 오른쪽 어깨가 형성된 것으로 볼 수 있습니다. 사람의 머리와 양 어깨의 모습과 비슷한 유형의 패턴이 완성되는 것이죠.

역 헤드 앤 숄더형의 오른쪽 어깨는 저점과 고점이 머리의 저점과 고점보다 높아지는 것이 특징이며, 되돌림 현상으로 인해 주가가 하락하더라도 목선 아래로는 내려가지 않게 됩니다.

목선

헤드 앤 숄더형에서 목선은 두 개의 저점을 연결하여 형성되고 역 헤드 앤 숄더형에서 목선은 두 개의 고점을 연결하여 형성됩니다. 이러한 목선은 상승 기울기, 하락 기울기, 수평선의 형태를 가지게 됩니다.

헤드 앤 숄더형에서 목선이 상승 기울기를 가졌다면 하락강도가 상대적으로 낮음을 알 수 있습니다. 반면 목선이 하락 기울기를 가졌다면 하락강도가 더 강한 것입니다.

따라서 목선이 붕괴되는 것을 신호로 본격적인 추세가 전환됨을 알 수 있습니다.

▶ 헤드 앤 숄더형 사례

강한 상승 이후 고가권을 잘 지지하면서 주가가 재상승하게 됩니다.

지지선

매도

상승추세선

매도

매도

목선

되돌림 현상

그러나 주가는 상승추세를 이어나가지 못하고 헤드 앤 숄더 패턴을 보여주면서 하락추세로 반전하게 됩니다.

헤드 앤 숄더형 절대매매 TIP!

❶ 헤드 앤 숄더형이 차트에 나타나면 기존의 상승추세가 하락추세로 반전될 것임을 예상해볼 수 있습니다.

❷ 첫 번째 매도시점은 상승추세선을 이탈하는 지점이지만 이 지점에서 매도를 하게 되면 추세 전환 여부를 확인하지 않고 빠른 매도를 할 가능성이 높습니다.

❸ 두 번째 매도시점은 기존의 상승추세가 꺾인 것을 확인할 수 있는 지점입니다. 그러나 아직 완전하게 헤드 앤 숄더형이 형성된 것이 아니고 잠깐의 하락 이후 다시금 상승을 이어갈 수 있습니다.

❹ 세 번째 매도시점은 헤드 앤 숄더형의 목선을 이탈하면서 패턴이 완성되는 것을 확인할 수 있는 지점입니다. 하락 반전이 확실시되는 시점이기에 늦어도 세 번째 지점에서는 매도해야 합니다.

❺ 네 번째 매도시점은 하락추세로 돌아선 주가가 되돌림 현상으로 인해 일시적인 상승을 주는 자리입니다. 되돌림 현상이 반드시 있는 것이 아니기에 되돌림 현상이 생긴다면 마지막 매도 기회로 활용해야 합니다.

❻ 헤드 앤 숄더가 발생할 것으로 예상된다면 1, 2, 3번 지점에서 분할매도로 대응하는 것이 바람직합니다.

▶ 역 헤드 앤 숄더형 사례

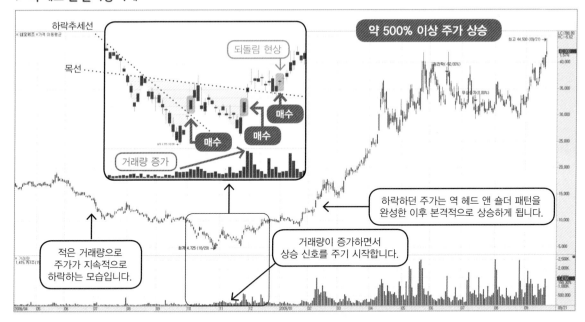

약 500% 이상 주가 상승

하락추세선
목선
되돌림 현상
매수
매수
매수
거래량 증가

적은 거래량으로
주가가 지속적으로
하락하는 모습입니다.

거래량이 증가하면서
상승 신호를 주기 시작합니다.

하락하던 주가는 역 헤드 앤 숄더 패턴을
완성한 이후 본격적으로 상승하게 됩니다.

역 헤드 앤 숄더 절대매매 TIP!

❶ 역 헤드 앤 숄더형이 차트에 나타나면 기존의 하락추세가 상승추세로 반전될 것임을 예상해볼 수 있습니다.

❷ 첫 번째 매수시점은 기존 하락추세를 상향 돌파하는 지점입니다. 이 지점에서 매수에 나서게 되면 기존의 추세가 다시 이어져 손해를 볼 수 있습니다. 따라서 다음에 생기는 저점이 현재의 저점보다 높은지를 확인한 이후 매수에 나서야 합니다.

❸ 두 번째 매수시점은 오른쪽 어깨의 저점이 머리의 저점보다 높아지는 것을 확인하고 매수하는 지점입니다. 아직까지 패턴이 완성된 것이 아니기에 일시적 상승일 수 있다는 점을 염두에 두어야 합니다.

❹ 세 번째 매수시점은 반전형 패턴이 완성되는 것을 확인한 이후 매수하는 지점입니다. 다른 매수시점에 비해 다소 비싼 가격에 매수하지만 상승추세로 반전되는 것이 거의 확실시되는 지점입니다.

❺ 네 번째 매수시점은 주가가 본격적으로 상승추세에 돌입하기 전에 되돌림 현상이 나타나는 지점입니다. 다른 유형의 되돌림과 마찬가지로 반드시 발생하지는 않습니다.

❻ 역 헤드 앤 숄더가 발생할 것으로 예상된다면 1, 2, 3번 지점에서 분할매수로 대응하는 것이 바람직합니다.

② 삼중 천장형과 삼중 바닥형 패턴

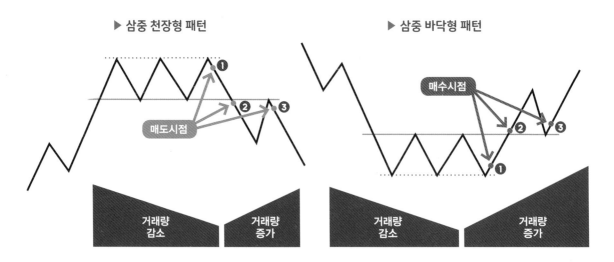

▶ 삼중 천장형 패턴   ▶ 삼중 바닥형 패턴

우리는 3이라는 숫자가 한국 사회에서 가지는 의미가 남다름을 알고 있습니다. 하루 세끼, 삼세번, 삼진아웃, 해트트릭, 3심제 등 우리가 사회에서 접하는 많은 부분들이 3이라는 숫자로 이루어져 있죠. 이처럼 주식시장에서도 3이 가지는 의미는 남다릅니다.

바닥에서 상승을 기대하고 매수한 투자자는 자신의 예상대로 상승하지 않는다면 실망하고 주식을 매도하기 마련입니다. 하지만 많은 투자자들이 이번만은 다를거라 생각하고 세 번째 바닥까지는 매수에 나서는 경우가 많습니다.

그렇다보니 일반적으로 세 번째 천장 혹은 세 번째 바닥이 형성되어가면서 거래량이 감소하게 됩니다. 이후 확실하게 추세가 전환된 것이 확인된다면 거래량이 증가하는 것이죠. 그리고 삼중 천장형과 삼중 바닥형의 세 개의 고점과 저점은 모두 비슷한 수준에서 형성될 수도 있고 상승 기울기나 하락 기울기를 가질 수도 있습니다. 하락 기울기를 가진다면 하락 강도가 쎈 것으로, 상승 기울기를 가진다면 상승 강도가 쎈 것으로 판단할 수 있습니다.

유 튜 브
연결하기

★ 삼중 바닥 관련 영상
바로 확인!

고수비급
주식 초급등 공식!
삼중바닥기법

QR코드로
영상 보는 법
p.12 참고!

▶ 삼중 천장형 패턴 사례

두 번째 천장

매도

첫 번째 천장

매도

세 번째 천장

지지선

되돌림 현상 없이 급락한 모습

주가의 하락반전이 삼중 천장 패턴 완성으로 확실해지면서 세 번째 천장을 형성할 때보다 거래량이 증가하는 모습을 보입니다.

💡 삼중 천장형 절대매매 TIP!

❶ 삼중 천장형은 헤드 앤 숄더형의 변형으로 상승추세를 이어오던 주가가 하락추세로 반전될 것임을 예상해볼 수 있습니다.

❷ 첫 번째 매도시점은 두 번째 천장이 형성되는 것을 확인한 이후 삼중 천장이 형성되면서 주가 하락 반전을 예상하고 매도에 나서는 지점입니다. 예상하고 매도에 나서기 때문에 주가가 조정 이후 다시금 상승할 가능성도 남아 있으므로 확인할 필요가 있습니다.

❸ 두 번째 매도시점은 삼중 천장형 패턴 완성이 확인되는 지점입니다. 본격적인 하락추세로 반전되는 것이 확인되는 시점이기 때문에 이 지점에서는 매도에 나서는 것이 바람직합니다.

❹ 세 번째 매도시점은 추세가 반전된 이후 되돌림을 주는 자리입니다. 헤드 앤 숄더형과 마찬가지로 되돌림 현상 없이 하락할 수 있습니다. 만약 되돌림 현상을 준다면 마지막 매도 기회로 활용해야 합니다.

❺ 다른 패턴들과 마찬가지로 각 매도시점에서 분할매도로 대응하는 것이 바람직합니다.

▶ 삼중 바닥형 패턴 사례

약 80% 이상 주가 상승

주가가 3개의 바닥을 만들면서 바닥을 다지는 모습을 보입니다.

저항선

매수

매수

주가가 대량 거래와 함께 주요한 저항선을 돌파하고 본격적으로 상승하는 모습을 보입니다.

첫 번째 바닥   두 번째 바닥   세 번째 바닥

💡 삼중 바닥형 절대매매 TIP!

❶ 삼중 바닥형은 역 헤드 앤 숄더형의 변형으로 하락추세를 이어오던 주가가 상승추세로 반전될 것을 예상할 수 있습니다.

❷ 첫 번째 매수시점은 주가가 세 번째 바닥을 형성한 뒤 상승 초입에 상승 반전할 것을 예상하고 매수하는 지점입니다. 이때 빠른 매수로 인해 주가 하락 시 손실을 볼 수 있기 때문에, 확인 작업을 거친 뒤 매수에 나서는 것이 바람직합니다.

❸ 두 번째 매수시점은 삼중 바닥 패턴을 완성하고 기존의 강한 저항선을 돌파하는 지점입니다. 본격적인 상승추세의 시작을 알리는 지점입니다. 강한 거래량을 동반해 직전 고점을 돌파한다면 매수하기에 좋은 지점이 됩니다.

❹ 세 번째 매수시점은 상승추세로 반전된 이후 일시적 조정으로 인한 하락 시 발생하는 지점입니다. 마찬가지로 되돌림 현상이 없을 수 있기에 매수 기회로 활용할 수 있습니다.

❺ 다른 패턴들과 마찬가지로 각 매수시점에 분할매수로 대응해 실수할 위험을 줄이는 것이 중요합니다.

더 알아보기!

수익 200% 대상승! 삼중 바닥 패턴 핵심포인트

삼중 바닥형은 주식시장에서 집을 팔아서라도 매수하라고 할만큼 유명한 패턴입니다. 급등의 기초가 되는 것이 바로 이 삼중 바닥 패턴인 것이죠. 주가가 하락한 후 횡보하는 동안 하방지지가 세 번 단단하게 나왔다는 것은 자금력을 갖춘 누군가가 바닥에서 집중적으로 매수하고 있을 가능성이 높은 것입니다. 그래서 이를 잘 활용한다면 10%, 20%의 기대 수익이 아닌 100%, 200%의 수익을 낼 수 있는 패턴이기도 한 것이죠.

❶ 1차 바닥에서 초기 상승이 나오기 시작합니다. 이때는 매수보다는 관망하는 것이 좋습니다. 이후 20일선을 하향 이탈하고 내려온 순간부터 관심을 가져야 합니다.

❷ 20일선을 깨고 하락하던 주가가 초기 상승의 시작점과 만나는 부근에서 거래량이 눈에 띄게 줄어드는지를 확인해야 합니다. 적은 거래량에도 불구하고 저점을 지켜주는지의 여부가 가장 중요합니다. 이를 만족한다면 1차 바닥이 형성된 것으로 볼 수 있습니다.

❸ 2차 바닥은 1차 바닥과 비슷한 수준에서 형성되거나 조금 높은 수준에서 형성되어야 합니다. 2차 바닥에서는 1차 바닥의 저점을 지지하는 것이 가장 중요합니다.

❹ 3차 바닥은 1차, 2차 바닥과 같이 평행선에 위치하는 것도 좋지만 저점이 상승한다면 좀 더 긍정적인 신호로 볼 수 있습니다. 이후 20일선 지지를 받으면서 본격적으로 상승하게 됩니다. 더불어 이때부터는 본격적으로 거래량이 상승해야 합니다.

③ 이중 천장형과 이중 바닥형 패턴

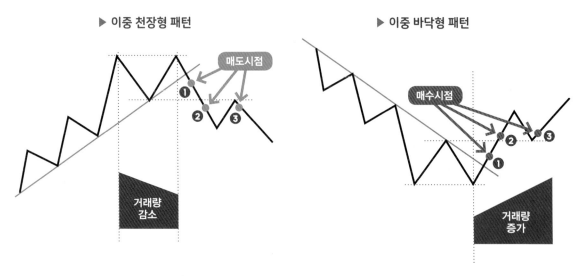

반전형 패턴 중 가장 쉽게 찾아볼 수 있는 패턴이 바로 이중 천장형과 이중 바닥형입니다. 비슷한 수준의 두 바닥 혹은 두 천장이 생김으로써 완성되는 패턴입니다.

▶ 이중 천장형 패턴 사례

❶ 이중 천장형은 첫 번째 고점과 두 번째 고점의 주가 수준이 비슷하거나, 두 번째 고점의 주가 수준이 조금 낮은 모습을 보이는 패턴입니다.

❷ 일반적으로 두 번째 고점은 첫 번째 고점에 비해 거래량이 줄어드는 것이 특징입니다.

❸ 첫 번째 매도시점에서는 짧은 추세 이탈에도 매도하게 되므로 2번과 3번 지점처럼 확인한 이후 매도에 나서야 합니다.

❹ 다른 패턴처럼 분할매도를 통해 위험을 줄일 수 있습니다.

▶ 이중 바닥형 패턴 사례

🔅 이중 바닥형 절대매매 TIP!

❶ 이중 바닥형은 첫 번째 저점과 두 번째 저점의 주가 수준이 비슷하거나, 두 번째 저점의 주가 수준이 조금 높은 모습을 보이는 패턴입니다.

❷ 이중 바닥형은 두 번째 바닥이 형성된 이후 상승추세로 돌아서는 강도가 강할수록 강한 거래량을 동반하게 됩니다. 주가가 상승하지만 거래량을 동반하지 않는다면 추세반전에 대한 의심을 해봐야 합니다.

❸ 첫 번째 매수시점에 매수하는 것은 추세반전을 확인하지 않기 때문에 섣부른 매수가 될 수 있습니다. 그래서 2번과 3번 시점과 같이 상승추세로 반전되는 것을 확인하고 매수에 나설 필요가 있습니다.

❹ 다른 패턴처럼 분할매수를 통해 위험을 줄일 수 있습니다.

④ 원형 천장형과 원형 바닥형 패턴

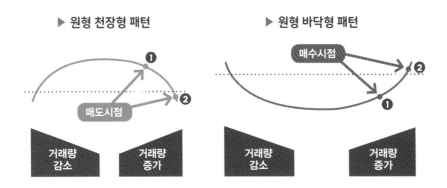

주가의 고점이나 저점에서 나타나는 원형 패턴은 실제 주식시장에서는 보기 드문 패턴 중 하나입니다. 투자심리는 전염성이 강하기 때문에 주가가 하락할 이유가 발생하게 되면 그 심리가 전염되어 빠르게 하락하게 되고, 주가가 상승할 이유가 발생하게 되면 그 심리가 전염되어 주가가 빠르게 상승하게 되는 것이죠.

그래서 거래량도 극적인 변화보다는 해당 추세의 힘이 약해지면서 감소하게 되고, 추세반전이 확실시됨에 따라 증가하는 모습을 보이게 됩니다.

▶ 원형 천장형 패턴 사례

💡 **원형 천장형 절대매매 TIP!**

❶ 원형 천장형은 원형 바닥형보다 기간적으로 짧고 가격적으로 불안정한 모습을 보입니다.

❷ 원형 천장이 고점을 찍고 하락하기 시작할 때 첫 번째 매도시점이 생깁니다. 그러나 하락반전에 대한 확신이 적은 시점이므로 여러 보조지표나 캔들의 모양을 유심히 살펴야 합니다.

❸ 두 번째 매도시점은 원형 천장형 패턴이 완성되고 기존의 지지선을 이탈하는 자리입니다. 패턴이 완성되어 하락반전이 확인되는 시점이므로 상승추세를 이어갈 것이라 생각하던 물량도 나오게 되면서 거래량이 증가하게 됩니다.

🔆 **원형 바닥형 절대매매 TIP!**

❶ 원형 바닥형은 기간적으로나 가격적으로 길고 안정적인 모습을 보입니다.

❷ 주가가 바닥권에서 지지를 받으면서 저점을 조금씩 높여가는 모습이 보일 때 첫 번째 매수시점이 생기게 됩니다. 상승추세로 돌아선 것이 확실하지 않기 때문에, 악재와 같은 충격에 쉽게 주가가 하락할 수 있어 주의가 필요합니다.

❸ 두 번째 매수시점은 원형 바닥 패턴을 확인하고 매수하기 때문에 조금 더 안정성이 높은 위치입니다. 이 지점이 더 높은 신뢰도를 갖기 위해서는 가시적인 거래량 증가가 필요합니다. 거래가 거의 없었던 종목의 거래가 활성화되었다면 이는 상승추세로 가는 첫걸음이라 할 수 있습니다.

⑤ V자형과 역 V자형 패턴

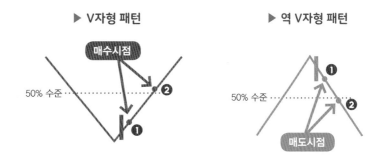

▶ V자형 패턴   ▶ 역 V자형 패턴

V자형과 역 V자형은 우리나라의 코스닥시장에서 자주 볼 수 있는 패턴입니다. 오랜 기간 크고 길게 그리는 장기 V자형과 단기적으로 그리는 단기 V자형으로 구분할 수 있습니다. 이러한 V자 패턴이 자주 발생하는 이유는 투자자들의 심리가 급격하게 변하기 때문입니다.

또한, 주식시장의 여러 이론 중 '팬티 이론'을 잘 나타내는 패턴이라 할 수 있습니다. 누군가 갑자기 팬티를 잡아 내리게 되면 놀라서 원래의 위치보다 더 높이 끌어올리는 것을 주가가 여러 이벤트에 과민 반응하는 모습에 빗대어 표현한 것입니다.

V자형 패턴은 사후적으로 보지 않으면 확실하게 알기 어렵습니다. 그러나 V자형 패턴이 확인되는 시점은 이미 주가가 상당 수준 상승했거나 하락한 상태일 것입니다. 이때 매수한다면 매수 타이밍을 놓칠 확률이 높겠죠. 따라서 V자형이 나타날 수 있는 신호를 미리 감지하는 것이 좋습니다.

▶ V자형 패턴 사례

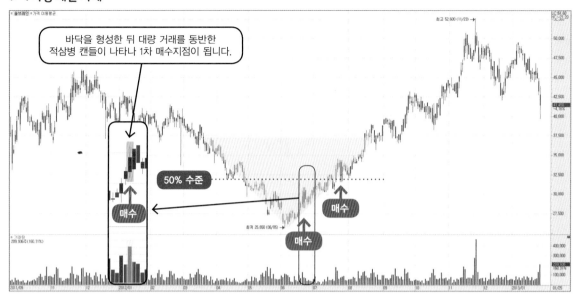

바닥을 형성한 뒤 대량 거래를 동반한
적삼병 캔들이 나타나 1차 매수지점이 됩니다.

50% 수준

매수

매수

매수

▶ 역 V자형 패턴 사례

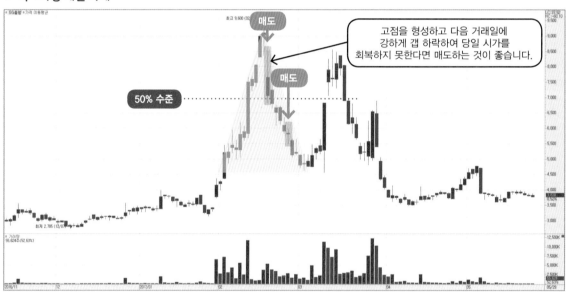

매도

매도

고점을 형성하고 다음 거래일에
강하게 갭 하락하여 당일 시가를
회복하지 못한다면 매도하는 것이 좋습니다.

50% 수준

V자형과 역 V자형 패턴 절대매매 TIP!

❶ V자형은 주가가 하락을 멈추고 강한 상승 장악형 캔들이 나오는 것을 확인해야 합니다. 이후 해당 양봉의 50% 미만으로 빠지지 않는다면 첫 번째 매수시점이 생기게 됩니다.

❷ V자형의 두 번째 매수시점은 상승 장악형 캔들이 나온 이후 주가가 추가적으로 상승해 기존 하락폭의 50% 수준에 근접하면 매수해볼 수 있는 지점이 생기게 됩니다. 다른 패턴과는 달리 V자형 패턴을 확인하고 매수하게 되면 매수 타이밍을 놓칠 확률이 높습니다.

❸ 역 V자형은 주가가 상승을 멈추고 강한 하락 장악형 캔들이 나오는 것을 확인해야 합니다. 이후 음봉의 50% 이상으로 다시 강하게 상승하지 않는다면 추세 전환을 예상해볼 수 있습니다. 그래서 첫 번째 매도시점이 되고 보유 물량의 일부분이라도 반드시 매도에 나서는 것이 좋습니다.

❹ 역 V자형의 두 번째 매도시점은 하락이 일정 수준 이상 진행된 위치입니다. 패턴의 모양을 어느 정도 확인할 수 있어 좋지만 매도 타이밍을 놓쳐 손실 폭을 키우게 될 수도 있습니다.

더 알아보기!

V자형 패턴 핵심포인트

❶ 상승 혹은 하락추세선이 가팔라야 합니다. 추세선이 완만한 45도보다 더 가파른 각도를 가진다면 V자형 패턴을 예상해볼 수 있습니다.

❷ 상승추세, 하락추세 도중 조정이 나오거나 반등폭이 적거나 없었다면 수익실현 혹은 매수에 대한 심리가 쌓여가고 있는 상황입니다. 이때 변곡점이 발생한다면 빠르게 심리가 반전될 수 있으므로 V자형 패턴이 생길 것을 예상해볼 수 있습니다.

❸ 강한 반전형 캔들로 V자형 패턴을 예상해볼 수 있습니다. 하락 도중 강한 상승 장악형 캔들, 상승 도중 강한 하락 장악형 캔들이 나타나게 될 경우 추세 반전을 예상해볼 수 있습니다.

폭등주는 역배열 말기에서 나온다!

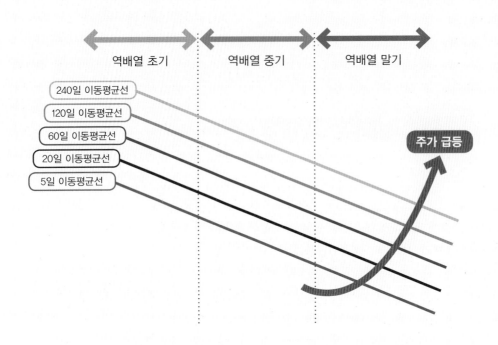

이동평균선이 역배열되어 있는 구간은 많은 투자자들이 손실을 보고 있는 구간입니다. 그래서 역배열 초기와 중기에는 그동안의 분위기를 뒤집을만한 대형 호재가 발생하더라도 추세를 반전시키기가 쉽지 않습니다. 즉, 역배열 초기와 중기에는 매수하더라도 수익을 내기가 어려운 것이죠.

우리가 집중해야 할 부분은 바로 역배열 말기부터 상승추세로 전환하는 정배열 초기까지입니다. 이 구간에서 매수한다면 큰 수익을 낼 수 있습니다. 그러나 세상에 쉬운 일이 없듯, 큰 수익을 기대한다면 그에 상응하는 위험이 뒤따르게 되겠죠.

따라서 역배열의 초기인지, 중기인지, 말기인지 확인하는 작업이 반드시 필요합니다.

▶역배열 초기 확인하기

❶ 주가가 하락하면서 장기 이동평균선을 깨고 내려오기 시작합니다.

❷ 주가가 20일 이동평균선을 이탈한 뒤 반등하지만 중장기 이동평균선에 계속 저항을 받게 됩니다.

❸ 전 고점을 회복하지 못하게 됩니다.

▶역배열 중기 확인하기

❶ 주가 하락으로 인해 주가와 중장기 이동평균선의 이격이 벌어지게 됩니다.

❷ 주가가 횡보하게 되면서 전 저점 지지 여부를 확인합니다.

❸ 주가가 장기간 횡보하게 되면 역배열 중기와 말기가 함께 나타나기도 합니다.

❹ 전 저점을 지지하지 못하고 주가가 하락하게 되면 역배열 말기로 접어든 것으로 판단합니다.

역배열 말기를 확인하기 위한 방법으로는 다음과 같이 크게 8가지가 있습니다. 이를 잘 확인하고 매매하는 것이 투자 성과를 좌우하는 핵심 요소가 될 수 있습니다.

| 이격도 | 이평선 밀집 | 전 저점 지지 | 삼중 바닥 | 거래량 감소 | 5일선 변곡점 | 완만한 증가선 | 장기선 돌파 |

▶**역배열 말기 확인하기★**

❶ **이격도**: 주가와 이동평균선들이 많이 벌어져 있지 않아야 합니다.

❷ **이동평균선**: 5일선, 20일선, 60일선 등이 서로 밀집되어 있어야 합니다.

❸ **전 저점 지지**: 이전 저점보다 높은 가격에서 최근 저점이 생기고 이를 지지
해야 합니다.

❹ **삼중 바닥**: 단단한 지지 세력을 확인하는 삼중 바닥 패턴이 나온다면 더욱
좋습니다.

❺ **거래량**: 바닥에 근접할수록 전체적인 거래량이 줄어야 합니다.

❻ **5일변곡점**: 빠른 신호를 주는 5일선이 상승으로 전환하는 변곡점이 발생
해야 합니다.

❼ **중기선**: 중기선에 해당하는 20일선과 60일선이 완만한 기울기를 보여야
합니다.

❽ **장기선**: 장기선인 120일, 240일선이 완만한 기울기를 보이며 이를 돌파
한다면 더욱 신뢰도 높은 신호라 볼 수 있습니다.

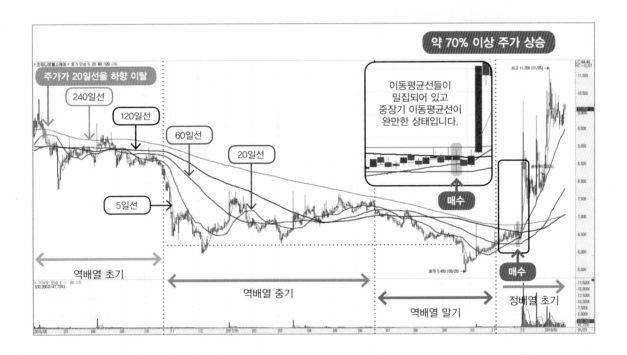

위 사례를 보면 주가가 이동평균선들을 하향 이탈하면서 역배열 초기가 시작됩니다. 이후 전 저점을 이탈하면서 주가와 장기 이동평균선의 이격이 벌어지게 됩니다. 이 구간이 역배열 중기 구간이라 할 수 있습니다. 역배열 중기 구간에서 주가가 상승하지만 장기 이동평균선의 각도가 아래를 향하고 있어 쉽게 주가가 반등하지 못하는 모습을 보여줍니다. 주가는 다시 한번 전 저점을 이탈해 역배열 말기를 형성하게 됩니다. 이후 주가가 20일선, 60일선을 상향 돌파하기 시작하면 본격적인 매수시점으로 볼 수 있습니다.

조금 더 리스크를 줄이기 위해서는 정배열 초기에 주가가 20일선의 지지를 받는 것을 확인하고 매수하는 것이 좋습니다.

PART 06 에서는 …

PART 5에서 주요 기술적 지표인 캔들, 거래량, 이동평균선 그리고 패턴에 대해 알아보았죠? 이번 파트에서는 보조지표에 대해 알아볼 예정입니다. 세상에는 수백 가지의 보조지표들이 있지만 많은 투자자들이 사용하는 유명한 지표들과 실전 매매에 유용한 지표들 위주로 함께 살펴보겠습니다.

PART

06

매수하기
[보조지표편]

CHAPTER 01 보조지표 끝장내기

CHAPTER 01 보조지표 끝장내기

– 양봉이, 음봉이, 개선 선생이 입장하셨습니다. –

음봉이

개선 선생님 이제 캔들과 거래량, 이동평균선을
어떻게 해석해야 하는지 알겠어요!
그런데 보조지표는 뭔가요?

개선 선생

캔들, 거래량, 이동평균선을 이해했다니 대단해요!
보조지표는 캔들, 거래량, 이동평균선 등을 이용해
만들어낸 부차적인 기술적 지표입니다.

양봉이

부차적인거면 몰라도 되는 건가요?

개선 선생

그렇지 않아요. 보조지표는 많은 투자자들의 연구와
노력 끝에 나온 산물이기에 큰 의미를 가지고 있어요.
함께 보조지표에 대해 배워봅시다!

1. 보조지표란?

기술적 분석의 주요 지표인 캔들, 거래량, 이동평균선 등과 다른 다양한 지표들을
사용하여 재생산한 것이 바로 보조지표입니다. 수치를 비율로 바꾸는 간단한
수준에서 복잡한 함수식을 사용하는 지표까지 다양한 보조지표가 있습니다.
그래서 기술적 분석에 대한 이해도가 높은 투자자는 자신만의 보조지표를 만들어
사용할 수도 있는 것이죠.

*
별도의 수치 조정에 대한
설명이 없다면
키움증권 HTS
초기 설정 그대로
사용하시면 됩니다.
*

① 보조지표의 종류

HTS에서 구현할 수 있는 보조지표의 개수만 하더라도 수백여 개에 달합니다. 이를 전부 이해하고 사용하기란 불가능에 가깝죠. 그래서 많은 사람들이 사용하는 유용한 지표를 잘 구분하고 사용할 필요가 있습니다.

❶ 가격지표 : 주가의 움직임을 분석해 비율, 선 등으로 재생산한 지표
❷ 추세지표 : 추세가 발생하는 지점과 지속 여부를 파악하기 위한 지표
❸ 모멘텀지표 : 주가가 상승 혹은 하락하는 변곡점을 발견하기 위한 지표
❹ 거래량지표 : 선행성을 가진 거래량을 다양한 형태로 재생산한 지표
❺ 시장강도지표 : 과매도, 과매수 등 시장이 강한지 약한지를 파악하기 위한 지표
❻ 기타지표 : 공시, 뉴스, 신용잔고, 공매도 등 기타 매매에 도움이 되는 지표

② 보조지표 사용 시 유의할 점

본격적으로 보조지표를 공부하기 전에, 보조지표 사용 시 유의해야 할 점에 대해 알아보겠습니다.

첫째, 특정 보조지표만 사용하면 안 된다는 것입니다. 보조지표는 생각보다 간단하고 이해하기 쉽습니다. 그래서 초보투자자도 쉽게 사용할 수 있죠. 그러나 특정 보조지표만 사용하게 되면 투자에 실패할 가능성이 높아집니다. 보조지표는 말 그대로 기술적 분석에 보조가 되는 지표이기 때문이죠.

둘째, 보조지표를 이용한 차트분석은 기간과 시장상황에 맞게 사용하지 못한다면 주관적 해석이라고 느낄 수 있으므로 적절한 사용방법을 터득하여야 합니다. 단기, 중기, 장기와 같은 기간과 상승, 하락, 보합과 같은 시장상황에 적합한 보조지표가 있습니다. 이를 잘 구분하여 각각의 상황에 맞는 보조지표를 사용해야 합니다.

셋째, **보조지표는 후행성지표**입니다. 과거의 주가 움직임으로 미래 주가를 예측하는 것이기 때문에 투자의 참고용으로만 활용하고 절대 맹신하면 안 됩니다.

마지막으로, 몇 가지 보조지표가 매매신호를 알려준다고 하더라도 항상 **확인과 검증의 단계를 거쳐야 합니다.** 성공적인 매매는 결국 이러한 작업을 얼마나 많이 했으며, 이러한 경험을 바탕으로 얼마나 깊이 있는 연구를 했는가로 결정됩니다.

추천 보조지표 조합

기간과 시장상황에 따라 추천하는 보조지표 조합은 다음과 같습니다.

구분	단기	중기	장기
보합장	스토캐스틱 fast MACD 오실레이터 일목균형표	볼린저밴드 스토캐스틱 slow 일목균형표	
상승장	스토캐스틱 fast MACD 오실레이터 일목균형표	이격도 RSI 스토캐스틱 slow OBV 일목균형표	MACD 이격도 RSI OBV 일목균형표
하락장	윌리엄 R 퍼센트 일목균형표	엔벨로프 이격도 RSI VR 일목균형표	이격도 RSI VR 일목균형표

2. 가격지표

일목균형표

▶ **일목균형표의 특징**

> ❶ **단기, 중기, 장기 거래**에 모두 유용하게 사용할 수 있습니다.
> ❷ **추세가 있는 시장**에서 더욱 신뢰도가 높은 보조지표입니다.
> ❸ 추세 전환 시점을 포착하기에 적합합니다.
> ❹ 주가의 목표 가격을 설정하기에 유용합니다.

유 튜 브
연결하기

★ 일목균형표 관련 영상
바로 확인!

보조지표의 꽃
일목균형표
보개기 1강

QR코드로
영상 보는 법
p.12 참고!

일목균형표는 **시세의 균형을 한눈에 알 수 있는 표**라는 뜻을 가지고 있습니다. 평균값을 사용하는 대부분의 보조지표와는 달리 일목균형표를 이루는 선들은 중간값을 사용합니다. 시세의 중심에서 그 위치를 파악하고자 하는 의도가 있는 것이죠.

일목균형표는 현재 시장의 추세가 어떠한지, 매수와 매도 중 어느 쪽의 힘이 강한지 등을 파악할 수 있습니다. 이러한 힘의 균형을 파악하는 이유는 바로 시세 때문인데요. 수요와 공급 측면에서 볼 때 일반적으로 매수세와 매도세의 균형이 깨진 쪽으로 시세가 크게 움직입니다. 또한, 균형이 깨진 뒤부터는 추세까지 이어질 확률이 대단히 높습니다.

일목균형표를 만든 일목산인은 이 지표를 완성하기 위해 동경대 학생을 대거 채용했다고 합니다. 또한, 연구에 수년의 시간을 소요하여 당시 소비한 종이의 수만 해도 25만장에 달했습니다. 이러한 연구를 바탕으로 5개의 선(전환선, 기준선, 후행스팬, 선행스팬 1, 선행스팬 2)과 **기본수치**라는 숫자를 만들었습니다.

일목균형표에는 〈시간론〉, 〈형보론〉, 〈파동론〉 등 여러 가지 활용 방법이 있습니다. 이번 챕터에서는 실제 매매에서 주로 쓰이는 5가지 선들과 〈시간론〉에 대해서 알아보겠습니다.

기본수치

일목균형표의 기반이 되는 수치로 9, 17, 26 등이 이에 해당합니다. 기본수치에 해당하는 날에는 지금까지의 주가 방향성에 변화가 생길 가능성이 높은 시점으로 해석할 수 있습니다. p.283에서 자세히 알아보겠습니다.

$$전환선 = \frac{과거\ 9일간의\ 최고가\ +\ 과거\ 9일간의\ 최저가}{2}$$

$$기준선 = \frac{과거\ 26일간의\ 최고가\ +\ 과거\ 26일간의\ 최저가}{2}$$

후행스팬 = 당일의 종가를 26일 전에 기록

$$선행스팬\ 1 = \frac{당일의\ 기준선\ 값\ +\ 당일의\ 전환선\ 값}{2}$$

$$선행스팬\ 2 = \frac{52일\ 최고가\ +\ 52일\ 최저가}{2}$$

▶ **일목균형표의 구성요소**

일목균형표 구성요소
관련 영상 바로 확인!

QR코드로
영상 보는 법
p.12 참고!

① 전환선

과거 9일간(당일 포함) 최고치와 최저치의 중간값입니다. 이는 **단기 이동평균선**으로 해석할 수 있습니다. 전환선은 현시점에서 매수세와 매도세 사이의 힘의 균형과 시세의 중심을 알려줍니다. 그리고 앞으로 힘의 균형이 어느 쪽으로 무너질지, 즉, 추세의 방향을 알려주기도 합니다. 9일간의 가격 움직임을 기준으로 하기 때문에 다른 선들에 비해 **빠른 신호**를 주는 것이 특징입니다.

② 기준선

과거 26일간(당일 포함) 최고치와 최저치의 중간값입니다. 이는 **중기 이동평균선**으로 해석할 수 있습니다. 기준선은 말 그대로 일목균형표에서 기준이 되는 선입니다. 현재의 매수세와 매도세 중 어느 세력이 강한 힘을 가졌는지를 알려줍니다. 동시에 지지와 저항의 역할을 하기도 합니다.

③ 후행스팬

당일 종가를 26일 전의 위치에 기록한 선입니다. 이를 통해 **현재의 주가 수준을 파악**할 수 있습니다. 26일 전을 기점으로 그 이후가 상승추세라면 26일 전의 주가보다 현재의 주가가 높을 것입니다. 반대로 하락추세라면 현재가가 26일

전보다 낮기 때문에 후행스팬을 기입하여 이를 쉽게 파악할 수 있습니다.

④ 선행스팬 1
전환선과 기준선의 평균값을 26일 앞에 기록한 선입니다. 이를 통해 미래의 주가 움직임을 파악할 수 있습니다. 그리고 현재 주가 흐름이 중기적으로 어느 위치에 있는지를 안내해주기도 합니다. 선행스팬 2와 함께 이를 더욱 명확하게 표현하는 선입니다.

⑤ 선행스팬 2
과거 52일간(당일 포함) 최고치와 최저치의 중간값을 26일 앞에 기록한 선입니다. 선행스팬 2는 다른 선들과 달리 26일의 2배수인 52일간의 가격을 사용합니다. 일목균형표 선들 중 최장기선이며, 가장 느린 변동 속도를 가진 선입니다. **선행스팬 1과 함께 표시하여 구름대를 형성해 지지와 저항의 역할을 합니다.**

▶ **일목균형표를 활용한 매매 방법**

① 전환선과 기준선
전환선을 단기 이동평균선, 기준선을 중기 이동평균선으로 해석해서 이 **두 선의 교차를 매매신호로 사용할 수 있습니다.** 단기 이동평균선인 전환선이 중기 이동평균선인 기준선을 상향 돌파(골든크로스)할 때 매수신호로, 하향 돌파(데드크로스)할 때 매도신호로 사용할 수 있습니다.

이때, 돌파하는 것만 보기보다는 돌파시점에 주가의 위치 등을 고려해 신뢰도를 파악해야 합니다. 매수신호가 발생했을 때 주가가 기준선보다 위에 위치하고 기준선이 상향 중이라면, 신뢰도가 높다고 판단할 수 있습니다. 마찬가지로 매도신호가 발생했을 때 주가가 기준선보다 아래에 위치하고, 기준선이 하향 이동 중이라면, 높은 신뢰도를 가진다고 볼 수 있습니다.

> 기준선 아래에 있는 전환선이 기준선을 상향 돌파 : 매수신호
> 기준선 위에 있는 전환선이 기준선을 하향 돌파 : 매도신호

▶ 전환선과 기준선의 교차 사례

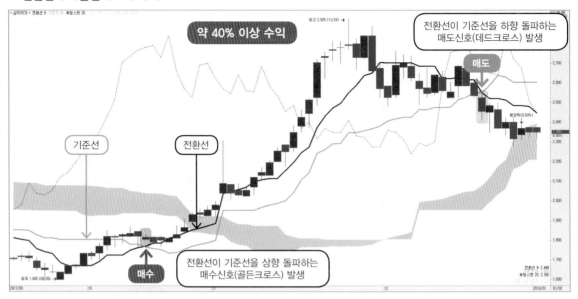

② 기준선의 방향성과 주가

기준선은 시세의 방향성을 판정하는 데 중요한 역할을 합니다. 기준선의 방향이 위를 향하고 있으면 상승국면임을 확인할 수 있습니다. 전환선이 기준선을 밑돌더라도 기준선의 방향이 위로 향하고 있다면 본격적으로 매수를 예고한다고 볼 수 있습니다.

반대로 주가는 회복세를 보이지만 기준선은 여전히 하락 또는 횡보의 움직임을 보인다면 회복세를 이어나갈 확률이 낮아지게 됩니다. 기준선의 상승을 동반하지 않는 주가 회복세는 단기적이기 때문입니다.

▶ 기준선 저항 사례

기준선

기준선이 횡보하는 모습

전환선

주가와 전환선은 저점 대비 20% 이상
반등을 연출했지만 기준선 상승을
동반하지 않아 주가가 다시금 큰 폭으로 하락하였습니다.

 기준선을 활용한 급등주 눌림목 절대매매 TIP!

일반적으로 주가가 급등한 이후 눌림(하락)을 줄 때 기준선은 옆으로 횡보하는 모습을 보여줍니다. 이를 활용해 급등 순간에 매수하기보다는 주가가 횡보하는 기준선 부근에 닿기를 기다리는 것이 좋습니다. 이후 기준선의 지지를 확인하고 매수에 나선 뒤, 이전 고점 부근에서 매도한다면 좋은 투자 성과를 거둘 수 있습니다.

▶ 기준선을 활용한 눌림목 매매 사례

약 40% 이상 수익

매도

기준선
이탈 매도

매수

기준선을 돌파하는 강한 상승이 나올 때
바로 매수하기보다는 기준선 눌림을 기다려
매수하는 것이 좋습니다.

③ 구름대의 역할

구름대란 선행스팬 1과 선행스팬 2 사이를 말하며, 매물대와 같은 역할을
합니다. 일반적으로 이 부분을 알기 쉽게 빗금 등으로 채워서 표현합니다.
**구름대의 두께가 두꺼울수록 그 구간의 지지와 저항이 강하고 신뢰도가 높다는
것을 의미합니다.**

일반적으로 붉은 영역으로 표기되는 양운은 지지 영역이며, 푸른 영역으로
표기되는 음운은 저항 영역입니다. 양운과 음운이 서로 변화되는 지점은
중요한 추세 반전의 시점이 되기도 합니다.

▶ **구름대가 지지와 저항 역할을 하는 사례 ①**

▶ **구름대가 지지와 저항 역할을 하는 사례 ②**

④ 후행스팬

후행스팬은 26일 전의 가격과 현재의 가격을 비교하는 데 의미를 두고 있습니다. 앞에서 설명한 것처럼 26일을 기점으로 현재의 주가가 상승추세라면 26일 전보다 현재의 주가가 당연히 높을 것입니다.

그래서 **후행스팬이 과거의 주가(26일 전의 캔들)나 전환선을 상향 돌파**하고 있다면 이를 **매수신호**로 활용할 수 있습니다. 반대로 **후행스팬이 과거의 주가나 전환선을 하향 돌파**한다면 **매도신호**라 볼 수 있습니다.

또한, 후행스팬은 **주가의 저점과 고점을 찾아낼 때도 유용**합니다. 특히 주가의 저점을 찾는데 높은 신뢰도를 보입니다.

▶ 후행스팬을 활용한 매매 방법 사례

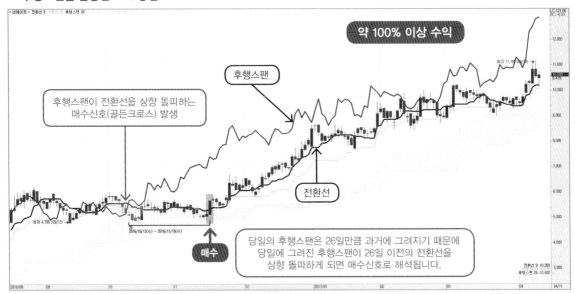

약 100% 이상 수익

후행스팬

후행스팬이 전환선을 상향 돌파하는
매수신호(골든크로스) 발생

전환선

매수

당일의 후행스팬은 26일만큼 과거에 그려지기 때문에
당일에 그려진 후행스팬이 26일 이전의 전환선을
상향 돌파하게 되면 매수신호로 해석됩니다.

💡 대세 상승을 예고하는 후행스팬 절대매매 TIP!

후행스팬은 저점을 찾는 지표이지만 본격적으로 추세 전환을 예고하는 역할도 합니다. 후행스팬이 계속 다른 선들을 하회하다가 **전환선, 기준선, 선행스팬 1, 2를 모두 상향 돌파하고 상승하기 시작**한다면 급등의 **시작**이 될 가능성이 대단히 높습니다.

▶ 후행스팬 돌파 이후 다른 선들도 돌파한 사례

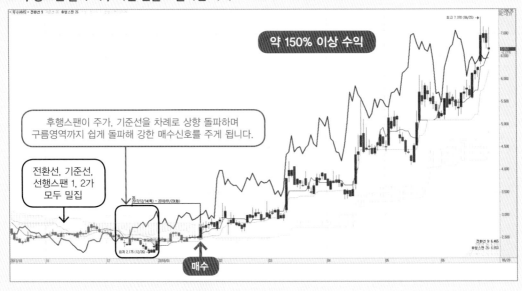

약 150% 이상 수익

후행스팬이 주가, 기준선을 차례로 상향 돌파하며
구름영역까지 쉽게 돌파해 강한 매수신호를 주게 됩니다.

전환선, 기준선,
선행스팬 1, 2가
모두 밀집

매수

▶ **일목균형표의 <시간론>**

일목균형표의 묘미라고 볼 수 있는 〈시간론〉은 다른 기술적 지표들에서는 볼 수 없는 것입니다. 〈시간론〉이란 '주가가 어느 정도의 기간에 얼마나 오르거나 내릴 것인가?'에 대한 분석 방법입니다. 일목균형표에는 〈시간론〉 외에 〈파동론〉과 〈형보론〉도 있으니, 일목산인이 직접 집필한 책에서 참고하는 것도 좋습니다.

① 기본수치
일목균형표 시간론의 핵심이 되는 것은 바로 기본수치라고 하는 숫자들입니다. 바로 9, 17, 26, 33 등의 숫자이죠. 엘리어트 파동이론이 피보나치 수열에 근거를 두었다면, 일목균형표는 일목산인이 찾은 기본수치에 근거를 두었습니다. 일목균형표의 5개의 선들을 만드는 데도 이 기본수치를 사용한 것이죠. 이 숫자들은 거래일로 생각할 수 있습니다. 9거래일 17거래일과 같이 말이죠.

기본수치에 해당하는 거래일에는 주가가 변할 가능성이 상당히 높습니다. 주가가 반전되거나 추세가 연장되어 가속화되는 등의 변화를 기대해볼 수 있는 것이죠. 그러나 기본수치에 해당하는 날이라고 해서 반드시 변화가 일어나는 것은 아닙니다. 이 날을 전후로 추세에 변화가 생길 가능성이 높다는 정도만 인지하는 것이 좋습니다.

기본수치	9	17	26	33	42
구분	1절	2절	1기 = 3절	17 + 17 − 1	17 + 26 − 1

기본수치는 9, 17, 26의 단순수치부터 33, 42, 65, 76, … 등의 복합수치가 있지만 실제 매매에서 큰 의미를 가지는 부분은 9, 17, 26입니다. 따라서 이것만 파악하고 실제 매매에서는 대등수치를 이용하는 것이 좋습니다.

② 대등수치

기본수치가 주가변화일을 숫자로 찾으려 했다면, 대등수치는 시간관계나 가격관계를 통해 주가변화일을 포착하는 것입니다. **대등수치는 과거에 완성된 추세에 소요된 시간만큼 향후에도 대등한 수치로 또 하나의 추세를 완성한다는 이론입니다.**

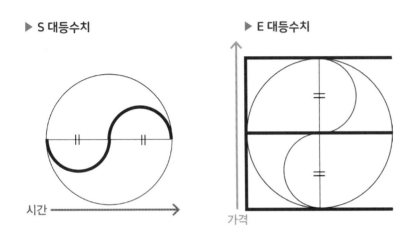

실제 매매에 있어서 대등수치가 기본수치보다 접근성도 높고, 투자 성과도 높은 것으로 나타납니다. 그리고 대등수치의 대칭관계는 기간이 길수록 높은 신뢰성을 보여줍니다. 즉, 상승에 20거래일이 소요된 하나의 추세보다는 상승에 200거래일이 소요된 하나의 추세가 반전된 이후 비슷한 수준의 대칭관계를 가질 수 있다는 것이죠.

대등수치를 활용한 절대매매 TIP!

❶ 개별성이 큰 중소형주보다는 주가의 흐름이 자연스러운 대형주나 지수에서 더 높은 신뢰도를 보여 줍니다.

❷ 기본수치나 대등수치를 활용한 매매 시, 하락추세보다는 상승추세에서 더욱 신뢰도가 높습니다.

❸ 구름대 아래에서 대등수치의 주요 모양인 S자와 E자가 나타난다면 본격적인 상승을 기대해볼 수 있습니다.

❹ 대등수치를 활용해 신뢰도 높은 목표 보유기간 및 목표 가격을 설정할 수 있습니다.

▶ S 대등수치 사례

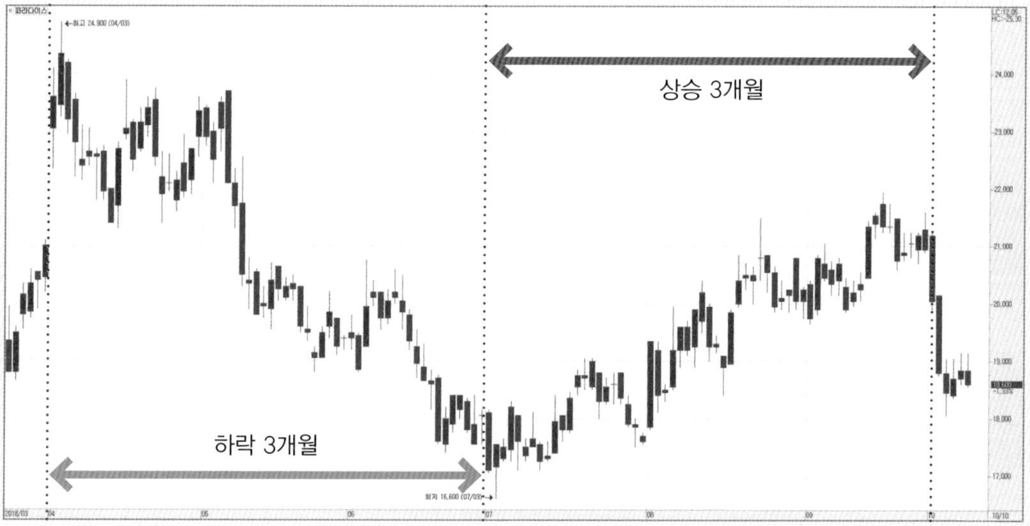

▶ E 대등수치 사례

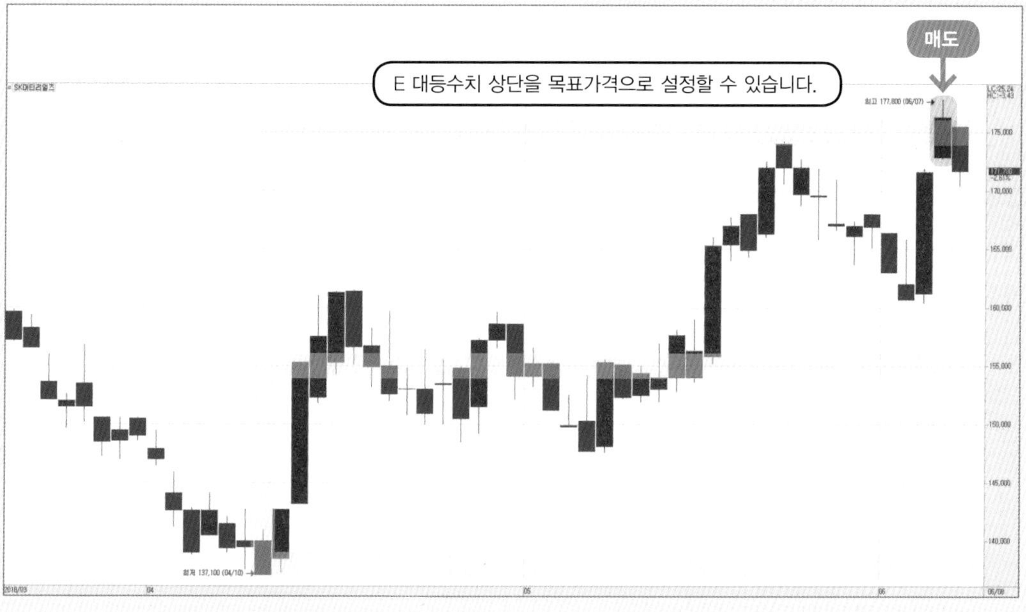

▶ **일목균형표 매매 방법 정리**

❶ 전환선과 기준선의 교차(골든크로스, 데드크로스) 활용
❷ 기준선의 방향성에 따른 매매
❸ 구름대의 지지와 저항
❹ 후행스팬과 주가의 교차 활용, 후행스팬과 전환선의 교차(골든크로스,
　 데드크로스) 활용
❺ 선행스팬 1, 2의 교차(양운에서 음운으로, 음운에서 양운으로) 활용
❻ 대등수치 활용

▶ **일목균형표 종합 사례**

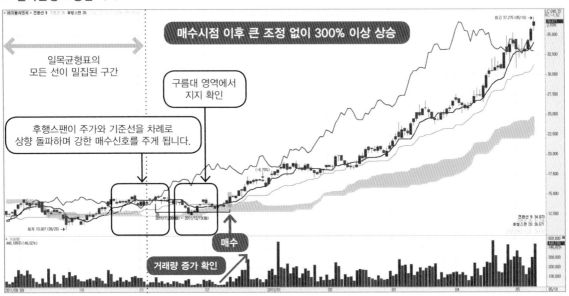

일목균형표는 한눈에 파악할 수 있다는 장점을 가지고 있지만, 사실 해석의
주관성을 배제할 수 없는 지표입니다. 누군가는 하나의 선만 참고하고
누군가는 종합적으로 고려하는 등 매매신호로 사용하는 방법이 각각 다르기
때문이죠. 따라서 절대적인 매매 방법이 있다고 생각하기보다는 앞에서 배운
내용들을 종합적으로 사용할 수 있도록 연습하는 것이 좋습니다.

볼린저밴드(Bollinger Bands)

▶ 볼린저밴드 공식

> **밴드의 폭 = 해당 종목의 표준편차**

▶ 볼린저밴드의 특징

❶ **중기** 거래에 적합합니다.
❷ 추세가 없는 **보합시장**에 사용하기 적합합니다.
❸ 비추세 상태에서 상승 혹은 하락추세가 발생하는 시점을 찾는데 적합합니다.

볼린저밴드는 가격대 분석의 일종입니다. 주가의 변동에 따라 상하밴드의 폭이 같이 움직여 밴드 내에서 주가의 움직임을 판단해볼 수 있는 지표입니다. 가격 변동성과 추세를 동시에 분석할 수 있는 것이죠.

표준편차

표준편차는 중심으로부터 얼마나 떨어져 있는지를 나타냅니다.

주가가 추세를 형성하게 되면 가격 변동성이 커지게 됩니다. 그로 인해 **표준편차**가 커져 밴드의 폭이 넓어집니다. 주가가 횡보할 때는 가격 변동성이 작아져서 밴드의 폭도 좁아지게 됩니다.

▶ **볼린저밴드를 활용한 매매 방법**

① 최고의 박스권 매매 도구
볼린저밴드는 추세가 강하지 않은 박스권에서 하단 밴드는 지지선, 상단 밴드는 저항선의 역할을 합니다. 주가는 상, 하단 밴드 안에서 움직이며 상단을 이탈하면 과열구간, 하단을 이탈하면 침체구간이라고 해석합니다.

▶ 볼린저밴드를 활용한 박스권 매매 사례

② 주가 변곡점 포착

볼린저밴드의 폭이 좁아지게 되면 그동안의 변동성이 작았다는 것을 의미합니다. 이는 조만간 큰 폭의 가격변동이 나타날 것을 예고하는 역할을 합니다. 이때 매매포인트가 생기게 되죠. **상하의 좁은 밴드를 형성한 이후 주가가 상한선을 뚫고 상승하면 매수신호, 하한선을 뚫고 하락하면 매도신호**로 해석할 수 있습니다.

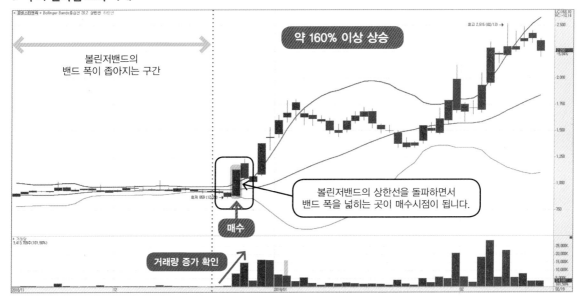

엔벨로프(Envelope)

▶ 엔벨로프 공식

> **밴드의 폭 = 사용자가 정하는 일정한 범위**

▶ 엔벨로프의 특징

❶ 주로 시가총액이 큰 **대형주** 매매에 적합합니다.
❷ 저항선을 뚫는다면 균형을 맞춰 다시 내려올 것으로 판단하며, 지지선을 이탈하여 내려간다면 다시 상승할 것으로 판단하여 매매시점을 파악합니다.
❸ 보통 시장의 악재 이벤트로 인해 주가 하락 시 유효하며, 음봉 매매에도 적용됩니다.

엔벨로프는 주가가 이동평균선을 중심으로 일정한 밴드를 형성하는 지표입니다. 이점은 볼린저밴드와 유사하죠. 그런데 엔벨로프와 볼린저밴드가 다른 점이 있습니다. 볼린저밴드는 밴드의 폭이 표준편차에 따른 반면, 엔벨로프는 일정한 폭으로 범위가 고정되어 있다는 것입니다.

엔벨로프는 외국인투자자, 기관투자자 등을 비롯한 많은 투자자들이 매매에 참고하는 지표입니다. 그래서 우량주의 주가가 단기 이벤트로 인해 하락하게 된다면 과대낙폭의 매력이 부각되어 매수세가 유입될 가능성이 높습니다. 또한, 뚜렷한 기준을 가지고 매매한 것이기 때문에 심리적으로도 안정감을 주죠.

일반적으로 20일 이동평균선과 6%의 엔벨로프 범위를 사용합니다. 하지만 종목이나 산업에 따라 가격 변동폭이 다르기 때문에 그때에 맞는 설정 값을 사용하는 것이 좋습니다.

▶ 엔벨로프 설정법

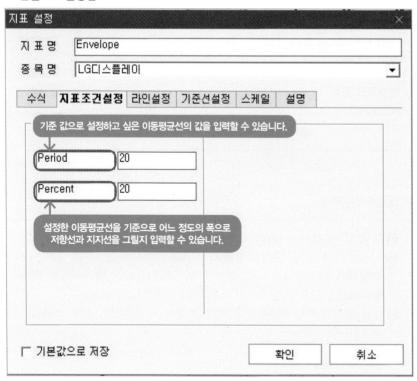

❶ 엔벨로프 하단에서 매수, 엔벨로프 상단에서 매도합니다.

❷ 반드시 하단이나 상단을 터치하지 않더라도 다른 여러 지표들과 함께 판단하여 저가권이면 매수, 고가권이면 매도하는 것이 바람직합니다.

▶ 엔벨로프 매매 사례

❸ 변동성이 크지 않은 우량주는 20일 이동평균선과 10%를 사용합니다.

❹ 변동성이 큰 코스닥 종목들은 20일 이동평균선과 20%를 사용합니다.

❺ 그 밖에는 종목마다 이동평균선과 퍼센트의 설정을 조정하여 사용하는 것이 좋습니다.

❻ 코스닥 종목은 엔벨로프의 하단선에서 매수한 이후에 주가가 추가로 하락해 하단선을 이탈하면 손절하는 것이 바람직합니다. 우량주는 과대낙폭에 대한 매력도가 높지만 중소형주는 그렇지 않은 경우가 대부분이기 때문입니다.

▶ 엔벨로프를 활용한 단기 이벤트 매매 방법

중국 사드보복 현실화, K-뷰티 산업 위기

2017/03/03 17:13 송고

정지 ▶ ‖

(서울=뉴스1) 이재명 기자 - 주한미군의 고고도미사일방어체계(THAAD·사드) 배치 결정에 대한 중국 당국의 보복 움직임이 현실화 되고 있는 3일 오후 서울 명동거리의 화장품 전문 매장이 한산한 모습을 보이고 있다. 최근 사드 부지가 최종 결정된 이래 한층 수위가 높아진 중국의 사드 보복 조치가 한중 관계의 근간을 흔들고 있다. 국내 여행업계와 관계 기관 등에 따르면 중국 국가여유국은 지난 2일 베이징 일대 주요 행사를 소집해 오는 15일부터 모든 한국 여행 상품을 판매하지 말 것을 구두로 지시한 것으로 전해졌다. 2017.3.3/뉴스1 2expulsion@news1.kr

2017년 3월, 사드보복과 관련된 이벤트가 발생하면서 중국 수출과 관련된 여러 기업들이 타격을 입었습니다. 단기 투자자들은 이러한 악재성 이벤트가 발생하면 위험을 회피하기 위해 매도에 나서게 됩니다. 또한, 이러한 분위기가 전파되어 주가가 과하게 하락하기도 하죠.

이럴 때 주가가 저렴하다고 무분별하게 매수하기보다는, 뚜렷한 기준을 가지고 매매한다면 좋은 결과를 거둘 수 있습니다.

당시 아모레퍼시픽의 주가는 4거래일 만에 20% 이상 떨어졌습니다. 저렴한 주가가 매력적인 요소가 되어 엔벨로프 하단선을 이탈한 가격대에서 강한 매수세가 들어오게 됩니다. 그로 인해 악재성 이벤트가 해소되지 않았는데도 주가는 반등하였습니다.

3. 추세지표

대표적인 추세지표인 MACD에 대해 알아보기 전에, 보조지표를 해석할 때 자주 사용되는 다이버전스에 대해 먼저 공부하도록 하겠습니다.

다이버전스

다이버전스란 주가와 보조지표 사이의 움직임 차이를 활용한 방법입니다. 일반적으로 주가가 하락하게 되면 보조지표도 함께 하락하게 됩니다. 그러나 가끔 주가가 올라감에도 불구하고 보조지표가 횡보하거나 하락하는 모습을 보여줍니다. 즉, 움직임이 일치하지 않는 상황이 발생하는 것이죠.

보통 다이버전스는 **추세의 끝부분**에 자주 나타납니다. **이는 추세반전을 예고하는 시그널입니다.** 다이버전스의 유형으로는 6가지가 있으니 그림을 통해 익혀두시길 바랍니다.

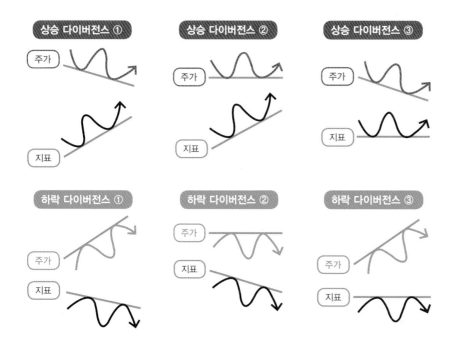

주가의 움직임과 보조지표의 움직임이 일치하지 않는다면 일단 다이버전스가 발생한 것은 아닌지 의심하고 확인해봐야 합니다. **상승 다이버전스가 발생**했다면 기존의 하락추세가 **상승추세로 반전**될 가능성이 높다고 판단할 수 있습니다. 그래서 상승 다이버전스를 **매수신호**로 사용할 수 있습니다. 반대로 **하락 다이버전스가 발생**했다면 기존의 상승추세가 **하락추세로 반전**될 것으로 판단해 **매도신호**로 사용할 수 있습니다.

> 상승 다이버전스 발생 : 매수신호
> 하락 다이버전스 발생 : 매도신호

MACD(Moving Average Convergence & Divergence, 이동평균수렴 확산지수)

▶ MACD 공식

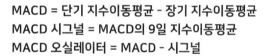

> **MACD = 단기 지수이동평균 - 장기 지수이동평균**
> **MACD 시그널 = MACD의 9일 지수이동평균**
> **MACD 오실레이터 = MACD - 시그널**

▶ MACD의 특징

유 튜 브
연결하기

⭐ MACD 관련 영상
바로 확인!

QR코드로
영상 보는 법
p.12 참고!

> ❶ **단기, 중기, 장기 거래**에 모두 사용하기 적합합니다.
> ❷ 이동평균선의 장점을 살리면서 단순 이동평균이 아닌 지수이동평균을 사용하여 후행성은 감소시킨 보조지표입니다.
> ❸ MACD 오실레이터는 단기거래에 특화되어 있습니다.

MACD는 단기와 장기 이동평균선 간의 차이를 이용하여 매매신호를 포착하는 지표입니다. 단기 이동평균선과 장기 이동평균선이 멀어지게 되면(확산, Divergence) 다시 가까워지려는(수렴, Convergence) 성질을 이용한 것입니다.

일반적으로 많이 사용하는 매매방식이 이동평균선의 골든크로스와
데드크로스입니다. 하지만 이동평균선은 후행성을 가지고 있죠. 그래서 단기
이동평균선과 장기 이동평균선이 골든크로스나 데드크로스가 발생한 시점에
매매에 나서면 늦을 수 있다는 문제점을 가지고 있습니다.

MACD는 **지수이동평균**을 사용하면서, 이동평균선의 지지와 저항, 추세 등의
장점은 가져오고 후행성은 감소시킨 보조지표입니다.

지수이동평균

과거 가격보다 최근 가격에 좀 더 높은 가중치를 부여해 산출한 이동평균입니다. 먼 과거의 가격일수록 최근 가격에 비해 앞으로의 가격에 미치는 영향력이 적어지므로 이를 조정해 산출한 것입니다.

▶ **MACD의 구성요소**

▶ **MACD를 활용한 매매 방법**

① MACD선과 시그널선의 교차

MACD선이 시그널선을 상향 돌파하는 자리가 매수신호가 됩니다. 반대로 MACD선이 시그널선을 하향 돌파할 경우 매도신호가 됩니다. 하지만 MACD선과 시그널선의 교차만 이용하기에는 너무 많은 신호가 발생하고 신뢰도가 떨어지므로, **교차가 일어나는 지점도 고려**해야 합니다.

> MACD의 값이 0 이하일 때 발생하는 골든크로스 : 매수신호
> MACD의 값이 0 이상일 때 발생하는 데드크로스 : 매도신호

▶ **MACD를 활용한 매매 사례**

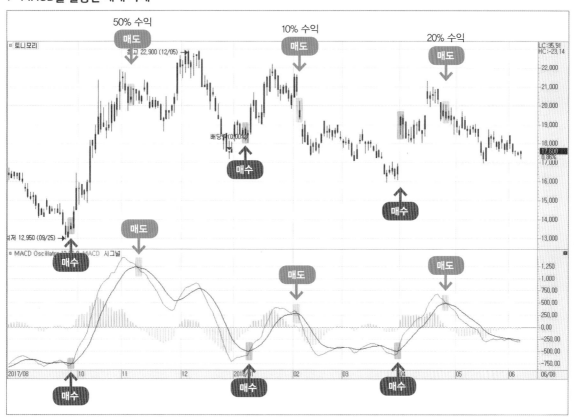

② 다이버전스 활용하기

주가와 MACD 사이의 다이버전스를 활용한 방법입니다. 일반적으로 주가가 전고점을 넘어서면 MACD의 값도 상승하게 됩니다. 그렇지 않은 경우에는 하락 다이버전스가 발생한 것으로 보고 추세 전환에 임박했음을 유추할 수 있습니다. 반대로 주가는 하락하거나 횡보하는데 MACD 지표는 상승한다면 상승 다이버선스가 발생한 것으로 보고 하락하던 주가가 상승추세로 전환될 것을 예상할 수 있습니다.

▶ **MACD 다이버전스 사례 ①**

▶ MACD 다이버전스 사례 ②

주가 수준이 비슷한 바닥을 만들었지만
MACD의 최근 저점이 더 높은
상승 다이버전스 발생 → 매수신호

약 60% 이상 수익

매도

하락 다이버전스 발생

매수

③ MACD 오실레이터를 이용한 단기투자

MACD 오실레이터의 값이 줄어들다가 늘어나는 순간이 매수시점이 되고, 늘어나다가 줄어드는 순간이 매도시점이 됩니다.

MACD 오실레이터

MACD 값과 시그널 값의 차이를 막대그래프로 나타낸 것입니다. MACD 값이 시그널 값보다 높다면 오실레이터는 막대그래프가 위로 향한 형태로 나타나게 됩니다. 반대로 MACD 값이 시그널 값보다 낮다면 막대그래프가 아래로 향한 형태로 나타나게 됩니다.

▶ MACD 오실레이터를 이용한 단기투자 사례

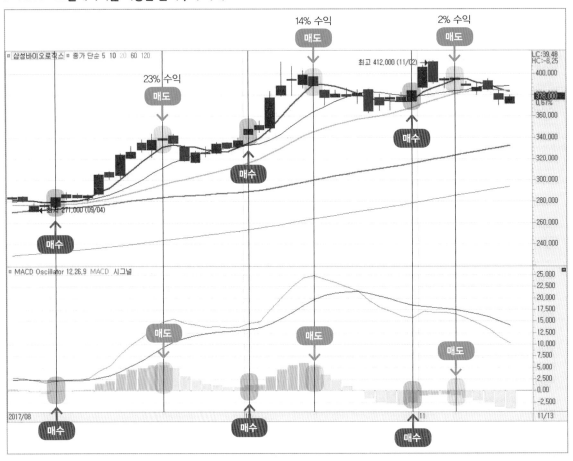

▶ MACD 오실레이터 설정법

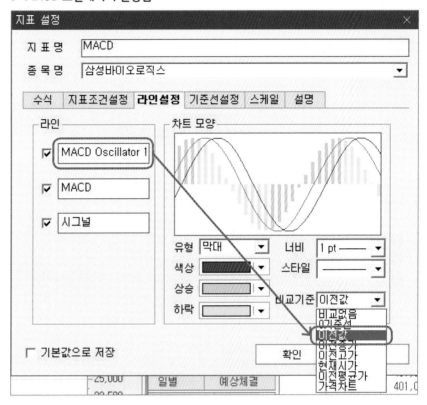

오실레이터 설정 시, 비교기준을 이전 값으로 설정하면 간편하게 확인할 수 있습니다. **푸른색인 오실레이터가 붉은색**이 되면 **매수신호**로, **붉은색인 오실레이터가 푸른색**이 되면 **매도신호**로 사용할 수 있습니다.

4. 모멘텀지표

이격도

▶ **이격도 공식**

$$이격도 = \frac{당일종가}{당일의\ n일자\ 이동평균} \times 100$$

▶ **이격도의 특징**

❶ **중장기 거래**에 사용하기 적합합니다.
❷ 주가의 과열과 침체를 알려주는 보조지표입니다.
❸ 단순 이동평균을 사용하여 산출하기 때문에 후행성을 가진다는 단점이 있습니다.

이격도는 주가와 이동평균선의 관계를 지표로 만든 것입니다. 주가는 이동평균선으로부터 멀어졌다가 다시 가까워지는 일을 반복합니다. 따라서 이격도로 현재의 주가와 이동평균선이 얼마나 떨어져 있는지를 파악해 주가 움직임을 예측해볼 수 있습니다. 이격도는 일반적으로 20일 기준을 사용합니다. 때에 따라 10일, 60일 등도 사용이 가능합니다.

이격도의 값이 100이라면 현재의 주가와 이동평균선이 일치한다는 뜻입니다. 이격도의 값이 100 이상이라면 현재 주가가 이동평균선보다 높은 상태이고, 100 이하라면 주가가 이동평균선보다 낮은 상태임을 뜻합니다.

▶ **이격도를 활용한 매매 방법**

① 과열과 침체의 값 설정하기
주가와 이동평균선이 과하게 멀어질 경우 다시 주가가 이동평균선에 근접할 것이라 예상하고 매매신호로 사용하는 것입니다. 일반적으로 이격도의 값이 105를 상회한다면 과열, 95를 하회한다면 침체로 판단할 수 있습니다.

대형주 : 과열 105 이상, 침체 95 이하
중소형주 : 과열 110 이상, 침체 90 이하

그러나 주가의 변동성에 따라 너무 많은 신호를 주거나 너무 적은 신호를
줄 수 있으므로 주가의 변동성을 고려해 과열과 침체의 값을 설정하는 것이
좋습니다.

▶ **이격도 기준값 설정법**

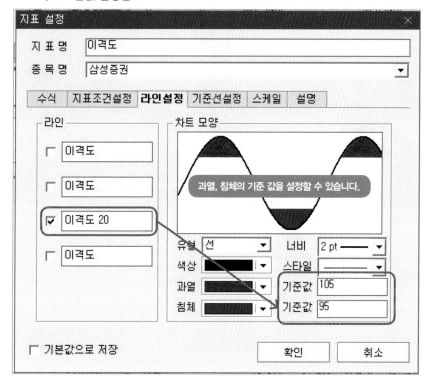

이격도가 **과열권**에 있다면 주가가 곧 **하락반전**할 것을 예상할 수 있습니다.
반대로 이격도가 **침체권**에 있다면 주가가 곧 **상승반전**할 것을 예상해볼 수
있습니다. 이를 통해 **침체권에서 매수, 과열권에서 매도**할 수 있습니다. 그러나
이격도만으로 매매에 적합한 단서를 찾기란 쉽지 않으므로 다이버전스를
활용하는 것이 좋습니다.

② 다이버전스 활용하기

이격도는 매매지표라기보다는 주가의 상황을 알려주는 경계지표라 보아도
무방합니다. 그래서 **과열과 침체 구간은 참고만 하고, 다이버전스를 통해 추세
전환의 신호를 찾는 것에 집중**하는 것이 좋습니다.

▶ **이격도 다이버전스 사례**

RSI(Relative Strength Index): 상대강도지수

▶ **RSI 공식**

$$RSI = \frac{n일간의 \ 상승폭 \ 합계}{n일간의 \ 상승폭 \ 합계 + n일간의 \ 하락폭 \ 합계} \times 100$$

▶ **RSI의 특징**

❶ **단기, 중기, 장기 거래**에 모두 활용할 수 있습니다.
❷ 백분율을 기준으로 현재 추세의 강도를 나타내기 때문에 **추세가 있는 시장**에서 유용합니다.
❸ 시장의 분위기를 나타내 주는 대표적인 지표입니다.

RSI는 현재 추세의 강도를 백분율로 나타낸 보조지표입니다. 주가의 상승폭이 어느 정도인지를 분석하여, 상승추세라면 얼마나 강한 상승세인지, 하락추세라면 얼마나 강한 하락세인지를 판단해볼 수 있는 지표입니다. 만약 하락이 계속되고 상승이 없었다면 RSI의 값은 0이 되고, 상승만 있었다면 RSI의 값은 100이 됩니다. 일반적으로 14일 RSI를 사용하지만 9일과 25일도 자주 사용되는 값입니다.

▶ **RSI의 매매신호**

▶ **RSI를 활용한 매매방법**

① 과열 구간과 침체 구간

RSI 지표를 활용한 과열 구간과 침체 구간은 백분율로 나타내기 때문에 다른 보조지표의 동일 구간보다 더 높은 신뢰도를 가지고 있습니다. 이를 활용해 RSI 값이 30 이하이면 매수신호로, RSI 값이 70 이상이면 매도신호로 사용할 수 있습니다.

RSI < 30 : 매수신호
RSI > 70 : 매도신호

▶ RSI 과열, 침체 사례

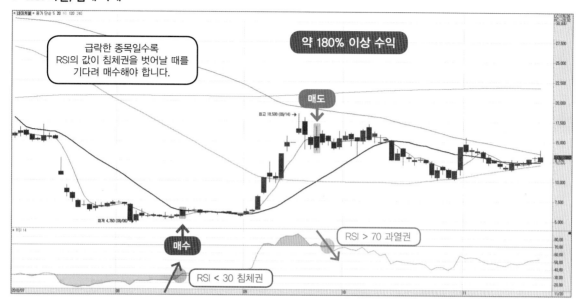

급락한 종목일수록
RSI의 값이 침체권을 벗어날 때를
기다려 매수해야 합니다.

약 180% 이상 수익

매도

매수

RSI > 70 과열권

RSI < 30 침체권

RSI의 값이 과열권과 침체권으로 빠져나오는 순간에 매매하는 것이 좋습니다.
과열권에서는 주가가 고점을 찍고 내려오고, 침체권에서는 주가가 저점을 찍은
뒤 오르기 시작하는 시기이기 때문입니다.

② 다이버전스 활용하기
다른 보조지표들과 마찬가지로 주가가 이전 고점을 돌파하는데 RSI의 수치는
이전 고점을 돌파하지 못하고 하락한다면, 추세 전환을 예고하는 신호로
받아들일 수 있습니다.

▶ RSI 다이버전스 사례

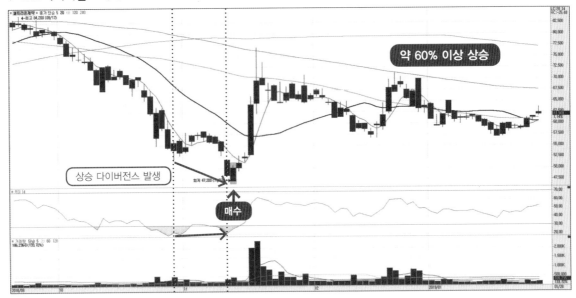

스토캐스틱(Stochastics Fast)

▶ 스토캐스틱 공식

$$Fast\%K = \frac{당일종가 - 최근 n일 동안의 최저가}{최근 n일 동안의 최고가 - 최근 n일 동안의 최저가} \times 100$$

Fast%D = Fast%K의 이동평균선
Slow%K = Fast%K를 지수 이동평균한 값
Slow%D = Fast%D를 지수 이동평균한 값

유 튜 브
연결하기

★ 스토캐스틱 관련 영상
바로 확인!

하락장에 쓰기 좋은
스토캐스틱

QR코드로
영상 보는 법
p.12 참고!

▶ 스토캐스틱의 특징

❶ 설정 값에 따라 단기, 장기 거래에 모두 적용 가능하지만 **단기 거래**에 좀
더 유용합니다.

❷ **추세가 없는 시장**에서 유용한 보조지표입니다.

❸ 주가의 고점을 찾는데 유용한 보조지표입니다.

❹ 빠른 신호를 주는 만큼 추세 초기에 포지션을 매도하게 될 수도 있어 신중
하게 확인해야 할 보조지표입니다.

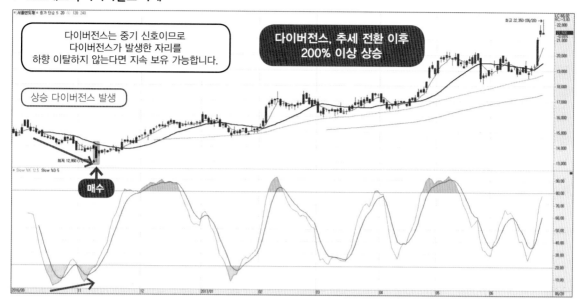

스토캐스틱은 가격의 최근 변동폭과 종가와의 관계를 구해 매매에 활용하는 지표입니다. 주어진 기간 중에 움직인 가격 범위에서 당일의 종가가 상대적으로 어느 수준에 있는지를 나타내는 지표입니다. 주가가 상승추세일 때, 당일 종가가 최근 며칠 동안의 거래범위 중, 최고점 부근에서 형성될 가능성이 높습니다. 반면 주가가 하락추세일 때는 당일의 종가가 최근 며칠 동안의 거래범위 중, 최저점 부근에서 형성될 가능성이 높은 것을 기준으로 만들어진 보조지표입니다.

가격이 계속 상승한다면 스토캐스틱의 값은 100에 가까워질 것이고, 가격이 계속 하락한다면 그 값은 0에 가까워질 것입니다.

이러한 기준에 따라 산출한 값이 바로 %K선이고 %K선을 이동평균한 값이 바로 %D선입니다. 그래서 이 두 선을 기준으로 매매시점을 포착할 수 있습니다.

▶ **스토캐스틱을 활용한 매매 방법**

① %K선과 %D선의 교차
%K선이 %D선을 상향 돌파할 때를 매수신호로, %K선이 %D선을 하향 돌파
할 때를 매도신호로 활용할 수 있습니다. 그러나 교차점만 찾는다면 너무
잦은 신호로 인해 신뢰도가 떨어집니다. 그래서 **침체권에서 발생하는 교차**를
매수신호로, 과열권에서 발생하는 교차를 매도신호로 사용하는 것이 좋습니다.

▶ **스토캐스틱 교차 사례**

② 다이버전스 활용하기
다른 보조지표들과 마찬가지로 다이버전스를 활용할 수 있습니다. 스토캐스틱의
다이버전스를 통해 매매신호를 찾는다면 %K선과 %D선의 교차 분석을 통한
신호보다 조금 더 긴 중기 매매 신호로 사용할 수 있습니다.

더 알아보기!

스토캐스틱 슬로우(Stochastic Slow)

스토캐스틱을 사용하다 보면 신호가 너무 자주 발생해 혼란스러울 때가 종종 있습니다. 그리고 단기 거래뿐만 아니라 중기 이상의 신호를 포착하기 위해 스토캐스틱의 값을 5일간의 거래범위 대신 10일이나 20일로 설정하면 스토캐스틱의 기본 특성인 민감도를 잃어버려 제대로 된 지표가 산출되지 않습니다. 이 점을 보안한 것이 바로 스토캐스틱 슬로우입니다. 본래 스토캐스틱의 민감도를 크게 훼손시키지 않으면서 안정성을 높인 보조지표인 것이죠.

▶ **스토캐스틱 슬로우와 패스트의 비교**

동일하게 10일과 6일을 설정 값으로 사용했지만, Fast와 Slow에 따라 다른 양상을 보이게 됩니다. 기간을 늘리면 늘릴수록 스토캐스틱 패스트는 지표로 사용하기 더욱 어려워집니다. 따라서 **단기 매매신호를 찾기 위해서는 스토캐스틱 패스트 지표를 사용하고, 중기 매매신호를 찾기 위해서는 스토캐스틱 슬로우를 사용하는 것이 좋습니다.** 해석 방법과 매매 활용 방법은 앞에서 알아본 스토캐스틱 패스트의 활용법과 동일합니다.

윌리엄 R 퍼센트(William's %R)

▶ **윌리엄 R 퍼센트 공식**

$$\%R = \frac{n일간\ 최고가 - 당일종가}{n일간\ 최고가 - n일간\ 최저가} \times 100$$

▶ **윌리엄 R 퍼센트의 특징**

❶ 설정 값에 따라 단기, 장기 거래에 모두 적용 가능하지만 **단기 거래**에 더 유용합니다.
❷ **추세가 없는 시장**에서 유용한 보조지표입니다.
❸ 주가의 저점을 찾는데 유용한 보조지표입니다.

윌리엄 R 퍼센트는 추세가 정점을 만들거나 바닥을 형성하는 순간을 잡아내는데 좀 더 높은 신뢰도를 가진 지표입니다.

스토캐스틱에서 중요한 %K선과 유사한 역할을 하는 %R은 산출방법이 유사하면서도 조금은 다릅니다. 스토캐스틱의 %K선은 5일간의 가격 범위 중 최저점을 따져 현재의 종가가 어느 정도에 있는지를 알려주는 것이었죠? 스토캐스틱은 현재가가 바닥으로부터 얼마나 상승했는지를 나타내기 때문에 고점을 찾는데 유용한 보조지표이죠. 반대로 **윌리엄 R 퍼센트의 %R선은 최고점 대비 얼마나 내려와 있는지를 나타내기 때문에 저점을 찾는데 유용합니다.**

스토캐스틱 : 주가의 고점을 찾을 때 신뢰도가 높습니다.
윌리엄 R : 주가의 저점을 찾을 때 신뢰도가 높습니다.

▶ **윌리엄 R 퍼센트를 활용한 매매 방법**

① 스토캐스틱과 함께 사용하기

주가 저점을 찾는데 유용하기 때문에 단기거래를 할 때 스토캐스틱과 함께
사용할 수 있습니다. 윌리엄 R 퍼센트를 통해 저점을 찾아 매수신호로 사용
하고, 스토캐스틱을 통해 고점을 찾아 매도신호로 사용할 수 있습니다.

▶ **스토캐스틱과 윌리엄 R 퍼센트의 조합**

② 다이버전스 활용하기

다른 보조지표들과 마찬가지로 추세 전환의 신호로 다이버전스를 활용할 수
있습니다. 윌리엄 R 퍼센트에서 다이버전스가 발생할 때, 스토캐스틱에서도
동일하게 다이버전스가 발생한다면 이는 신뢰도가 더 높은 추세 전환 신호로
해석할 수 있습니다.

5. 거래량 지표

OBV(On Balance Volume, 누적거래량)

▶ OBV 공식

> **당일종가 ≥ 전일종가일 경우 : OBV = OBV(전일) + 당일거래량**
> **당일종가 < 전일종가일 경우 : OBV = OBV(전일) - 당일거래량**

▶ OBV의 특징

> ❶ 중기, 장기 거래에 유용합니다.
> ❷ 거래량을 통해 주가의 방향성을 예측하는 보조지표입니다.
> ❸ 시장의 추세를 파악할 수 있습니다.

OBV는 거래량을 통해 매수세와 매도세 간의 균형을 파악할 수 있는 보조 지표입니다. 가격이 상승한 날에 발생된 거래량은 더하고, 가격이 하락한 날에 발생된 거래량은 빼는 단순한 산출 방식의 보조지표입니다.

주식시장에서 주가와 거래량의 관계를 '주가는 거래량의 그림자'라고 표현합니다. 이는 거래량이 주가를 선행한다는 뜻이죠. 그래서 OBV의 움직임을 통해 앞으로의 추세를 예측할 수 있습니다.

▶ **OBV을 활용한 매매 방법**

① 일정한 캔들 수 사용하기
중기 투자는 150봉 전후, 장기 투자 300봉 전후로 사용하는 것이 좋습니다.

② 거래량의 선행성 활용하기
거래량이 주가를 선행하는 점을 활용해 돌파 여부를 판단하는 것입니다. OBV가 상승추세이면서 전고점을 상향 돌파하면 주가도 전고점을 상향 돌파할 것으로 예상하는 것입니다. 반대로 OBV가 하락추세이면서 전저점을 하향 돌파하면 주가도 계속 신저점을 갱신할 것으로 예상하는 것입니다.

▶ **OBV 매매 사례**

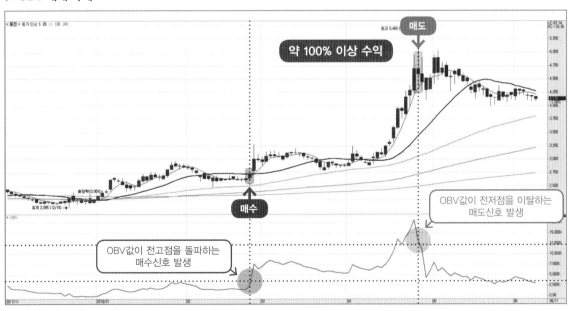

③ 다이버전스 활용하기

다른 보조지표들과 마찬가지로 추세 전환의 신호로 다이버전스를 활용할 수
있습니다.

▶ OBV 다이버전스 사례

VR(Volume Ratio, 거래량 비율 분석)

▶ VR 공식

$$VR = \frac{\dfrac{\text{n일간 상승일 거래량 합계 + n일간 변동 없는 날 거래량 합계}}{2}}{\dfrac{\text{n일간 하락일 거래량 합계 + n일간 변동 없는 날 거래량 합계}}{2}} \times 100$$

▶ VR의 특징

❶ **중기, 장기 거래**에 유용한 지표입니다.
❷ 거래량을 통해 주가의 방향성을 예측하는 보조지표입니다.
❸ 시장의 추세를 파악할 수 있습니다.
❹ 주가의 바닥권에서 신뢰도가 높은 보조지표입니다.
❺ 비율 수치를 사용해 OBV의 단점을 보완한 보조지표입니다.

VR은 거래량을 비율로 분석하는 방법입니다. 일정 기간에 주가 상승일의 거래량과 주가 하락일의 거래량을 백분율로 나타낸 지표입니다. OBV는 누적 수치를 사용하여 산출하기 때문에 시작일에 따라 지표 값이 차이를 보이게 됩니다. 이러한 문제점을 보안할 수 있는 지표가 VR입니다.

VR이 100%라는 것은 주가가 상승할 때와 하락할 때의 거래량이 동일하다는 것을 말합니다. VR 수치가 200%라면 주가가 상승할 때의 거래량이 하락할 때보다 2배 수준으로 많았다는 것을 의미합니다.

▶ **VR을 활용한 매매 방법**

① 과열구간과 침체구간

일반적으로 주가 상승일의 거래량이 하락일보다 많습니다. 그래서 강한
하락추세가 아니라면 VR 수치가 높게 나타나게 됩니다. 주가가 과열되어
천장신호를 보낼 때는 VR 수치가 300%를 넘지만, 주가는 지속 상승하는
경우를 종종 볼 수 있습니다. 따라서 주가의 바닥을 찾을 때 VR 지표를
사용하는 것이 좋습니다.

> 330% 이상 : 과열권
> 70% 이하 : 침체권

침체권에서 매수를 고려할 때 중요한 점은 침체권에 진입할 때가 아니라,
침체권을 벗어날 때를 매수신호로 사용하는 것입니다. 적은 거래량으로도
주가는 계속 하락할 수 있지만, 하락하던 주가가 상승하기 위해서는 거래량
증가가 필수적이기 때문입니다.

▶ **VR의 매매 신호**

② 다이버전스 활용하기

다른 보조지표들과 마찬가지로 주가와 VR 지표의 다이버전스를 추세 전환의
예고 신호로 사용할 수 있습니다.

▶ VR의 다이버전스 사례

6. 기타지표

① 외국인투자자와 기관투자자의 보유수량

외국인투자자와 기관투자자는 개인투자자보다 자금력, 정보력, 응집력 모두
뛰어난 주체라 할 수 있습니다. 그래서 외국인투자자와 기관투자자가 많은
수량을 보유한 주식이나, 보유량을 늘려가는 주식을 파악해 매매에 활용할
수 있습니다. 특히 주가가 바닥을 다지고 외국인투자자와 기관투자자의 주식
보유비중이 늘어나고 있다면 긍정적인 신호로 해석할 수 있습니다.

외국인 보유수량, 기관 보유수량을 보조지표로 설정할 때, 거래량이 있는 곳으로
드래그하여 함께 보면 흐름을 파악하는데 용이합니다.

▶ **보유수량 분석**

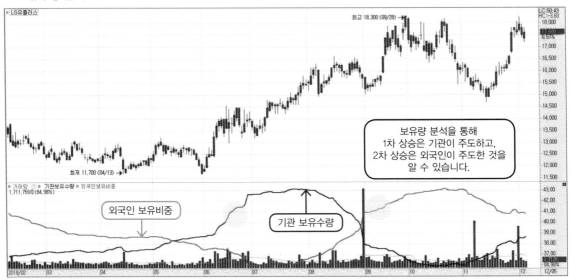

외국인과 기관 보유수량 절대매매 TIP!

❶ 보유수량 관련 보조지표를 매매지표로 사용하기보다는 보조적인 개념으로 사용하는 것이 좋습니다. HTS에서는 한정된 정보만 제공하다 보니, 과거부터 이어져 온 외국인과 기관의 거래 데이터를 완벽하게 제공하지 않기 때문입니다.

❷ 대형주는 주요 수급 세력이 누구인지 파악하는 용도로 사용하는 것이 좋습니다. 또한, 새롭게 매수하는 세력도 파악할 수 있습니다.

❸ 코스닥 중소형주는 외국인 보유수량의 증가보다는 기관 보유수량의 증가가 유의미합니다. 자금력을 갖춘 외국인투자자는 코스닥 기업에 큰 관심이 없습니다. 코스닥 기업의 매매에 있어 외국인투자자로 잡히는 사람들은 외국계 증권사의 창구를 사용하는 한국인일 가능성이 높기 때문입니다.

차입 공매도

없는 주식을 매도하는 무차입 공매도와 달리 차입 공매도는 해당 주식을 가진 제3자로부터 주식을 빌려서 미리 판매하는 것입니다.

숏 커버링

공매도 포지션을 청산하기 위해 주식을 재매수하는 것을 뜻합니다.

② 공매도

공매도란 주식을 가지고 있지 않은 상태에서 매도하는 것을 말합니다. 일반적으로 공매도는 무차입 공매도와 **차입 공매도**로 구분하지만 우리나라의 경우 차입 공매도만 가능합니다. 공매도를 하는 이유는 며칠 뒤 주가가 지금보다 떨어질 것을 예상하고, 없는 주식을 빌려와 매도를 해 차익을 챙기기 위함입니다.

공매도를 하기 위해 대차한 주식의 상환 기간은 정해져 있지 않습니다. 따라서 공매도가 많이 발생한 날 이후 며칠 만에 주가가 반등할 것이라 생각하고 투자하는 것은 무리가 있습니다. 공매도 비율이 꾸준히 높은 수치를 유지하면서 대차잔고가 늘어난다면, 공매도로 인한 상승으로 보아 **숏 커버링** 효과를 기대할 수 있습니다.

③ 공매도 비율

공매도 비율은 금일 전체 거래 중 공매도 거래가 차지하는 비중입니다. 공매도 비율이 높다는 것은 쉽게 말하면 주가가 떨어지길 원하는 사람들이 많다는 뜻입니다.

④ 대차잔고

대차잔고란 투자자들이 주식을 빌린 뒤 갚지 않은 물량입니다. 이 잔고를 청산하기 위해서는 보유한 물량으로 되갚거나, 매도했다면 판 수량만큼 다시 사야 하죠. 일반적으로 공매도를 목적으로 **외국인투자자** 또는 국내 기관투자자가 다른 기관투자자로부터 주식을 빌리는 대차거래를 합니다. 대차거래는 주식을 빌려 공매도한 후 주가가 떨어지면 이를 되사들여 주식을 상환하고 차익을 실현하려 할 때 활용됩니다.

그로 인해 대차잔고가 높은 주식은 주가 상승 시 숏 커버로 인해 단기적인 주가 상승을 기대해볼 수 있습니다. 그러나 대차잔고가 늘어났다고 해서 반드시 숏 커버링 효과가 나타나는 것은 아닙니다. 대차거래의 차입자가 전환사채(CB)나 신주인수권부사채(BW) 등의 권리를 가지고 있는 경우에는 숏 커버링 효과가 나타나지 않을 수도 있습니다.

⑤ 신용잔고
신용잔고란 신용거래를 함에 있어 미결제로 남아 있는 주식입니다. 대부분의 신용거래는 단기 시세차익을 목적으로 하고 있습니다. 주가가 오르기만을 기다리고 있는 잠재 매도세력인 것이죠. 신용잔고가 늘어나는 주식은 점점 상승 탄력을 잃어가게 됩니다. 그래서 신용잔고가 많은 주식보다는 적은 주식이 상승 탄력이 좋아 매수하기에도 매력적입니다.

▶ **기타지표를 통해 알아보는 주가 하락의 이유**

최근 주가 움직임의 근거를 파악하는데 있어 공시는 주요한 근거를 제공하기도 합니다. 하지만 이러한 공시를 종목마다 검색해서 찾아보기란 쉽지 않죠. 그래서 HTS 차트에서 간편하게 공시와 뉴스를 설정하여 주가와 함께 체크해보는 것이 좋습니다.

▶ **차트에 공시 적용하기**

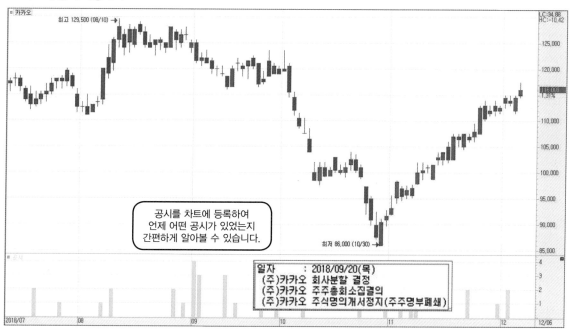

> 공시를 차트에 등록하여 언제 어떤 공시가 있었는지 간편하게 알아볼 수 있습니다.

일자 : 2018/09/20(목)
(주)카카오 회사분할 결정
(주)카카오 주주총회소집결의
(주)카카오 주식명의개서정지(주주명부폐쇄)

:bulb: **기타지표 절대매매 TIP!**

❶ 기타지표를 주요한 판단지표로 사용하기에는 다소 무리가 있어 보조적인 개념으로 사용하는 것이 좋습니다.

❷ 대차잔고와 공매도 비율이 함께 높은 수치를 보인다면 숏 커버링 효과로 인해 단기 상승을 기대할 수 있습니다.

❸ 신용잔고율이 높은 종목은 주가의 추가 상승이 어렵습니다. 신용으로 주식을 매수한 경우 주가 하락에 대한 부담감이 커 주가가 조금만 상승하더라도 적은 수익이라도 매도하고자 하는 물량이 많이 나오게 됩니다.

실전 단타매매 끝장내기

개선 선생의 **TOP** 시크릿

주식투자의 성과는 개인투자자의 추세 파악 능력이 좌우한다고 할 수 있습니다. 그러나 추세가 없는 시장이나 시장 분위기가 좋지 않을 때는 주도주가 생기거나 섹터 전체가 상승하는 등의 모습을 확인하기 힘듭니다.

이러한 시장 분위기가 금방 끝날지, 오래 지속될지는 쉽게 파악하기 어렵습니다. 그래서 주도주와 강세섹터가 없는 시장에서는 단타 전략을 통해 단기 수익을 쌓아가야 합니다.

▶ **15분봉과 60 이동평균선**

단기투자는 다른 투자방식과 보는 지표가 조금 다르기 때문에 따로 설정해두는 것이 좋습니다. 먼저 15분봉 캔들과 60 이동평균선(15분봉 기준)을 사용합니다. 1분봉, 3분봉과 같이 짧은 시간의 캔들을 보게 되면 휩소(whipsaw, 거짓신호)에 속을 가능성이 높습니다.

▶ **거래량과 5일 매물대**

단타를 할 때도 거래량은 중요한 요소입니다. 전체적인 거래량을 파악하면서 5일 전후의 매물대가 어느 가격에 몰려있는지를 확인하는 것이 중요합니다. 현재 가격 상단에 매물대가 많다면, 주가가 상승해 해당 가격에 근접하게 되면 대량의 매도물량이 나올 확률이 높습니다. 그래서 주가가 추가 상승하기 힘들어지죠. 차트를 볼 때 보이는 화면에 따라 표시되는 매물대의 모양이 다르므로 항상 동일하게 5일 전후의 기간이 설정된 차트를 확인하는 것이 좋습니다.

▶ 보조지표

MACD는 기본적으로 추세에 대한 신호를 주는 지표이지만, 15분봉으로 설정된 분봉 차트에서도 의미 있는 추세를 잡아줍니다. 15분봉에서의 추세이기 때문에 실제 시간으로 따지면 2~3일 정도로 단타에 적합한 신호를 줍니다.

RSI는 현재 주가가 과매수 상태인지, 과매도 상태인지를 말해줍니다. MACD 매수신호의 신뢰성을 검증하는 지표로 사용하는 것이죠. RSI의 값이 과매도 구간을 이탈하면서 MACD에서 매수신호가 발생한다면 신뢰도 높은 매수신호로 해석할 수 있습니다.

단타의 빠른 매매 특성상 갑자기 뜨는 신호에 대비하기가 어렵기 때문에, 스토캐스틱 fast를 매수 혹은 매도 신호가 나올 것을 대비하기 위해 사용합니다. 스토캐스틱이 다른 보조지표들에 비해 빠른 신호를 주기 때문입니다. 스토캐스틱이 과매도 구간에 들어갔다면 매수를 준비할 수 있고, 과매수 구간에 들어갔다면 매도를 준비할 수 있습니다.

마지막으로 시스템트레이딩을 통해 매수신호를 확실히 판단할 수 있도록 설정해 놓아야 합니다. 단타매매는 고민하다가 좋은 매매 자리를 놓치는 경우가 많기 때문에, 분봉차트에 명확하게 신호가 뜨도록 설정하는 것이 좋습니다.

▶ **시스템트레이딩 메뉴 설정**

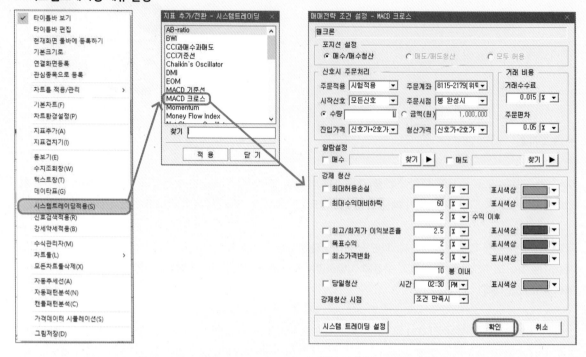

차트 위에서 마우스 우클릭을 하면 시스템트레이딩 적용을 할 수 있는 메뉴가 나옵니다. MACD 크로스를 선택하게 되면 기본적인 설정은 되어 있기 때문에 확인 버튼만 누르면 설정이 끝납니다.

▶ 시스템트레이딩을 활용한 단타매매 사례

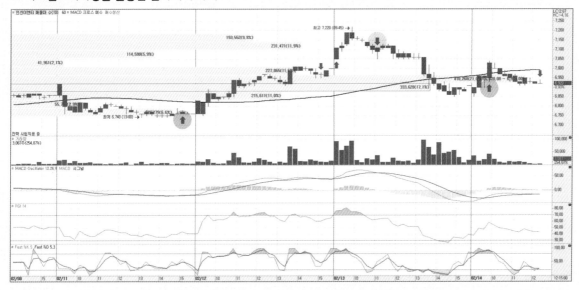

위 사례에서 빨간색 화살표와 파란색 화살표로 표시되는 것이 시스템트레이딩을 적용했을 때 나타나는 신호입니다. 빨간색 화살표는 매수신호를, 파란색 화살표는 매도신호를 뜻합니다.

▶ 차트 설정 저장 방법

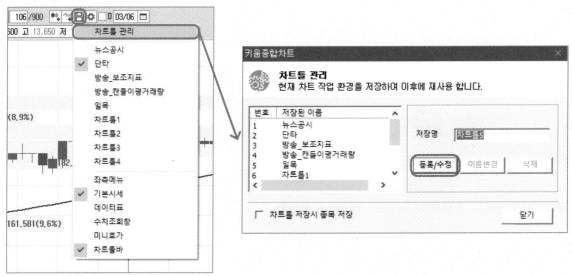

이후 캔들과 매물대, 보조지표 등을 모두 설정하고 이를 저장해놓고 필요할 때마다 사용할 수 있어야 합니다.

❶ 주가가 분봉에서 설정한 60 이동평균선 아래에 있다가 이를 돌파하는 시점에 MACD에서도 함께 매수신호를 준다면 신뢰도 높은 매수신호로 사용할 수 있습니다.

❷ 매수시점에 5일 전후의 매물대의 위치를 파악해야 합니다. 주요한 매물대가 현 주가 부근이거나 아래라면 추가 상승할 확률이 높습니다.

❸ 만일 주요한 매물대가 높은 상단에 위치한다면 주요한 매물대 부근을 목표가로 설정하는 것이 좋습니다.

❹ MACD의 값이 0 이하에서 발생하는 매수신호와 RSI, 스토캐스틱 과매도 구간에서 발생하는 매수신호가 신뢰도가 높습니다.

❺ 매도신호는 시스템트레이딩으로 설정한 MACD 신호를 사용할 수 있습니다.

▶ **15분봉 단타매매 사례(매수신호 발생)**

설정한 차트를 기준으로 MACD 매수신호가 발생한 모습입니다.

▶ 15분봉 단타매매 사례(매도신호 발생)

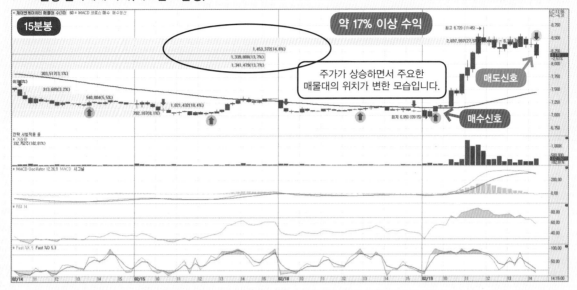

이후 MACD 매도신호가 발생한다면 수익실현에 나서는 것이 좋습니다.

PART 07에서는 …

주식투자는 매수해서 가지고 있다고 끝이 아닙니다. 계획을 세워 목표치와 보유기간을 설정해야 하고, 손절매 타이밍도 잡아야 하죠. 기업은 계속 경영활동을 하면서 여러 일련의 사건을 맞게 됩니다. 이로 인해 주가가 오르기도 떨어지기도 하죠. 그래서 거래소는 공시라는 제도를 통해 투자자들에게 이를 알리고 있습니다. 이번 파트에서는 주식을 보유하는 중에 일어날 수 있는 사건과 해석방법을 알아보고 그에 따른 대처방법도 알아볼 예정입니다.

PART
07

보유와 매도

CHAPTER 01 계획 세우기

– 양봉이, 음봉이, 개선 선생이 입장하셨습니다. –

양봉이

개선 선생님! 제가 산 주식이 10% 올랐는데
지금 팔아야 하나요?

음봉이

제가 산 주식은 -15%에요.. 어떡하죠?

개선 선생

종목을 고르고 매수만 한다고 해서 주식투자가
끝난 것은 아니죠! 주식투자를 할 때는 반드시
계획을 세우고 임해야 해요.

양봉이

어떤 계획을 세워야 하나요?
언제 팔지에 대한 것인가요?

개선 선생

그렇죠. 목표수익률뿐만 아니라
얼마나 살 것인지, 얼마나 보유할 것인지도
주식을 사기 전에 고려해봐야 할 사항입니다.
이 부분에 대해 함께 알아보도록 해요!

1. 목표치 설정하기

주식투자 성공의 첫걸음은 원칙을 세우고 그것을 지키는 것에서부터 시작
합니다. 원칙에는 주식 매매 방법부터 전체 자산 운용 계획까지 포함됩니다.

위의 예시에서도 알 수 있듯이, 원칙에는 그 근거와 구체적인 수치가 포함되어야 합니다. 또한, 현실적이고 실천 가능해야 하죠. 주식을 매수하기 전에 '얼마나 보유할 것인가?', '목표 수익률은 얼마인가?', '손절매는 언제 할 것인가?'에 대한 목표를 세우고 주식투자에 임해야 합니다.

대략적인 계획을 세운 이후 큰 틀의 투자전략을 세워 원칙을 완성해야 합니다. 이러한 원칙을 세우지 않고 주식투자를 하면 욕심, 공포와 같은 감정에 흔들리게 됩니다. 투자와 전혀 관련 없는 사건이나 감정에 휘둘려 매매하게 되면 결국 손실을 볼 확률이 커지는 것이죠.

2. 보유기간 설정하기

많은 투자자들이 보유한 주식이 손실이 나면 팔지 못하고, 막연하게 수익구간에 오를 때까지 기다리는 경향이 있습니다. 단기 차익을 위해 매수한 주식도 의도치 않게 장기 보유하게 되는 것이죠. 그러나 이렇게 장기 보유한 주식은 손실 폭이 커질 확률이 높습니다.

반대로 한 달에 가까운 시간과 노력을 들여 분석한 장기투자 종목을 단기간의 상승으로 팔아버리는 경우도 있습니다. 해당 기업의 장기 성장성을 보고 투자했다면 단기간의 등락만 보고 팔기보다는 처음 목표대로 장기 보유해야 하는데 말이죠.

위와 같은 상황을 막기 위해 **투자를 하기 전에 목표 보유기간을 설정**해야 합니다.

목표 보유기간이 지나면 보유한 주식의 가격이 오르지 않았더라도 매도하여 현금화해야 합니다. 이를 **기간손절**이라고 합니다. 많은 투자자들이 놓치고 있는 부분이기도 하죠.

3. 목표수익률 설정하기

여러분은 주식을 매수하면서 해당 종목에 대한 목표수익률을 설정해보신 적이 있나요?

사실 대부분의 투자자는 매수하기 전에 언제, 얼마의 가격에 매도할지에 대해 큰 고민을 하지 않습니다. 그래서 제때 팔지 못하는 상황이 발생하는 것이죠.

주식을 매수하기 전에 목표수익률은 어떻게 설정하는 것이 좋은지 알아보겠습니다.

① 절대수치 설정

주식시장에 대한 경험이 다소 부족한 투자자들에게 적합한 방식입니다. 10%, 20%와 같이 **절대수치를 목표수익률로 설정**하는 방법이죠. 목표수익률에 도달하면 일단 매도한 후 다시 매수시점을 고려하는 것입니다. 일괄 매도보다는 분할 매도가 더 좋은 성과를 가져올 때가 많습니다.

예를 들어 주가가 자신의 매수가 대비 20% 이상 상승한다면 보유비중의 50%를 1차 매도합니다. 이후에 10% 상승하거나 10% 하락한다면 남은 보유비중 50%를 2차 매도하는 것이죠.

② 기본적 분석에 근거한 목표치 설정

가치투자자와 기업경영에 대한 이해도가 높은 사람이 사용하기에 적합합니다. 주식을 매수할 때 저평가되었는지, 재무구조가 탄탄한지, 성장성이 높은지 등을 근거로 삼았다면 이 근거가 사라지거나 희미해질 때 매도하는 방법입니다. **기본적 분석에 근거해 목표치를 설정할 때는 반드시 구체적인 수치를 기준**으로 해야 합니다.

예를 들어 EV/EBITDA가 10이 넘고, PBR이 1.2를 넘는다면 저평가가 해소된 것으로 보고 매도합니다. 다른 경우로 ROE가 3년 연속 15%를 달성했던 기업이 3분기 연속 15%를 하회한다면 성장성이 낮아진 것으로 보고 매도하는 것이죠.

③ 기술적 분석에 근거한 목표치 설정

가격 이동평균선이나 캔들, RSI와 같은 **보조지표를 이용해 목표치를 설정**하는 방법입니다. 추세, 지지, 저항 등 상황에 맞는 **기술적 지표를 조합**해 목표치를 설정할 수 있습니다.

▶ 저항선을 이용한 목표 가격 설정 사례

4. 손절매를 잘하는 사람이 주식투자 9단!

개인투자자들은 매수한 주식이 올라가면 큰 문제 없이 수익실현 시점을 고민하지만, 주가가 하락하면 문제는 달라집니다. 해당 종목을 매도해야 하는 것인지, 추가 매수해야 하는지, 계속 보유해야 하는지에 대한 고민을 시작하게 되죠. 보통 사람들은 심리적으로 압박을 받는 상황 속에서 올바른 판단을 할 가능성이 굉장히 낮습니다.

그래서 **주식을 매수하기 전에 주가가 하락하면 손절할 종목인지, 추가 매수할 종목인지, 추가 매수를 한다면 몇 번에 걸쳐서 할 것인지 등을 미리 정해놓고 매매에 임해야 합니다.** 이후 주식을 매수해 그 종목과 사랑에 빠지더라도 미리 세운 계획을 지키는 행동력이 필요합니다.

목표수익률을 활용한 절대매매 TIP!

❶ 자신의 투자 목적에 맞는 목표 보유 기간을 설정합니다.
❷ 목표수익률 또는 목표 수치를 정합니다.
❸ 자신의 감정에 따라 손절하거나 추가 매수하는 것이 아니라, 미리 세웠던 계획을 지켜야 합니다.
❹ 종목을 매도한 이후에는 매수하기 전에 세웠던 계획을 잘 지켰는지 확인해야 합니다.

공시 해석 끝장내기

– 양봉이, 음봉이, 개선 선생이 입장하셨습니다. –

양봉이

개선 선생님! 제가 투자한 회사에 어떤 일이
일어나는지 알 수 있는 방법은 없나요?

개선 선생

전자공시시스템을 이용하면 계약, 실적, 증자,
배당 등 여러 일들에 대해 자세히 알 수 있어요.

음봉이

저도 공시를 보긴 보는데, 내용도 너무 많고
어려워서 무엇을 봐야 할지 모르겠어요.

개선 선생

공시 내용을 꼼꼼하게 본다면 좋겠지만,
실제 투자를 할 때는 사실상 어려울 수 있겠죠.

그래서 투자자가 반드시 알아야 할 공시는
무엇인지, 어떤 내용을 봐야하는지
이번 챕터에서 같이 한번 알아봅시다.

1. 전자공시란?

투자자가 주식을 보유하는 동안 기업에서는 여러 사건, 사고가 발생합니다.
이 중에는 기업가치와 무관한 것도 있지만 큰 폭으로 기업가치가 상승할 수
있는 사건, 치명적인 문제가 발생해 기업가치가 하락할 수 있는 사건 등 다양한
상황이 있습니다.

이렇게 기업에서 실시간으로 일어나는 모든 일을 개인투자자가 관찰하고 파악하기는 어렵습니다. 그래서 이런 부분들을 제도적으로 알리기 위해 운영되는 곳이 바로 **전자공시시스템**(http://dart.fss.or.kr)입니다.

전자공시시스템 사이트에는 투자판단에 도움이 되는 대상 기업들의 계약현황, 시설투자, 실적, 신규투자, 인수합병, 재무상황, 사업소개 등 다양한 정보가 있습니다. 거래소는 시장의 정보 비대칭성을 줄이고 공정한 가격 형성을 위해 이를 활용하고 있습니다.

그러나 공시가 과도하게 많은 내용과 불친절한 구성, 난해한 전문용어로 쓰여 있기 때문에 초보투자자는 물론이며, 전문투자자도 해석하기 쉽지 않습니다. 그래서 이번 챕터에서는 주식투자를 할 때 반드시 알아야 할 공시 내용을 살펴보겠습니다.

2. 증자

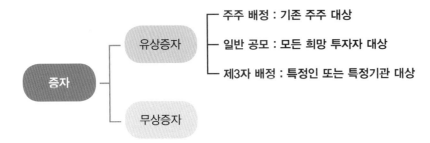

증자는 말 그대로 자본을 증가시킨다는 뜻입니다. 즉, 기업이 가진 자기자본이 늘어나게 되는 것이죠. 증자는 크게 유상증자와 무상증자로 나눠집니다. 유상증자는 자본조달 방식에 따라 주주 배정, 일반 공모, 제3자 배정으로 나눠볼 수 있습니다. 상황에 따라 주식시장에서의 해석이 달라지기 때문에 하나씩 함께 살펴보겠습니다.

① 유상증자

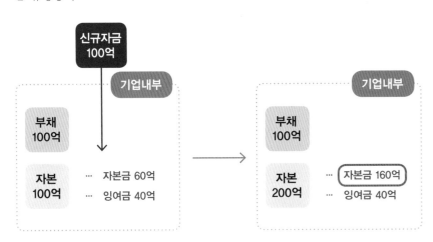

유상증자는 기업이 신규로 투자를 하거나 운영을 하면서 추가로 자금이 필요해 기업 외부로부터 신규자금을 투자받는 것입니다. 그 방식에는 기존 주주들로부터 투자를 받는 주주 배정 방식, 대상에 제한을 두지 않고 모든 투자자들에게 청약 기회를 주는 일반 공모 방식, 특정인이나 특정 기관을 지정해 투자를 받는 제3자 배정 방식이 있습니다.

기업이 유상증자를 받게 되면 기업의 가치(= 시가총액)는 그대로이지만 신규 투자자가 생겨 자본금만 늘어나는 효과를 가져오게 됩니다.

예를 들어 시가총액이 100억원인 기업의 주주가 5명(= 총발행주식수 5주)이었다면 그 기업의 주식은 1주당 20억원의 가치를 가집니다.

그런데 그 기업이 유상증자를 통해 기존 주주 5명과 동일한 투자금을 신규로 투자받아 그 기업의 총 주식수가 10주가 되었다면 1주당 가치가 20억원에서 10억원으로 하락하게 될 것입니다. 이로 인해 기존 주주들은 손해를 보는 효과가 발생하게 되죠. 이를 주식시장에서는 '주주가치가 훼손되었다'라고 표현합니다. 그래서 주식시장에서 **일반적인 유상증자는 대부분 악재**로 받아들입니다.

그러나 유상증자도 시장에서 **호재**로 받아들일 때가 있습니다. **강력한 기업이나 투자자가 제3자 배정을 통해 신규 주주로 자리잡거나 그 기업을 인수할 때입니다.** 그러면 기업 간의 시너지가 일어나거나 해당 기업이 큰 폭으로 성장할 것이라는 기대감이 생기게 되는 것이죠.

그 대표적인 예가 바로 초록뱀의 제3자 배정 사례입니다.

주요사항보고서 / 거래소 신고의무 사항

금융위원회 / 한국거래소 귀중   2018년   7월   31일

회 사 명 : (주)초록뱀미디어
대 표 이 사 : 김상현, 조형진
본 점 소 재 지 : 서울특별시 강남구 언주로148길 19, 4층(논현동,청호빌딩)
                (전 화) 02-6925-7000
                (홈페이지) http://www.chorokbaem.com

유상증자 결정

1. 신주의 종류와 수	보통주식 (주)	–
	기타주식 (주)	32,310,177
2. 1주당 액면가액 (원)		500
3. 증자전 발행주식 총수 (주)	보통주식 (주)	65,858,190
	기타주식 (주)	–
4. 자금조달의 목적	시설자금 (원)	–
	운영자금 (원)	39,999,999,126
	타법인 증권 취득자금 (원)	–
	기타자금 (원)	–
5. 증자방식		제3자배정증자

위 자료는 전자공시시스템에 올라온 초록뱀의 유상증자 결정에 대한 공시입니다. 당시 초록뱀의 시가총액은 약 1,000억원 수준이었습니다. 초록뱀은 시가총액의 40%에 해당하는 금액인 400억원 가량의 제3자 배정 유상증자를 결정하게 됩니다.

제3자 배정 유상증자는 배정 대상자가 누구인지 파악하는 것이 가장 중요
합니다. 초록뱀의 경우 더블유홀딩컴퍼니가 유상증자에 참여한 것을 확인할 수
있습니다.

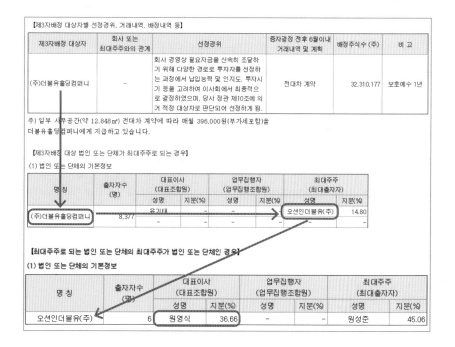

【제3자배정 대상자별 선정경위, 거래내역, 배정내역 등】

제3자배정 대상자	회사 또는 최대주주와의 관계	선정경위	증자결정 전후 6월이내 거래내역 및 계획	배정주식수 (주)	비 고
(주)더블유홀딩컴퍼니	-	회사 경영상 필요자금을 신속히 조달하기 위해 다양한 경로로 투자자를 선정하는 과정에서 납입능력 및 인지도, 투자시기 등을 고려하여 이사회에서 최종적으로 결정하였으며, 당사 정관 제10조에 의거 적정 대상자로 판단되어 선정하게 됨.	전대차 계약	32,310,177	보호예수 1년

주) 일부 사무공간(약 12.848㎡) 전대차 계약에 따라 매월 396,000원(부가세포함)을
더블유홀딩컴퍼니에게 지급하고 있습니다.

【제3자배정 대상 법인 또는 단체가 최대주주로 되는 경우】
(1) 법인 또는 단체의 기본정보

명칭	출자자수 (명)	대표이사 (대표조합원)		업무집행자 (업무집행조합원)		최대주주 (최대출자자)	
		성명	지분(%)	성명	지분(%)	성명	지분(%)
(주)더블유홀딩컴퍼니	8,377	유기태	-	-	-	오션인더블유(주)	14.80

【최대주주로 되는 법인 또는 단체의 최대주주가 법인 또는 단체인 경우】
(1) 법인 또는 단체의 기본정보

명칭	출자자수 (명)	대표이사 (대표조합원)		업무집행자 (업무집행조합원)		최대주주 (최대출자자)	
		성명	지분(%)	성명	지분(%)	성명	지분(%)
오션인더블유(주)	6	원영식	36.66	-	-	원성준	45.06

법인으로 유상증자에 참여하면 실제 법인의 소유자가 나타날 때까지 공시자료에
표기하게 됩니다. 실제 결정권자가 누구인지 확인해보니 오션인더블유의 원영식
대표였습니다.

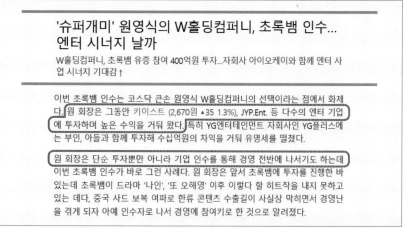

'슈퍼개미' 원영식의 W홀딩컴퍼니, 초록뱀 인수...
엔터 시너지 날까

W홀딩컴퍼니, 초록뱀 유증 참여 400억원 투자...자회사 아이오케이와 함께 엔터 사
업 시너지 기대감↑

이번 초록뱀 인수는 코스닥 큰손 원영식 W홀딩컴퍼니의 선택이라는 점에서 화제
다. 원 회장은 그동안 키이스트 (2,670원 ▲35 1.3%), JYP.Ent. 등 다수의 엔터 기업
에 투자하며 높은 수익을 거둬 왔다. 특히 YG엔터테인먼트 자회사인 YG플러스에
는 부인, 아들과 함께 투자해 수십억원의 차익을 거둬 유명세를 떨쳤다.

원 회장은 단순 투자뿐만 아니라 기업 인수를 통해 경영 전반에 나서기도 하는데
이번 초록뱀 인수가 바로 그런 사례다. 원 회장은 앞서 초록뱀에 투자를 진행한 바
있는데 초록뱀이 드라마 '나인', '또 오해영' 이후 이렇다 할 히트작을 내지 못하고
있는 데다, 중국 사드 보복 여파로 한류 콘텐츠 수출길이 사실상 막히면서 경영난
을 겪게 되자 아예 인수자로 나서 경영에 참여키로 한 것으로 알려졌다.

원영식 대표는 이전부터 다수의 엔터 기업에 투자하여 큰 성공을 거둔 것으로 유명했습니다. 이러한 이력을 가진 투자자가 같은 엔터 산업 내에 있는 초록뱀의 유상증자에 참여한다는 소식에 시장의 주목을 받게 되었죠.

그 결과 유상증자 발표 이후, 같은 기간 코스닥 지수가 15% 이상 하락했음에도 불구하고 초록뱀의 주가는 70% 정도 상승하였습니다.

💡 유상증자 절대매매 TIP!

❶ 공모방식을 확인하라

제3자 배정 방식이라면 배정 대상이 누구인지 확인하고, 인수 목적인지 단순 투자 목적인지 파악해야 합니다.

❷ 조달금액을 확인하라

주주 배정 방식과 일반 공모 방식의 경우 조달금액이 시가총액의 30% 이상이라면 기존 주주들의 부담이 커집니다. 이는 주주가치를 훼손하는 요인이기 때문이죠. 반면 제3자 배정은 조달금액이 클수록 단순 투자 목적보다는 인수 목적에 가까울 수 있습니다. 조달금액이 시가총액의 30% 이상이라면 공시 내용에 직접적인 언급이 없더라도 기업 인수에 목적이 있음을 추측해볼 수 있습니다.

❸ 조달목적을 확인하라

조달목적에는 시설자금, 운영자금, 타법인증권 취득자금, 기타자금 4가지가 있습니다.
– 시설자금 : 공장증설, 건물, 기계장비, 토지 등 유형자산을 취득하기 위한 자금
– 운영자금 : 매입대금 결제, 원재료 구입비, 차입금 상환 등 경영활동에 사용하기 위한 자금
– 타법인증권 취득자금 : 투자나 인수의 목적으로 타법인의 증권을 매입하기 위한 자금(M&A자금)
– 기타자금 : 그 외의 기업활동에 필요한 자금

유상증자에서 가장 중요한 것은 유상증자를 통해 해당 기업에 어떤 이익이 있을지 판단하는 것입니다. 예를 들어 목적은 운영자금이지만, 그동안 좋지 않았던 재무구조로 인해 주가가 하락해있는 상황 속에서 유상증자는 호재가 될 수도 있습니다. 타법인증권 취득자금은 인수하려는 회사의 매력도에 따라 해당 기업의 주가 방향도 달라지게 될 것입니다. 또한, 유상증자를 통해 증설하는 공장이 실제 실적으로 이어질 수 있을지도 중요한 부분입니다.

유상증자

❶ 최종 발행가액 할인율

- 주주 배정 방식 : 제한 없음(일반적으로 30% 이내)
- 일반 공모 방식 : 기준 주가에서 30%까지 할인 발행 가능
- 제3자 배정 방식 : 기준 주가에서 10%까지 할인 발행 가능

❷ 발행가액의 조정

유상증자 발표 이후에 주가가 계속 상승한다면 발표 당시의 신주발행가액대로 진행됩니다. 그러나 유상증자 발표 이후에 주가가 하락한다면 신주발행가액도 하향 조정될 수 있습니다.

❸ 권리락과 주가 조정

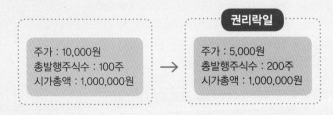

권리락일부터는 신규로 발행되는 주식의 양이나 할인율에 비례해 주가가 조정됩니다. 만약 기존의 주식 수만큼 유상증자를 했다면 권리락일에는 50%만큼 하향 조정되어 개장하게 됩니다.

*권리락

구주에게 주어지는 신주인수권 또는 기타 권리가 사라진 상태를 뜻합니다. 해당 증자에 참여하고 싶으면 권리락일 이전에 주식을 매수해야 합니다.

❹ 유상증자 신주인수권

12. 납입일	2018년 12월 11일
13. 실권주 처리계획	실권주 및 단수주 미발행
14. 신주의 배당기산일	2018년 01월 01일
15. 신주권교부예정일	2018년 12월 20일
16. 신주의 상장예정일	2018년 12월 21일
17. 대표주관회사(직접공모가 아닌 경우)	이베스트투자증권(주)
18. 신주인수권양도여부	예
- 신주인수권증서의 상장여부	예
- 신주인수권증서의 매매 및 매매의 중개를 담당할 금융투자업자	이베스트투자증권(주)
19. 이사회결의일(결정일)	2018년 10월 17일

6) 신주인수권증서의 거래 관련 추가사항

당사는 금번 유상증자의 신주인수권증서를 상장신청할 예정인 바, 현재까지 관계기관과의 협의를 통해 확인된 신주인수권증서 상장시의 제반 거래관련 사항은 다음과 같습니다.

a. 상장방식: 실질주주의 신주인수권증서를 일괄예탁방식으로 발행하여 상장합니다.

b. 실질주주의 신주인수권증서 거래
i) 상장거래: 2018년 11월 22일부터 2018년 11월 28일까지(5거래일간) 거래 가능합니다.

주주 배정 유상증자는 유상증자에 참여를 원하지 않을 때 신주인수권을 팔 수 있도록 주식시장에 신주인수권을 상장시키기도 합니다. 그래서 정해진 기간 내에 신주인수권을 매도나 매수할 수도 있습니다.

② 무상증자

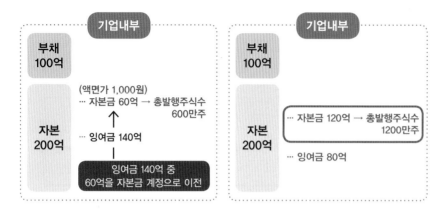

무상증자는 주주들에게 신규자금을 받지 않고 무상으로 주식을 발행해 나눠 줍니다. 무상증자를 하게 되면 발행주식수가 증가하여 '신주 × **액면가**'만큼 자본금이 증가합니다. 이는 회계 장부상에서 자본 항목 내에 있는 잉여금을 자본금으로 옮겨가는 것으로, **자본 총계에는 변화가 없습니다.**

그렇다면 무상증자는 왜 하는 것일까요?

사실 무상증자를 하게 되면 주주들이 보유한 주식 수는 늘어나지만, 그만큼 주가가 하락해 기업 가치에는 아무런 변화가 없습니다. 그럼에도 불구하고 무상증자를 시행하는 이유는 주가 부양의 의지를 나타내기 위함입니다. 자신감과 같은 것이죠.

기업의 자본은 크게 자본금과 잉여금으로 구분할 수 있습니다. 기업은 영업활동을 통해 잉여금을 쌓아두고, 쌓인 잉여금을 다시 투자도 하고 배당도 해야 합니다. 그러나 영업활동에서 적자가 발생한다면 그 금액은 잉여금에서 차감하게 됩니다.

액면가

액면가는 장부상의 개념으로 주식 발행의 기초가 되는 금액입니다. 자본금은 '액면가 × 총발행주식수'로 이루어져 있습니다. 따라서 총발행주식수를 늘리기 위해서는 액면가를 낮추거나 자본금을 증액하여야 합니다. 액면가를 낮추는 행위는 액면분할, 자본금을 증액하는 행위는 유상증자와 무상증자가 있습니다.

자본잠식

기업이 영업활동을 통해 이익을 올리지 못하고 적자가 누적되는 상황으로 인해 잉여금이 마이너스가 되면서 자본총계가 자본금보다 적은 상태에 있는 것을 뜻합니다.

만약 잉여금이 부족하여 자본금보다 자본총계가 낮아진다면 **자본잠식** 상태가 됩니다. 이는 곧 상장폐지의 사유가 되죠. 그래서 많은 기업들이 위기 상황을 대비해 잉여금을 쌓아두려고 하는 것입니다.

무상증자는 이런 역할을 하는 잉여금을 자본금 항목으로 옮기는 것입니다. 이는 잉여금을 줄이고 자본금을 늘려도 될 만큼 재무구조가 탄탄하다는 의미이기도 합니다. 그래서 주식시장에서 일반적으로 **무상증자는 호재**로 받아들입니다.

무상증자를 통해 총발행주식수가 늘어나게 되면 이는 거래의 활성화를 가져와 거래량 부족으로 인해 생겼던 저평가 요인도 해소됩니다. 또한, 주가 조정으로 인해 주가가 저렴해 보이는 착시현상까지 나타나게 되죠. 그래서 일반적으로 무상증자를 시행한 기업들의 주가가 오르게 되는 것입니다.

무상증자 절대매매 TIP!

❶ 기존에 거래가 적어 저평가되어 있던 종목이 무상증자를 시행한다면 호재입니다.

❷ 기업이 가진 자사주는 무상증자 대상 주식이 아닙니다. 그래서 자사주를 많이 보유한 기업이 무상증자를 한다면 더 큰 호재라고 볼 수 있습니다.

❸ 주주에게 추가로 주는 주식 수가 많을수록 좋습니다.

❹ 총발행주식수가 적을수록, 유통주식수가 적을수록, 무상증자로 늘어나는 주식 수가 많을수록 주가 부양 효과가 큽니다.

❺ 3배수 이상의 무상증자는 권리락일 이후 주가가 저렴해 보이는 착시현상으로 인해 2일 또는 3일간 추가로 상승할 확률이 높습니다. 권리락일 이전에 보유한 주식은 이때 최대한 비싸게 매도해야 합니다. 신주배정일에는 많은 물량이 신규로 상장되기 때문에 그만큼 매도 압력도 높기 때문이죠.

더 알아보기!

무상증자

삼본정밀전자의 무상증자 사례입니다. 아래 공시내용을 보면 8월 20일에 무상증자를 결정한 것을 알 수 있습니다 여기서 **중요하게 봐야 할 부분은 신주배정기준일, 1주당 신주배정 주식수, 신주의 상장 예정일**입니다.

삼본정밀전자(주) 무상증자결정	☑뉴스창에 종목연동 ☐내용자동

무상증자 결정

1. 신주의 종류와 수	보통주식 (주)	36,072,000
	기타주식 (주)	–
2. 1주당 액면가액 (원)		500
3. 증자 전 발행주식총수	보통주식 (주)	9,500,000
	기타주식 (주)	–
4. 신주배정기준일	❶	2018년 09월 05일
5. 1주당 신주배정 주식수	보통주식 (주)	❷ 4
	기타주식 (주)	–
6. 신주의 배당기산일		2018년 01월 01일
7. 신주권교부예정일		2018년 09월 27일
8. 신주의 상장 예정일	❸	2018년 09월 28일

❶ 신주배정기준일

신주배정기준일은 해당 기준일에 주식을 보유하고 있으면 무상증자 대상 주주가 됩니다. 그러나 여기서 주의할 점은 주주명부 기준입니다. 실제 주식을 매수하는 것과 주주명부에 등록되는 것은 차이가 있기 때문에 신주배정기준일 기준 2영업일 이전에 주식을 매수해야 합니다.

삼본정밀전자의 경우 9월 5일이 수요일이었기 때문에 중간에 휴일이 없어 9월 3일 월요일까지 주식을 매수한다면 무상증자를 받을 수 있습니다.

❷ 1주당 신주배정 주식수

1주당 신주배정 주식수는 1주를 가지고 있을 때 몇 주를 추가로 받을 수 있는지 알 수 있습니다.

삼본정밀전자의 경우 1주당 신주배정 주식수가 4주이므로 기존의 1주를 가진 주주는 총 5주를 가지게 됩니다.

❸ 신주의 상장 예정일

신주의 상장 예정일은 해당일에 기존에 약속했던 무상증자 주식을 받는 날입니다. 무상증자의 기준일을 지나 해당 주식에 권리락이 걸리게 되면 주가가 낮게 조정되어 신주의 상장 예정일 이전까지는 계좌상 마이너스 수익률이 나타날 수 있습니다.

삼본정밀전자는 9월 28일에 1주당 4주를 추가로 받아, 9월 28일부터 바로 시장에서 거래할 수 있게 됩니다.

▶ 무상증자 이전 가격 확인 방법

수정주가

주식 수가 변하게 되는 유상증자, 무상증자, 액면분할 등의 이벤트 전후의 주가를 서로 비교 가능하게 하기 위해 수정한 주가를 말합니다.
기존에 10,000원이던 주가가 액면분할을 통해 5,000원이 되면 1주를 가지고 있었던 주주가 2주를 가지게 됩니다. 이때, 전체 가치에는 변화가 없지만 주가가 변하는 부분은 수정하여 과거 주가를 현재 총발행주식 수에 맞춰 재조정하는 것이죠.

주식시장은 권리락일을 기준으로 주가가 재조정되어 개장하게 됩니다. 이로 인한 혼선을 방지하기 위해 **수정주가**를 사용합니다. 무상증자할 주식 수를 기준으로 주가가 재조정되면 투자자들은 기존 주가를 기억하고 있기 때문에 저렴하다고 느끼게 됩니다. 또한, 권리락일과 신주상장일 사이에는 매도물량이 굉장히 적게 나타납니다. 그래서 조금만 강한 매수세가 들어오게 되어도 주가가 쉽게 상승하게 되는 것이죠.

매도물량이 적게 나타나게 되는 가장 큰 이유는 권리락일 이후에 주가는 하향되었지만 매수 평균가격은 그대로여서 그 기간에 계좌수익률이 마이너스이기 때문입니다. 주가가 올라 사실상 수익권임에도 불구하고 쉽게 매도할 수 없게 되는 것이죠. 그러나 이러한 심리는 무상증자한 주식이 상장되는 날에 반전됩니다. 즉, 가격이 조금만 올라도 매도물량이 쉽게 출현하는 것이죠.

따라서 이러한 부분을 잘 활용하여 **역발상 매매**를 할 필요가 있습니다. **권리락일 이후에 주가가 상승하는 점을 최대한 활용**하여 높은 가격에 기존에 **가진 주식을 매도**해야 합니다. 그래야 추가로 받은 주식을 매수한 가격이나 그보다 조금 저렴하게 매도하더라도 이익을 낼 수 있기 때문이죠.

▶ **무상증자 매매 사례**

위 사례와 같이 삼본정밀전자의 경우 권리락일 이후 주가 상승한다는 점을 이용해 기존 주식을 매도했다면 실제 수익률은 최소 20% 이상을 달성하게 됩니다.

3. 감자

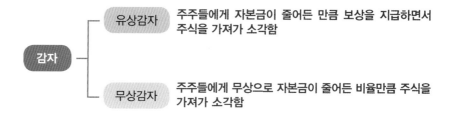

감자 ─ 유상감자 : 주주들에게 자본금이 줄어든 만큼 보상을 지급하면서 주식을 가져가 소각함

감자 ─ 무상감자 : 주주들에게 무상으로 자본금이 줄어든 비율만큼 주식을 가져가 소각함

증자와 달리 자본금을 감소시키는 감자도 있습니다. 감자는 크게 유상감자와 무상감자로 나누어 볼 수 있는데요. 실제 주식투자를 하다보면 유상감자보다는 무상감자를 자주 목격하게 됩니다. 그 이유는 유상감자는 자회사에 투자한 투자금 회수 목적 등의 특수한 방법으로 쓰이는 반면, 무상감자는 기업의 자금 사정이 좋지 않으면 택할 수밖에 없는 일반적인 방법이기 때문이죠.

만약 기업에 적자가 누적되어 자본잠식 상태가 예상된다면 일반적으로는 유상증자를 통해 자금을 조달할 것입니다. 하지만 이마저도 여의치 않은 경우에 감자를 선택하게 됩니다. 주주 입장에서 이를 주주총회에서 허락할 수밖에 없는 이유는, 이 상태가 지속되어 상장폐지로 이어진다면 더 큰 손실이 생기기 때문에 울며 겨자먹기로 감자를 택하는 것입니다.

그래서 **적자가 누적되고 있는 기업에 장기투자하는 것은 위험**합니다.

4. 공급계약

공시자료 중 공급계약과 관련된 공시는 기업의 실적을 가늠해볼 수 있어 중요합니다. 고객사로부터 주문을 받고 제품이나 서비스를 제공하는 기업들이 주로 하는 공시입니다.

단일판매·공급계약 공시에서 중요하게 봐야 할 3가지 부분은 계약금액, 계약상대방, 계약기간입니다.

단일판매 · 공급계약 공시

☑ 계약금액

계약금액은 단순히 금액 크기보다는 최근 기업의 매출액과 비교하여 매출액 대비 비율을 판단해야 합니다.

코스피 종목은 계약금액이 매출액 대비 5% 이상, 코스닥 종목은 매출액 대비 10% 이상이면 공시 의무가 발생합니다. 그 미만이면 자율공시에 해당합니다. 따라서 자율공시 내역까지 세세하게 밝히는 기업은 실적의 방향성을 예측하기 수월합니다.

☑ 계약상대방

계약상대방 항목을 통해 고객사를 알 수 있습니다. 계약상대방이 지분 관계로 엮여있거나 최근 비슷한 계약을 이행한 적이 있다면 정기적으로 공급계약을 하는지 확인해야 합니다. 이런 경우 이전 계약내역과 비교해 실적의 방향성을 더욱 쉽게 가늠해볼 수 있습니다.

그렇지 않은 스팟의 성격을 가진 공시는 계약금액과 계약기간을 좀 더 유심히 봐야 합니다. 정기적으로 공급계약을 하는 경우는 보통 사업연도 단위(1년)로 계약을 맺습니다. 반면 스팟성 계약은 계약기간이 상이합니다.

☑ 계약기간

계약기간의 시작일과 종료일을 살펴봐야 합니다. 그 기간이 사업연도와 동일한 1년 이라면 계약금액 그대로 매출로 추정할 수 있지만 그렇지 않은 경우에는 1년 단위로 나누어 주어야 합니다.

위 사례의 포스코켐텍의 경우 시작일과 종료일이 2019년 1월 1일부터 2019년 12월 31일까지로 사업연도와 동일합니다. 반면 에스퓨얼셀은 2019년 1분기부터 2020년 3분기까지입니다. 총 7분기에 걸쳐 계약금액을 매출액으로 인식해야 하는 것이죠. 에스퓨얼셀의 2019년도 실적을 추정할 때, 계약금액 32억 중 18억 정도를 2019년도 실적으로 추정해볼 수 있습니다. 나머지 14억에 대해서는 다음 해인 2020년도의 실적으로 보는 것이죠.

그러나 이런 계약공시를 그대로 받아들이기에는 무리가 있습니다. 특히 운송 및 서비스 계약과 같은 장기 계약은 더욱 그렇습니다.

위 사례의 종합해운기업 팬오션은 2009년에 약 7조원의 25년짜리 장기 운송계약을 맺었습니다. 이러한 장기 계약건이 많이 있다면 꾸준히 매출이 있을 것으로 판단하여 실적을 추정하기 쉽습니다. 그러나 계약기간이 길면 길수록 보수적으로 인식해야 합니다. 산업의 패러다임이 변하는 등 예측할 수 없는 일이 일어날 수 있기 때문입니다.

반면 2년 미만의 계약은 큰 문제가 생기지 않는 이상, 계약을 파기하거나 계약 내용을 변경하는 것에 더 많은 비용이 소요될 수 있습니다.

5. 액면분할과 액면병합

액면가는 주식 수와 자본금의 기준이 되는 금액입니다.

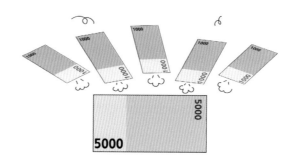

그래서 액면가가 5,000원이던 주식을 1,000원으로 쪼개는 액면분할을 하면 기존 1주의 주식이 5주가 됩니다. 이 과정에서 기업과 주주의 자본적 손실은 없습니다. 단순히 액면가만 변했기 때문이죠.

그렇다면 이런 액면분할은 왜 하는 것일까요? **액면분할로 거래량 확대와 가격 착시 효과를 기대할 수 있기 때문입니다.** 아모레퍼시픽의 액면분할 사례를 살펴보겠습니다.

아모레퍼시픽은 액면분할하기 이전에 1주당 주가가 400만원에 가까웠습니다. 그래서 투자금이 적은 개인투자자들이 접근하기가 어려웠죠. 게다가 자금이 필요해 주식을 팔게 될 경우에도 매도할 수 있는 최소 단위가 커서 부담스러웠습니다.

그런데 2015년에 1/10 액면분할을 하면서 이러한 문제점을 해소하게 됩니다. 더불어 사람들의 기억 속에는 400만원의 주가가 남아있기 때문에 상대적으로 저렴해보이는 효과도 불러왔죠.

액면분할과 반대로 액면을 합치는 액면병합도 있습니다. 액면가가 1,000원이던 주식을 5,000원으로 합치게 되면 5주가 1주로 되는 것이죠. 액면병합 중 단위가 맞아 떨어지지 않으면 일반적으로 기업에서 현금으로 지급하는 경우가 많습니다. 액면분할과 마찬가지로 이 과정에서 기업과 주주의 자본적 손실은 없습니다.

액면병합을 하는 가장 큰 이유는 **이미지 쇄신**입니다. 일반적으로 주식시장에서 1,000원 미만의 주식은 '동전주'라 하여 투자자들의 기피대상이 됩니다. 그래서 **액면병합으로 동전주 이미지를 탈출해 투자자들의 관심을 받으려고 하는 것이죠.**

💡 액면분할과 액면병합 절대매매 TIP!

❶ 액면분할, 액면병합 모두 주가 부양 차원에서 실시하는 수단입니다.
❷ 액면분할은 하나의 주식을 쪼개서 주가를 낮추고 주식 수를 늘리는 것입니다.
❸ 액면분할을 실시하게 되면 거래가 활발해지고, 가격이 비싸 매수하지 못했던 투자자들의 접근성이 높아져 매수세가 유입됩니다.
❹ 액면병합은 여러 개의 주식을 합쳐 주가를 높이고 주식 수를 줄이는 것입니다.
❺ 액면병합을 실시하게 되면 동전주 이미지를 탈피해 거래가 활성화될 수 있습니다.

6. 자사주 취득과 처분

자사주는 기업이 소유한 자기주식입니다. 엄연히 그 기업의 대주주가 소유한 주식과는 별개입니다. 기업이 발행한 주식을 스스로가 보유하고 있는 셈이죠. 그렇다보니 **배당을 받을 권리와 의결권이 없으며,** 증자 대상에도 해당하지 **않게 됩니다.**

그렇기 때문에 **기업이 자사주를 많이 보유하면 보유할수록 주주들이 가지는 주주가치가 높아지게 됩니다.** 무상증자 시에도 자사주는 증자 대상에 들어가지 않기 때문에 자사주가 많은 기업은 무상증자의 효과가 더 좋습니다.

그렇지만 기업이 보유한 자사주는 언제든지 시장에 매도하여 필요한 자금을 조달할 수도 있고, 스톡옵션이나 타 법인에게 양도하는 등 다양하게 사용될 수 있기 때문에 확정적으로 주주가치가 상승했다고 볼 수는 없습니다. 주주가치가 상승하기 위해서는 보유한 자사주의 처분이 동반되어야 합니다.

더 알아보기!

자사주 취득의 주요한 목적

❶ 주가 안정
❷ 경영권 방어
❸ 주주가치 제고

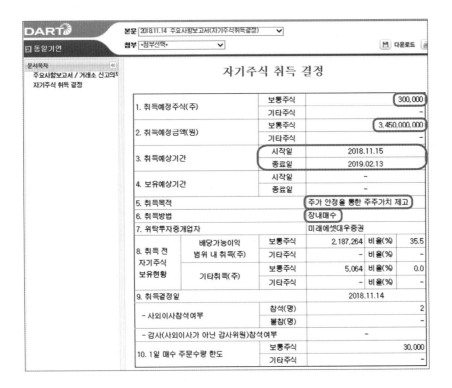

자기주식 취득 결정

1. 취득예정주식(주)		보통주식	300,000
		기타주식	–
2. 취득예정금액(원)		보통주식	3,450,000,000
		기타주식	–
3. 취득예상기간		시작일	2018.11.15
		종료일	2019.02.13
4. 보유예상기간		시작일	–
		종료일	–
5. 취득목적			주가 안정을 통한 주주가치 제고
6. 취득방법			장내매수
7. 위탁투자중개업자			미래에셋대우증권
8. 취득 전 자기주식 보유현황	배당가능이익 범위 내 취득(주)	보통주식	2,187,264 비율(%) 35.5
		기타주식	– 비율(%) –
	기타취득(주)	보통주식	5,064 비율(%) 0.0
		기타주식	– 비율(%) –
9. 취득결정일			2018.11.14
– 사외이사참석여부		참석(명)	2
		불참(명)	–
– 감사(사외이사가 아닌 감사위원)참석여부			–
10. 1일 매수 주문수량 한도		보통주식	30,000
		기타주식	

위의 동일기연 사례를 보면 약 3개월간 장내매수를 통해 주가 안정을 목적으로 주식을 매수한다는 공시를 내게 됩니다.

주요사항보고서(자기주식 취득 결정) 공시에서 이런 부분을 확인할 수 있습니다. **자기주식 취득 결정 관련 공시에서 중요하게 봐야 할 부분은 취득예정주식, 취득예정금액, 취득예상기간, 취득목적, 취득방법입니다.**

그리고 추가로 '기타 투자판단에 참고할 사항'에 자사주 처분 내용이나 향후 자사주 이용 방안을 명기하기 때문에 반드시 살펴봐야 합니다.

11. 기타 투자판단에 참고할 사항

-.상기2. 취득예정금액은 이사회결의일 전일종가 기준(2018. 11. 13.)이며 향후 주가
  변동에 따라 실제 취득금액은 변동될 수 있음.

-. 상기10. 1일 매수주문 수량한도 30,000주 산출근거
  가. 취득신고주식수의 10% : 30,000주
  나. 발행주식총수의 1% : 61,496.83주

-. 코스닥시장상장규정 제 28조 11항의 개정(5호에 있던 자기주식 삭제)으로
  인해 자사주가 소액주주에서 제외됨으로써 소액주주 지분미달이 예상되는바,
  당사는 향후 자사주를 소각하고 액면분할 또는 무상증자 등을 통해 상장조건
  을 만족시켜나가겠습니다.
-. 상기 사항은 경영사정의 변동이나 관련 법률의 개정으로 인하여 변경될 수
  있습니다.

아래 사례에서 자기주식 취득결정일 이후 적극적으로 주식을 매수하고 있는
모습을 확인할 수 있으며, 주가도 견고한 흐름을 이어가고 있음을 알 수
있습니다.

▶ 자사주 소각 사례

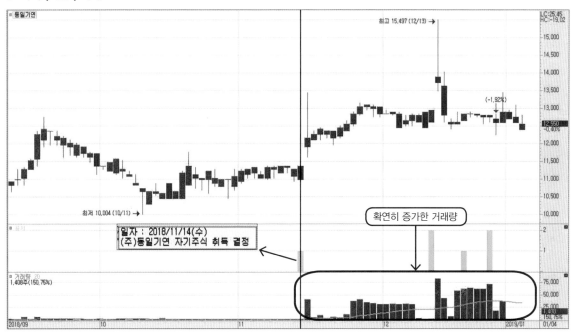

7. 전환사채(CB)와 신주인수권부사채(BW)

기업은 크게 자본이나 부채를 통해 자금을 조달하게 됩니다. 유상증자나 회사채, 대출을 활용하는 것이죠. 그 외에 **전환사채**와 **신주인수권부사채** 같은 특수사채로 조달하는 방식이 있습니다. 특수사채는 발행 당시에는 채권이지만 그와 동시에 주식으로 전환할 수 있는 옵션도 함께 갖고 있기 때문에 주식연계채권이라고도 부릅니다.

단순하게 회사채만 발행하는 것보다 주식으로 전환할 수 있는 옵션을 함께 제공한다면 투자자들을 더 쉽게 끌어들일 수 있습니다. 다만 기존 주주 입장에서는 특수사채를 발행한다는 것이 반가운 소식은 아닙니다. **기업의 가치(=시가총액)는 변하지 않는데, 총발행주식수가 늘어난다는 것은 기존 주주가 가지는 가치가 감소함을 뜻하기 때문이죠.**

다른 한편으로는 자금력이 강한 투자자가 아직 위험요소는 많지만 성장성이 있는 기업에 투자할 때 선호하는 방식입니다. 투자한 기업의 성장성이 좋지 않다면 이자를 수취할 수 있고, 고성장하게 된다면 주식으로 전환하여 큰 수익을 거둘 수 있게 되는 것이죠. 그리고 주가가 하락하더라도 일정 범위 안에서 전환가액이 함께 하향 조정되어 수익을 낼 수 있습니다.

그래서 **개인투자자들은 특수사채의 물량이 많은 주식이나 과거 발행이력이 많은 기업이라면 투자를 보류하거나 단기투자로 접근하는 것이 좋습니다.**

전환사채

일정한 조건에 따라 채권을 발행한 기업의 주식으로 전환할 수 있는 권리가 부여된 채권입니다. 주식으로 전환할 경우 기존의 채권은 사라지고 주식으로 전환됩니다. 부채였던 항목이 자본으로 변함에 따라 재무구조가 개선되는 효과도 가져오게 됩니다.

신주인수권부사채

전환사채와 비슷한 유형의 특수사채지만, 신주인수권부사채는 채권과 더불어 해당 기업의 주식을 인수할 수 있는 권리를 추가로 주는 것과 같습니다. 그래서 신주인수권부사채의 권리를 행사하더라도 기존의 채권은 사라지지 않습니다.

전환사채와 같은 특수사채의 상환 여부는 분기, 반기, 사업보고서의 I-3번
항목인 자본금 변동사항에서 확인할 수 있습니다.

자본금 변동사항에서는 증자와 감자에 따른 과거부터 지금까지의 내역을
확인할 수 있습니다. 얼마나 많은 전환사채 발행, 유상증자, 무상증자를 했는지
알 수 있는 것이죠.

미상환 전환사채 발행현황

(기준일 : 2018.09.30) (단위 : 원, 주)

종류\구분	발행일	만기일	권면총액	전환대상 주식의 종류	전환청구가능기간	전환조건 전환비율 (%)	전환조건 전환가액	미상환사채 권면총액	미상환사채 전환가능주식수	비고
제5회 전환사채	2016.12.06	2019.12.06	5,000,000,000	기명식 보통주	2017.12.06 ~2019.11.06	100	16,583	5,000,000,000	301,513	-
제6회 전환사채	2017.06.27	2020.06.27	12,000,000,000	기명식 보통주	2018.06.27 ~2020.05.27	100	10,122	2,350,000,000	232,167	-
제7회 전환사채	2018.04.12	2021.04.12	4,000,000,000	기명식 보통주	2019.04.12 ~2021.03.12	100	10,468	4,000,000,000	382,116	-
합 계	-	-	21,000,000,000	-	-	-	-	11,350,000,000	915,796	-

약 100억원 정도 이미 주식으로 전환

다음으로 미상환 전환사채 발행현황을 알 수 있습니다. 여기서는 **권면총액과 전환청구가능기간을 유심히 봐야 합니다.** 권면총액은 전환가액을 기준으로 주식으로 전환할 수 있는 금액입니다. 이 금액이 많이 남아 있을수록 주가 상승에 부담을 가중하는 역할을 하게 됩니다.

해당 채권을 주식으로 전환할 수 있는 기간을 명시한 것이 바로 전환청구 가능기간 항목입니다. 전환청구가능기간의 막바지에 다다를수록 주가에 부담을 주게 됩니다. **현재 주가가 전환가액보다 높은 상황이면 언제든지 전환사채 물량이 매물로 주식시장에 출현할 수 있는 상황이 되는 것이죠.**

전환사채(CB), 신주인수권부사채(BW) 절대매매 TIP!

❶ 특수사채는 신규 투자자에게는 좋은 기회이지만 기존 주주에게는 부담이 됩니다.
❷ 일반적으로 특수사채의 상대 투자자는 큰 자금력을 가졌기 때문에 해당 기업이 상대 투자자에게 휘둘릴 가능성이 높습니다.
❸ 개인투자자는 정기보고서에서 자본금 변동사항을 반드시 확인해야 합니다.
❹ 특수사채 발행 이력이 많거나 미상환 금액이 많다면 주가 상승에 부담으로 작용하기 때문에 투자를 보류하거나 단기투자로 접근하는 것이 좋습니다.

개선 선생의 꿀팁!

CB와 BW는 발행 대상자를 유심히 살펴보자!

CB와 BW를 발행할 때 어떤 주체가 투자자로 들어오는지가 중요합니다. 리픽싱 조항 등으로 인해 일반 투자자들에 비해 유리한 위치에 있기 때문에 주가가 하락하더라도 리픽싱으로 조정해둔 가격으로 주식을 매도해 차익을 챙길 수 있기 때문입니다.

과거 리픽싱 조항을 활용해 주가 하락에도 이익을 본 적이 있는 주체라면 이번 사채 발행에서도 그럴 확률이 높으며, 앞으로도 그럴 수 있습니다. 그래서 소위 '먹튀' 논란이 생기게 되는 것이죠.

따라서 발행 대상자를 유심히 살피고, 그 이력을 확인해야 합니다.

8. 기업의 핫이슈! 합병과 분할

기업의 생애주기에서 합병과 분할은 중대한 이벤트입니다. 여러 목적으로 기업을 인수하여 합병하거나 기업 내의 여러 사업부를 새로운 법인으로 분할시키는 사건은 기업의 가치와 지배구조에 큰 영향을 주게 됩니다.

그래서 합병과 분할의 기대효과를 해석함에 있어서도 투자 영역이라기보다는 사업 영역에 가까워 어려움이 있습니다. 공시 내용을 보더라도 합병과 분할에 대한 거의 모든 내용이 들어가 있으며, 생소한 용어와 법률 사항들이 많아 읽기조차 힘들죠. 따라서 중요하게 봐야 할 항목 위주로 알아보겠습니다.

① 합병

합병 방법에는 크게 흡수합병과 신설합병이 있습니다. 흡수합병은 존속회사와 소멸회사가 모두 존재하게 됩니다. 신설합병은 기존의 두 회사가 모두 소멸되고, 신설회사가 생기는 것입니다.

회사합병 결정		
1. 합병방법		㈜다음커뮤니케이션이 ㈜카카오를 흡수합병
		- 존속회사 : ㈜다음커뮤니케이션 - 소멸회사 : ㈜카카오
2. 합병목적		합병을 통하여 핵심사업 강화 및 시너지 효과 창출
3. 합병비율		㈜다음커뮤니케이션 : ㈜카카오= 1 : 1.5557456

카카오의 합병 사례를 보면 카카오가 다음으로 흡수합병된 것을 알 수 있습니다. 또한, 합병비율을 보면 카카오 주식 1.5주당 다음 주식 1주를 받을 수 있다는 것도 알 수 있죠.

8. 합병일정	채권자이의제출기간	시작일	2014-08-28
		종료일	2014-09-30
	합병기일		2014-10-01
	합병등기예정일자		2014-10-01
	신주권교부예정일		2014-10-13
	신주의 상장예정일		2014-10-14

합병일정에서는 신주의 상장예정일을 확인하면 언제 합병한 회사가 상장되어 거래되는지 알 수 있습니다.

	나. 주식매수예정가격 - ㈜다음커뮤니케이션 : 73,424원 - ㈜카카오 : 113,429원
12. 이사회결의일(결정일)	2014-05-23

소규모 합병이나 간이합병을 제외하고 일반적으로 회사가 원치 않는 합병을 할 경우 회사에게 주식을 매수해 달라고 청구할 수 있는 권리가 있습니다. 이것을 주식매수청구권이라고 합니다.

주식매수청구권을 행사하는 주주들이 많아지면 회사의 자금 부담이 커지게 됩니다. 주주들의 주식매수청구권 행사 규모가 적정 수준을 넘어서게 되면 해당 합병이 무산될 가능성이 높아지게 되는 것이죠.

13. 기타 투자판단에 참고할 사항	⑥ 존속회사 또는 소멸회사가 본 계약상 진술 및 보증, 확약, 약정 또는 의무가 중대하게 위반되거나 또는 그에 관한 중대한 불이행이 있고, 그에 관한 상대방 당사자의 서면 시정요구에도 불구하고 15일 이내에 그 위반 또는 불이행의 치유가 이루어지지 않은 경우
	나. 존속회사와 소멸회사가 합병을 함에 있어 합병계약서와 그 승인에 대한 각각의 임시주주총회에서의 승인 결의는 특별결의사항에 해당되므로, 출석한 **주주의 의결권의 3분의 2 이상의 수와 발행주식총수의 3분의 1 이상의 수의 승인을 얻지 못할 경우 합병이 무산될 수 있음**
	다. 합병으로 인한 합병신주 배정으로 1주 미만의 단수주가 발생하는 경우에는 신주상장초일 종가로 현금계산 하여 지급
	라. 본 합병 계약 내용은 관련기관의 인·허가 및 신고서 수리 과정에서 일부 변경될 수 있음.

마지막으로 기타 투자판단에 참고할 사항에서는 합병의 성사조건에 대해 상세하게 기술하고 있습니다. 주주의 승인 여부나 주식매수청구권의 한도 등이 대표적입니다. 쉽게 말해, 주주들이 어느 수준 이상으로 주식매수청구권을 행사하면 무산되는지 알려주는 것입니다.

② 분할

기업이 성장하는 과정에서 기업 내 새로운 사업을 진행하는 것은 반드시 필요한 경영활동입니다. 그러나 시간이 지나면서 잘 되는 사업부와 그렇지 않은 사업부가 극명하게 갈리기도 하죠. 이럴 때 보통 분할을 결정하게 됩니다.

이익이 잘 나는 사업부가 계속해서 적자나는 사업부를 안고 가는 구조라면 그 기업 전체가 시장에서 소외받을 가능성이 높기 때문입니다.

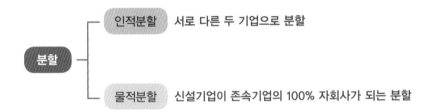

분할은 크게 인적분할과 물적분할로 나눌 수 있습니다. **물적분할**은 기업의 여러 사업부 중 일부를 분리해 독립법인으로 세우는 것입니다. 이 경우 기존 기업이 신설기업의 지분을 100% 보유하게 됩니다. 보통 지주회사 체제로 전환하기 위해 시행하는 것이 물적분할입니다.

사실상 투자자가 신경 써야 할 분할은 인적분할입니다. 인적분할은 서로 다른 기업으로 분할되며 두 기업의 주식을 모두 받게 됩니다. 만약 분할 전에 기업의 지분을 20% 보유했다면 새롭게 생기는 두 기업의 지분을 20%씩 받게 되는 것이죠. 그러나 실제 인적분할 사례에서는 사업부 간의 크기 등을 상세히 고려해 분할 비율에 맞게 분할이 이루어집니다.

메가스터디 사례를 통해 분할을 살펴보겠습니다.
다음 공시를 통해 기존 '메가스터디'라는 기업에서 '메가스터디교육'이라는 기업이 신설되는 것과 분할기일을 알 수 있습니다.

▶ 메가스터디의 인적분할 사례

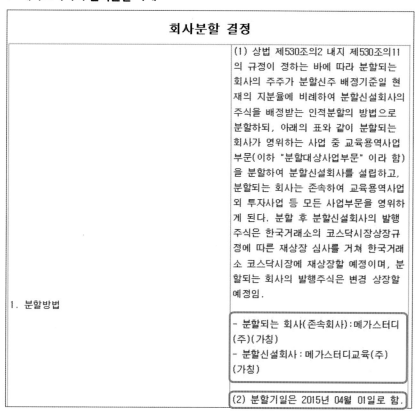

분할목적에서는 교육사업과 그 외의 사업으로 분리하기 위한 것임을 알 수 있습니다. 그리고 분할비율에서는 인적분할이라는 것과 1주가 각각 몇 주로 나누어지는지 알 수 있습니다. 이를 통해 신설될 기업의 주식을 얼마나 받을 수 있을지 계산할 수 있습니다.

2. 분할목적	(1) 교육용역사업과 교육용역사업 외 투자사업 등 모든 사업부문의 분리를 통하여 각 사업 부문의 전문성을 제고하고 핵심 경쟁력을 강화하여 지속적인 성장의 토대를 마련하고자 함. (2) 급변하는 사업환경 변화에 따라 각 사업부문별 특성에 맞는 신속하고 전문적이며 유연한 의사결정이 가능한 지배구조 체제를 확립하여 경쟁력을 강화하고, 투자위험 분산과 경영위험 최소화를 도모함. (3) 각 사업부문의 전문화를 통하여 핵심사업에의 집중투자 및 구조조정을 용이하게 하고, 독립적인 경영 및 객관적인 성과평가를 가능하게 함으로써 책임경영체제를 확립함. (4) 상기와 같은 경영체제 변경을 통하여 궁극적으로 기업가치와 주주의 가치를 제고함.
3. 분할비율	배정비율 산정 근거는 2014년 6월 30일 현재의 재무상태표를 기준으로 인적분할 대상 부문(신설회사)의 순자산 장부가액을 분할전 순자산 장부가액에 분할전 자기주식 장부가액을 합산한 금액으로 나누어 산정하였으며, 존속회사는 0.6334179, 인적분할 신설회사는 0.3665821의 비율로 분할함.

💡 합병과 분할 절대매매 TIP!

❶ 합병은 기업 간의 시너지 효과를 위해 합치는 것이지만 기대한 것만큼의 효과가 없을 수 있습니다.

❷ 합병 상대 기업이 기존 기업보다 우량하고 성장성이 있다면 해당 주식을 보유하는 것이 좋습니다. 그렇지 않은 경우라면 주식매수청구권의 행사가격과 시장가격을 비교해 유리한 쪽으로 매도하는 것이 좋습니다.

❸ 분할은 경영 효율화와 핵심 사업에 집중하겠다는 의지를 보여주는 것입니다.

❹ 기존 주주의 지분이 쪼개지면 인적분할, 주주의 지분 분할 없이 기업의 자산을 나눈다면 물적분할이 됩니다.

❺ 지주회사의 요건을 갖추기 위해 인적분할을 하는 경우도 있습니다. 일반적으로 상장일 이후에 지주회사의 주가는 하락하게 되고 핵심사업 회사의 주가는 상승하게 됩니다.

❻ 인적분할로 생기는 신설회사는 증권사의 리포트나 분석 자료가 적기 때문에 가치투자의 관점에서 매력적인 투자 기회로 볼 수 있습니다. 해당 기업의 공시자료나 홈페이지, 학술지 등의 정보를 기반으로 미래 성장성을 판단해 먼저 투자할 수 있는 것이죠.

9. 그 외 기타 공시에는 무엇이 있을까?

① 소송 공시

기업은 경영활동 중에 크고 작은 소송들에 휘말릴 가능성이 많습니다. 일반적으로 작은 사건·사고는 적은 벌금, 합의 등으로 조용하게 끝날 가능성이 높지만 배임이나 횡령 등 큰 사건의 경우 민감하게 대응할 필요가 있습니다.

② 자산재평가

자산재평가는 기업이 보유한 유형자산의 취득가액이나 장부가액이 현재가치와 큰 차이가 날 때 시행하는 것입니다.

일반적으로 자산재평가를 시행하게 되면 부채비율과 PBR이 낮아지는 효과를 가져옵니다. 이로 인해 재무안전성이 높아지게 되고 저평가 기업으로 부각될 가능성이 있습니다. 그리고 합병이나 분할 등으로 인해 자산재평가가 이루어지는 것이 아니라 기업이 자율적으로 자산재평가를 시행한다면 주가 부양 의지가 있는 것으로 판단해볼 수 있습니다.

☼ 소송 공시 활용 절대매매 TIP!

❶ 소송 관련 공시가 발생하면 투자자들이 민감하게 반응하기 때문에 오히려 투자 기회가 생길 수 있습니다.

❷ 소송 관련 공시가 발생해 주가가 하락한 이후 추가적인 공시가 없다면 주가는 다시금 제자리를 찾아가게 됩니다.

❸ 배임과 횡령 같은 큰 사건이 발생하더라도 확정 판결까지는 시간적 여유가 있으므로 데드캣바운스를 잘 이용하면 손실을 최소화할 수 있습니다.

③ 조회공시

기대감은 주가를 움직이는 중요한 요인 중 하나입니다. 그래서 특정 기업의
주가가 소문에 의해 영향을 받을 수 있습니다. 이를 악용하는 것을 막기 위해
있는 제도가 바로 **조회공시** 제도입니다.

현저한 시황 변동이 일어나거나 기업의 내긱설 등의 소문이 돌 때 조회공시를
요청하게 됩니다.

조회공시

상장법인은 해당 기업에 대한 풍문
이나 보도의 사실 여부를 거래소가
요청할 경우 1일 이내에 응답할 의
무를 가지고 있습니다. 투자자들은
전자공시시스템을 통해 관련 내용
을 확인할 수 있습니다.

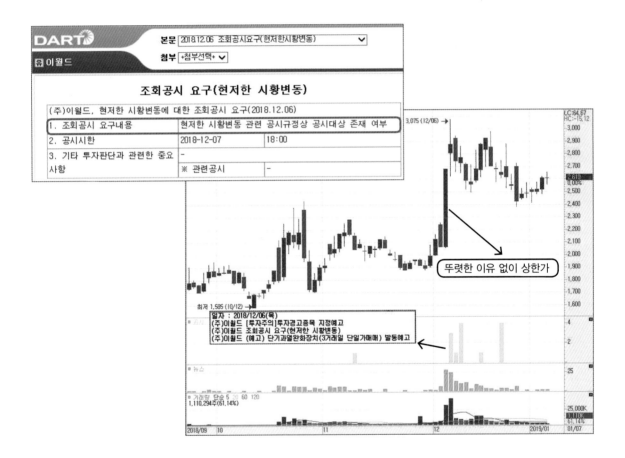

위의 이월드의 사례를 보면 2018년 12월 5일에 뚜렷한 이유 없이 주가가 30%
상승하였습니다. 거래소에서는 이를 현저한 시황변동으로 판단하고 이월드에게
조회공시를 요구했습니다.

조회공시요구(현저한 시황변동)에 대한 답변(미확정)	
1. 제목	(주)이월드 발행주권의 현저한 시황변동 관련 조회공시 답변
2. 내용	당사는 12월 6일 한국거래소의 조회공시 요구와 관련하여 당사 발행주권의 최근 현저한 시황변동(주가급등)에 영향을 미칠만한 사항의 유무 또는 검토중 여부 및 이로 인한 주가 및 거래량에 대한 영향을 신중히 검토하였으며, 미확정 사항으로 추진할 검토중인 주요 사항을 아래와 같이 알려 드립니다. 1.검토중인 사항 ▷당사는 투자자금 확보를 위해 외부투자자로부터 2,000억원 규모의 자금을 투자받는 방안을 추진하고 있으며 이와 관련하여 유상증자 및 전환사채 발행을 검토중이며 확정될 경우 임시 주주총회 개최가 필요합니다. ▷당사는 상기 투자유치를 전제로 (주)이랜드월드 쥬얼리사업부 인수를 검토중입니다. - 상기 사항과 관련하여 향후 구체적인 내용이 확정되는 시점에 재공시 하겠습니다. 2.기타 투자 판단에 참고할 사항 ▷당사는 공시대상 기업집단 이랜드에 속해 있으며 이랜드 기업집단 동일인은 現 이낙연 국무총리와 광주제일고등학교 동문인 것은 사실이나 국무총리는 과거 및 현재 당사의 사업과 전혀 관련이 없음을 알려드립니다. (공시책임자) 대표이사 유 병 천 ※이 내용은 거래소의 조회요구(2018년 12월 6일 16:26)에 따른 공시사항임

이월드의 사례처럼, 기업은 조회공시 요구에 따라 확정된 사안이 아니더라도 검토 중인 사항이 있다면 답변할 의무가 있습니다. 투자자들은 이를 잘 이용한다면 좋은 투자판단의 근거로 삼을 수 있습니다.

변동성 완화장치(VI)를 활용한 단타매매

이성을 찾으시오

개별 종목의 주가가 강하게 상승 혹은 하락하게 되면 투자자들의 이목을 끌게 됩니다. 해당 종목을 거래하고 있지 않던 투자자들도 시세차익을 올리기 위해 거래에 가담하면서 정확한 이유를 모르는 채 주가가 급등 혹은 급락하게 됩니다.

거리에서 1명의 사람이 하늘을 보고 있을 때는 사람들이 그냥 지나치지만, 여러 명이 동일하게 하늘을 보고 있으면 지나가던 사람들도 가던 길을 멈추고 하늘을 바라보게 됩니다. 그 하늘에는 아무것도 없어도 말이죠. 주가도 이와 마찬가지입니다. 개별 종목의 주가가 급하게 올라가게 되면 상승의 이유를 찾기보다는 일단 매수부터 하는 것이죠.

그래서 변동성 완화장치(VI)라는 제도가 존재하는 것입니다. VI란 개별 종목의 주가가 직전 체결가 또는 전일 종가보다 일정 수준 이상 변동되면, 2분 정도 잠시 일반 매매를 멈추고 단일가 매매로 전환하는 것을 말합니다. 투자자들이 이성을 찾을 시간을 주는 것이죠.

이러한 VI 제도를 단기 차익을 올릴 수 있는 투자 기회로 활용할 수 있습니다.

VI의 종류는 크게 동적 VI와 정적 VI로 나뉩니다.
동적 VI는 직전 체결가 대비 2~3%가 갑자기 상승하면 발동됩니다. 누군가가 갑자기 대량 주문을 넣었을 경우 발생하는 것이죠. 정적 VI는 전일 종가 대비 10% 이상 주가가 변동되면 발동됩니다. 여기서 우리가 집중해야 할 부분은 바로 정적 VI입니다.

정적 VI를 활용한 매매 방법

▶ 변동성 완화장치(VI) 설정 방법

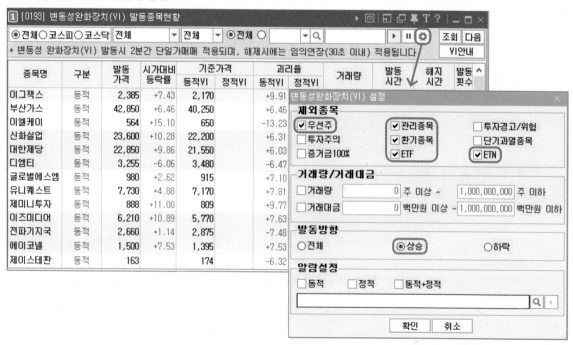

변동성 완화장치(VI)는 화면번호[0193]에서 확인할 수 있습니다. 본격적으로 VI를 활용한 매매를 하기 전에 위 그림처럼 기본적인 설정을 해두는 것이 좋습니다.

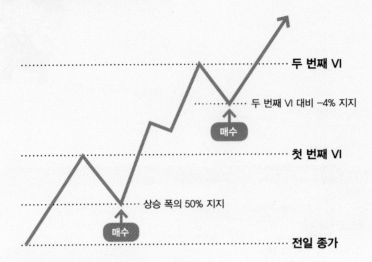

두 번째 VI

두 번째 VI 대비 –4% 지지

매수

첫 번째 VI

상승 폭의 50% 지지

매수

전일 종가

❶ VI가 걸리고 눌림 없이 상승할 경우 매수하지 말아야 합니다.

❷ VI 발동 이후 눌림이 나올 때 매수하는 것이 승률이 높은 방법입니다.

❸ 첫 VI 발동 이후 단일가 매매를 하는 2분간 해당 종목이 어떤 재료로 상승했는지 빠르게 파악해야 합니다. 추가 상승 가능성 여부를 판단하는 것이죠.

❹ VI 매매 시 15분봉을 주로 보고, 5분봉을 보조로 보는 것이 좋습니다.

❺ VI 발동 이후 3~4% 정도 눌림을 주고 상승을 시작하는 부근에 매수하는 것이 좋습니다.

❻ VI 발동 이후 마지막 지지선은 상승폭의 50% 수준으로 설정하고 그 이하로 하락하면 매수하지 않습니다.

❼ 단타매매이므로 목표수익률은 5% ~ 10% 전후로 설정하는 것이 바람직합니다.

▶ 정적 VI 매매 사례 ①

종목명	구분	발동가격	시가대비등락률	기준가격 동적VI	기준가격 정적VI	괴리율 동적VI	괴리율 정적VI	거래량	발동시간	해지시간	발동횟수
현성바이탈	정적	2,915	+10.00		2,650		+10.00	1,689,756	10:22:09	10:24:31	1
대창스틸	동적	2,820	-6.62	3,005		-6.16		182,540	10:15:18	10:17:45	1
미래SCI	정적	1,445	+10.31		1,310		+10.31	3,777,769	10:16:07	10:16:07	1
랩지노믹스	정적	7,740	+10.10		7,030		+10.10	2,231,830	10:12:29	10:14:48	1
넥스트BT	정적	2,015	+10.11		1,830		+10.11	18,460,602	10:05:38	10:08:03	1
디알렘	정적	8,840	+21.10		8,030		+10.09	6,022,971	09:59:01	10:01:24	1
하이셈	정적	5,380	+10.02		4,890		+10.02	2,168,840	09:59:01	10:01:07	1
씨케이에이치	동적	335	-9.95	357		-6.16		674,099	09:50:12	09:52:21	1
케이피엠테크	정적	1,515	+10.18		1,375		+10.18	6,550,566	09:48:45	09:50:50	1
우정바이오	정적	2,540	+10.20		2,305		+10.20	782,460	09:45:51	09:48:01	1
에스와이패널	정적	6,150	+10.02		5,590		+10.02	3,361,184	09:40:11	09:42:20	1
리드	정적	4,200	+10.09		3,815		+10.09	1,566,424	09:37:30	09:39:41	1
유엔젤	정적	4,785	+10.00		4,350		+10.00	524,289	09:33:03	09:35:08	1

위의 넥스트BT 사례를 보면 10시 5분경에 정적 VI가 발동됩니다. 단일가 매매를 하는 동안 어떤 이슈로 주가가 상승했는지를 확인해야 합니다. 그리고 상승의 재료가 지속가능성이 있는지 판단하고 거래에 참여해야 합니다.

당일 넥스트BT가 경남제약 인수와 관련한 재료로 상승한 것이기 때문에 추가 상승 동력이 있는 것으로 판단할 수 있습니다.

▶ **정적 VI 매매 사례 ②**

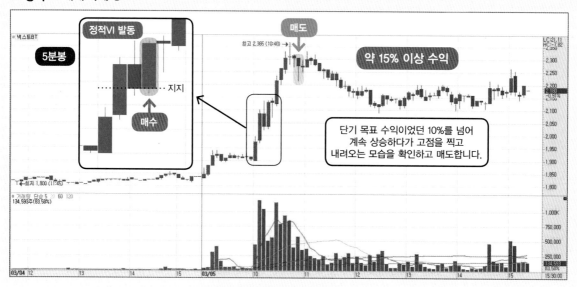

정적 VI가 발동되어 단일가 매매로 전환되었을 때 주문하기보다는 VI 발동 이후 눌림이 나오고 일정한 가격대를 지지해주는지 여부를 확인하고 매수해야 합니다. 마지막 지지라인을 파악할 때는 15분봉으로 파악하고 매수시점을 잡을 때는 5분봉으로 보는 것이 좋습니다.

이를 통해 매수시점을 잡고 매수에 나섰다면 단기투자인 만큼 목표수익을 짧게 정하고, 설정한 목표수익률 이상에서 주가가 하락하기 시작하면 욕심부리지 않고 수익실현하는 것이 좋습니다. 투자 기회는 얼마든지 있으니까요!

PART 08 에서는 …

이번 파트에서는 투자전략과 위험관리에 대해 알아볼 예정입니다. 투자전략은 전문투자자와 일반투자자를 가르는 가장 큰 요소입니다. 이러한 부분을 잘 이해하고 개개인의 성향에 맞는 전략을 세울 수 있어야 좋은 투자 성과를 낼 수 있습니다. 투자전략과 위험관리 계획을 세울 때 주의해야 할 점에 대해서도 알아보겠습니다.

PART

08

투자전략

CHAPTER 01 전략 없는 곳에 승리 없다

양봉이, 음봉이
돌격 앞으로!

– 양봉이, 음봉이, 개선 선생이 입장하셨습니다. –

양봉이

개선 선생님! 이제 스스로 종목 선정과
매수, 매도를 할 수 있을 것 같아요!

음봉이

저도요. 그런데 어떻게 하면 지금보다
높은 수익률을 낼 수 있을까요?

개선 선생

지금까지 함께 많은 것들을 배웠죠?

그렇지만 끝날 때까지는 끝이 아니라는 점!
사실 전문투자자와 일반투자자의 차이는
투자전략에 있습니다. 같이 알아보도록 합시다!

1. 투자전략의 필요성

개인투자자, 코스닥 매수상위 10종목 중 9개 '마이너스' 수익

순매수 10종목 평균 수익률 기관 51.4%, 외국인 14.1%, 개인 -36.8%

개인 투자자, 8월 수익률 참패

f 🐦 ↗ 최종수정 2018.08.27 11:01   기사입력 2018.08.27 11:01

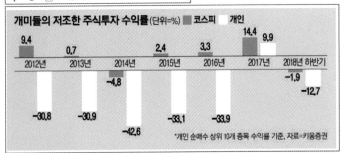

개미들의 저조한 주식투자 수익률(단위=%) ■ 코스피 □ 개인

	2012년	2013년	2014년	2015년	2016년	2017년	2018년 하반기
코스피	9.4	0.7	-4.8	2.4	3.3	14.4	-1.9
개인	-30.8	-30.9	-42.6	-33.1	-33.9	9.9	-12.7

*개인 순매수 상위 10개 종목 수익률 기준, 자료=키움증권

주식투자를 하다 보면 '개인투자자의 투자 성과가 좋지 않다', '개인들이 많이 사는 주식은 떨어진다', '개인투자자들은 절대 돈을 벌지 못한다' 등의 말을 종종 들을 수 있습니다. 대부분의 개인투자자가 돈을 벌고 있지 못하는 것이 현실이기도 하죠.

그런데 기관투자자와 외국인투자자는 어떻게 상대적으로 좋은 성과를 올리는 걸까요? 투자 실력에 뛰어난 차이가 있을까요? 아니면 우리가 모르는 미공개 정보를 이용해서 투자를 하는 것일까요?

결정적인 요소는 바로 투자의사 결정의 원칙이 있느냐, 없느냐의 차이입니다. 전문투자자들은 철저하게 기준과 원칙에 따라 행동합니다. 그들은 하루에 매매할 수 있는 총금액, 목표수익률, 종목 수, 주식과 채권의 비율, 포트폴리오 편입 기준 등과 같은 자세한 기준에 따라 매매하고 기록합니다. 이후 기록한 것을 바탕으로 무엇이 잘못되었고, 잘 되었는지를 확인해 보겠죠.

그러나 개인투자자들 중에 전문투자자처럼 철저하게 자신만의 기준과 원칙을 지키면서 매매하는 사람이 있을까요? 아마 거의 없을 것입니다. 그래서 이 부분에 바로 기회가 있는 것이죠. 자신의 순간적인 감정과 판단에 따라 주식을 매매하기보다 사전에 올바른 기준과 원칙을 세워두고 이를 철저하게 지킨다면 개인투자자들 중 상위 1% 이상의 투자 성과를 올릴 수 있을 것입니다.

그럼 지금부터 올바른 투자의 기준과 원칙이 무엇이고, 어떻게 세워야 하는지 함께 알아보겠습니다.

2. 투자전략의 기준과 원칙

투자전략의 기준은 선호도라고 할 수 있습니다. 예를 들어 '나는 코스닥 주식 중에서 고성장 산업인 헬스케어 관련 주식만 살거야'와 같은 것입니다. 여러 시장 상황이나 기타 조건에 따라 유연하게 바뀔 수 있는 부분이죠. 그렇다고 해서 기준을 가볍게 여기고 매번 어긴다면 세우지 않는 것보다 못한 결과를 가져올 수 있습니다.

투자전략의 원칙은 기준보다 상위 개념이고 반드시 지켜야 하는 것입니다. 예를 들어 '투자하는 동안 주식과 현금의 비율을 50대 50으로 가져가야지'와 같은 것입니다.

오늘 날 투자와 관련된 정보는 셀 수 없을 정도로 많습니다. 게다가 그 정보를 모두 있는 그대로 믿을 수 있는 상황도 아니죠. 그래서 합리적인 기준과 원칙을 세워야 합니다. 기준과 원칙이 없으면 매번 너무 많은 변수와 감정들을 고려해 결정을 내려야 하는 상황에 처하기 때문이죠. 따라서 매매할 때와 투자자금을 운용할 때, 세워 놓은 기준과 원칙에 부합하는지를 늘 확인해야 합니다.

3. 기대효과

투자전략을 세우면 오답노트 효과와 위험관리 효과를 기대해볼 수 있습니다.

① 오답노트 효과

학창시절에 시험공부를 하면서 오답노트
만들어 본 기억 있으시죠? 오답노트를
통해 틀린 문제에 대한 그 이유를 파악하고
어떤 부분이 부족한지 알 수 있습니다.
이와 마찬가지로 투자 성과가 좋았다면 왜
좋았는지, 어떤 기준으로 골랐던 종목들이
수익이 좋았는지 등을 투자전략을 되짚어
보며 세부적으로 알아볼 수 있습니다.

만약 자신의 느낌대로 매매했다면 조금만 시간이 흘러도, 해당 종목을 어떤
근거로 매매했는지 기억나지 않을 것입니다. 투자 성과가 좋든 나쁘든 거기에서
무언가를 배우기란 쉽지 않은 것이죠. 그래서 자신만의 투자전략을 세우고
그에 따라 매매한 결과를 기록해야 합니다. 그러면 점점 더 좋은 투자 성과가
날 수 있는 투자전략을 세울 수 있게 됩니다. 오답노트를 꾸준히 기록할수록
점수가 올라가는 것처럼 말이죠.

② 위험관리 효과

투자전략의 기대효과가 수익 극대화가 아니라 위험관리라는 점이 의문이 들
수도 있을 것입니다. 그러나 주식투자에 있어 중요한 것은 첫 번째도 손실을
보지 않는 것이고, 두 번째도 손실을 보지 않는 것입니다.

손실을 보지 않는 것에 대한 중요성은 과거부터 지금까지 투자 세계에서 이름을
날린 사람들이 입을 모아 강조하는 부분입니다. 위험관리 방법은 챕터 2에서,
투자전략을 세우는 방법은 챕터 3에서 알아보겠습니다.

위험관리, 이렇게 하라!

위험관리는 필수!

― 양봉이, 음봉이, 개선 선생이 입장하셨습니다. ―

개선 선생

손실은 최소화하면서 수익은 최대화하는 방법!
위험관리에 대해 들어봤나요?

음봉이

위험관리? 들어보긴 했는데 방법을 모르겠어요.

양봉이

웬지 어려워 보이는데… 꼭 해야 하나요?

개선 선생

위험관리를 하는 투자자와 하지 않는 투자자의
투자 성과는 차이가 엄청 크답니다.
위험관리가 왜 중요한지, 어떻게 해야 하는지
쉽게 알려줄게요! 시작해 볼까요?

1. 위험관리의 중요성

주식투자를 하다보면 투자손실을 보는 경우가 자주 있습니다. 투자를 오래
할수록 손실에 무감각해지는 경향이 있는데, 이를 방치하게 되면 장기적인 투자
성과는 좋을 수가 없습니다.
손실을 보지 않고 수익을 낼 수 있는 방법, 위험관리와 그 중요성에 대해 알아
보겠습니다.

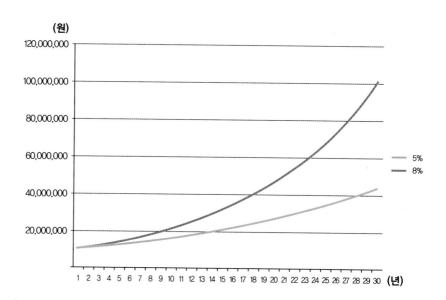

만약 1,000만원의 자금을 투자해 매년 5%의 수익과 8%의 수익을 올리는 경우가 있다고 가정해 봅시다.

위 그림처럼 손실 없이 꾸준히 수익을 낸다고 한다면 8%의 복리 수익을 낸 경우가 5%의 경우에 비해 수익금이 두 배 이상 많은 것을 알 수 있습니다.

그렇다면 만약 첫 해에 −30%의 손실을 보고 난 이후에 계속해서 8%의 수익을 내는 경우와 손실 없이 5%의 수익을 계속 내는 경우를 비교했을 때 결과는 어땠을까요?

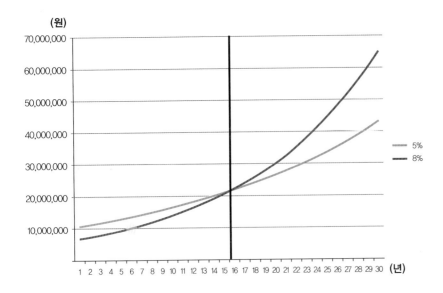

첫 해에 -30%의 손실을 보고 난 후에 꾸준히 8%의 수익을 내는 경우, 원금을 회복하는 데 약 6년의 시간이 소요됩니다. 또한, 5% 수익을 내는 경우보다 수익금이 많아지는 시점이 오려면 15년 이상 걸리게 되죠.

또 다른 경우로, 첫 해에 큰 실수를 해 -50%의 손실을 입고 8%의 수익을 내는 경우와 손실 없이 5%의 수익을 꾸준히 냈다면 어땠을까요?

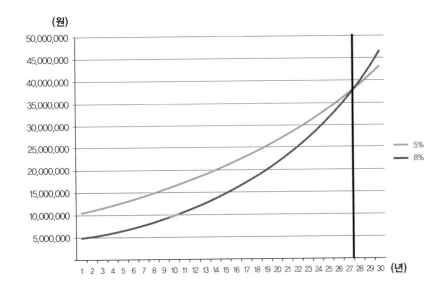

이 경우에는 원금회복까지 무려 10년의 시간이 소요되는 것을 볼 수 있습니다. 이후 5%의 수익을 올리는 경우보다 수익금이 많아지기 위해서는 27년 이상 걸리는 것을 알 수 있습니다. 이렇게 손실을 보지 않고 투자하는 것과 손실을 보는 경우는 결과에서 극명히 차이가 납니다.

그럼 위험관리는 어떻게 해야 하는지 알아보겠습니다.

2. 위험관리 방법

투자와 위험은 떼려야 뗄 수 없는 사이입니다. 투자수익을 기대할 수 있는 곳에는 항상 위험이 도사리고 있죠.

비체계적 위험

개별종목의 주가 하락으로 인한 위험입니다. 기업의 실적이 악화되거나 갑작스런 소송, 상장폐지 등이 이에 해당합니다. 이는 해당 기업의 주식을 사지 않았다면 피할 수 있는 위험으로, 분산가능 위험이라고도 합니다.

체계적 위험

시장위험, 분산 불가능 위험이라고 부르는 체계적 위험은 경기침체, 전쟁, 자연재해 등 범국가적으로 일어나 파급효과가 큰 위기를 말합니다.

주식투자를 할 때 나타날 수 있는 위험은 크게 **비체계적 위험**과 **체계적 위험**으로 나누어 볼 수 있습니다. 그래서 투자에 따른 총 위험은 비체계적 위험과 체계적 위험의 합이 됩니다. 일반적으로 사람들은 위험이 늘어나는 만큼 수익이 늘어날 것이라고 생각합니다. 하지만 모든 위험이 반드시 수익을 수반하는 것은 아닙니다.

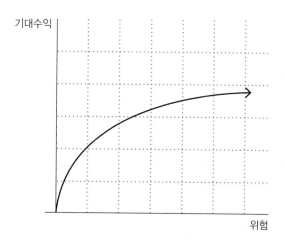

위 그림은 기대수익과 위험의 관계를 나타낸 그래프입니다. 위험이 늘어남에 따라 기대수익도 함께 늘어나지만, 정비례하지는 않죠.

그럼 이러한 위험은 어떻게 줄일 수 있을까요? 위험을 줄일 수 있는 대표적인 방법은 **포트폴리오를 구성하는 것**입니다. 투자의 위험을 줄이기 위해 주식을 분산투자하는 것이죠. 비체계적 위험은 여러 종목을 동시에 보유함으로써 줄일 수 있습니다. 그러나 체계적 위험, 즉, 시장 위험은 분산투자로 줄일 수 없습니다. 그럼 시장 위험은 필연적으로 가지고 있어야만 하는 걸까요? 그렇지 않습니다. 일정 비율의 현금을 보유하여 위험을 줄일 수 있습니다.

유 튜 브
연결하기

★ 포트폴리오 관련 영상
바로 확인!

주식초보
수익의첫걸음

QR코드로
영상 보는 법
p.12 참고!

▶ **포트폴리오 이론**

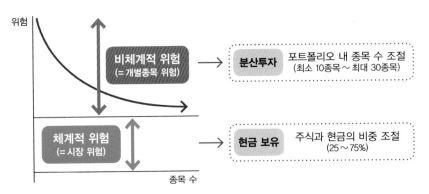

그럼 비체계적 위험과 체계적 위험을 줄일 수 있는 대표적인 방법에 대해 자세히 알아보겠습니다.

① 비체계적 위험

비체계적 위험을 줄이기 위해서는 종목 선정과 종목 간의 비중 조절, 종목 구성이 중요합니다. 이 부분을 질문으로 바꿔 말하면 다음과 같습니다.

1. 어떤 기준으로 종목을 선정할 것인가?
2. 선정한 종목에 어느 정도의 금액을 투자할 것인가? 동일하게 할 것인가?
   내재가치에 따라 차등을 둘 것인가? 시가총액에 따라 비중을 달리 할 것인가?
3. 포트폴리오 내의 종목들이 서로 유사하지는 않은가?

종목 선정 방법 기준에 대해서는 PART 3에서 함께 알아보았으니, 여기서는 비중 조절과 구성에 대해 자세히 알아보겠습니다.

먼저 종목 간의 비중 조절입니다. 아무리 장기적으로 경제가 성장하고 주식의 가치가 올라간다 하더라도 지속적인 관심과 관리는 반드시 필요합니다. 많은 투자자들이 주식을 저렴할 때 사고 비싸지면 팔고 싶어하죠. 그렇지만 이에 대한 명확한 기준을 찾기란 쉬운 것이 아닙니다. 그래서 종목별 투자 비중을 정하고, **주기적으로 투자 비중을 조정하는 리밸런싱 작업**을 해야 합니다.

예를 들어 포트폴리오에 5종목에 투자하기로 하고 각 투자 비중을 20%씩 동일하게 정합니다. 20%의 비중으로 각 100만 원씩 투자했던 종목들이 오르거나 내려 4월에는 아래 그림과 같이 변했다고 가정하겠습니다.

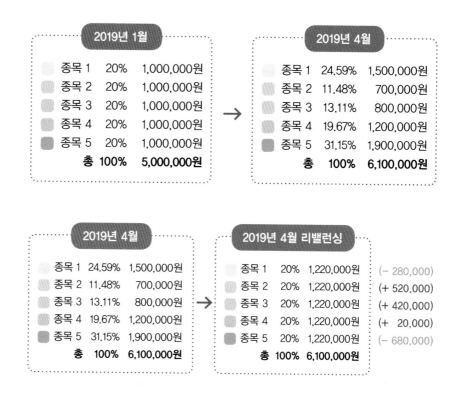

그럼 위 그림처럼 다시 종목별 비중을 20%로 맞춰주는 것이죠. 이러한 리밸런싱 작업을 거치면 자연스럽게 비싼 종목은 팔게 되고, 싼 종목은 사게 되는 효과를 가져옵니다. 종목별 투자 비중을 정했다면 리밸런싱 주기를 정해야 합니다. 일반적으로 리밸런싱 주기는 1개월~3개월이 적당합니다. 조정 빈도가 잦으면 사실상 리밸런싱이 의미가 없습니다. 반대로 조정 빈도가 너무 드물다면, 수익을 올릴 수 있는 많은 기회를 놓치게 됩니다. 또한, 변동성이 클수록 조정 주기를 1개월에 가깝게 설정하고, 변동성이 작을수록 3개월에 가깝게 설정하는 것이 좋습니다.

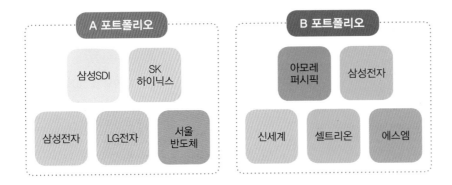

다음으로 신경써야 할 것은 포트폴리오 구성입니다. 위 A 포트폴리오와 B 포트폴리오 중 어느 것이 위험관리에 있어 더 효과적일까요?

당연히 B 포트폴리오가 위험관리에 있어 더 효과적입니다. A 포트폴리오는 전자와 관련된 종목들에 치중되어 있습니다. 크게 보면 하나의 종목에 투자한 것과 비슷하죠. 이 경우 전자 섹터가 부진하게 되면 큰 투자 손실을 피할 수 있는 방법이 없습니다. 반면 B 포트폴리오는 화장품, 백화점, 바이오, 엔터, 전자 등 다양한 섹터가 포함되어 있죠. 그래서 하나의 섹터가 부진하더라도 다른 섹터에서 그 부분을 만회해주는 역할을 하여 위험이 줄어드는 효과가 있습니다.

시가총액도 포트폴리오를 구성하는데 고려해야 할 중요한 요소입니다. 시가총액이 크면 클수록 성장성은 낮아지고, 안정성은 높아지는 경향을 보입니다. 반면 시가총액이 작은 소형주는 고성장의 가능성은 높지만 그만큼 따라오는 위험도 높습니다. 따라서 포트폴리오를 대형종목 또는 소형종목으로만 구성하는 것은 바람직한 방법이 아닙니다.

비체계적 위험 줄이기

❶ 종목 선정 시 다양한 방법을 통해 '좋은 종목'을 고르는 작업이 선행되어야 합니다. 비중 조절과 분산투자 등을 통해 위험을 낮춘다고 하더라도 종목 자체가 계속 하락세를 보인다면 효과가 없기 때문입니다.

❷ 종목별 투자 비중 설정 시 내재가치, 성장성 등과 같은 자신만의 특별한 기준이 없다면 포트폴리오 내 종목들은 동일한 비중으로 투자하는 것이 좋습니다. 이렇게 하면 다른 포트폴리오에 비해 리밸런싱 효과가 좋습니다.

❸ 포트폴리오에 종목을 담을 때 종목 간의 연관성이나 동일성을 파악하여 서로 성격이 다른 종목들로 포트폴리오를 구성해야 합니다. 섹터뿐만 아니라 시가총액의 크기도 다르게 하는 것이 좋습니다.

② 체계적 위험

체계적 위험, 즉, 시장 위험은 주식만으로 투자자산을 구성할 때 피할 수 없는 것입니다. 금융위기가 오거나, 급격한 금리 인상, 주요 국가의 디폴트 등이 일어나게 된다면 그 여파는 주식시장이 고스란히 떠안기 때문입니다. **이를 대비하기 위해서는 자산분배를 해야 합니다.**

일반적으로 자산분배는 부동산, 채권, 주식, 금, 이국통화, 기타 실물자산 등 서로 상관성이 낮은 자산들에 투자하여 총 위험을 낮추는 것을 말합니다. 하지만 이는 투자자의 능력과 자산의 규모, 성향 등에 따라 조합이 달라질 수밖에 없습니다. 그렇기 때문에 개인투자자가 이를 적극적으로 활용하기란 쉽지 않죠.

그래서 개인투자자가 체계적 위험을 줄이기 위해 선택할 수 있는 방안 중 가장 효율적인 방법은 '주식+현금' 또는 '주식+예적금'의 형태입니다. 이 둘 간의 비중을 정해 그에 맞춰 투자를 하는 것이죠.

예를 들어 주식과 현금의 비중을 50%씩 동일하게 하기로 했다면 일정 시점을 정해 그 시점이 오면 달라진 비중을 50대 50으로 맞춰주는 리밸런싱 작업을 해야 합니다. 리밸런싱을 통해 주가가 하락해 저렴해진 시점에 더 매수하게 되고, 주가가 올라 비싸진 시점에 보유한 주식을 매도해 현금을 확보하게 되는 것이죠.

여기서 '현금으로 들고 있으면 손해가 아닐까'라는 의문이 들 수 있습니다. 초기에 투자금이 적을 때는 여유자금 전부를 투자하는 것이 더 성과가 좋을 수 있습니다. 그러나 시간이 지날수록 현금을 보유해 안전망을 구축하는 것이 성과가 좋아지게 됩니다.

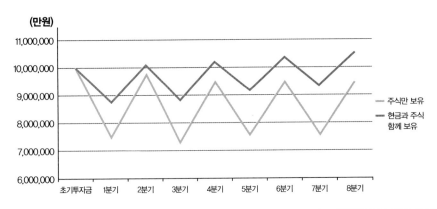

			1분기	2분기	3분기	4분기	5분기	6분기	7분기	8분기
분기 수익률			−25%	30%	−25%	30%	−20%	25%	−20%	25%

전략	비중	초기투자금	1분기	2분기	3분기	4분기	5분기	6분기	7분기	8분기	총 수익률
주식만 보유	주식	10,000,000	7,500,000	9,750,000	7,312,500	9,506,250	7,605,000	9,506,250	7,605,000	9,506,250	−4.94%
주식과 현금 함께 보유	주식	5,000,000	4,385,000	5,051,520	4,430,183	5,103,571	4,603,421	5,188,055	4,679,626	5,273,938	5.48%
	현금	5,000,000	4,385,000	5,051,520	4,430,183	5,103,571	4,603,421	5,188,055	4,679,626	5,273,938	
	총 금액	10,000,000	8,770,000	10,103,040	8,860,366	10,207,142	9,206,842	10,376,111	9,359,252	10,547,877	

위 그래프는 주식만 보유했을 때(이하 A안)와 현금과 주식을 함께 보유했을 때(이하 B안)를 비교한 결과입니다. 투자금은 두 방법 모두 동일하게 1,000만 원입니다. B안은 500만원을 주식에 투자하고, 나머지 500만원은 CMA에 넣어둔 경우입니다. 분기마다 수익률을 계산하고 리밸런싱한다는 가정하에 위와 같은 결과가 나오게 됩니다.

주식시장은 마냥 상승하지도, 하락하지도 않는다는 것을 여러분도 잘 아실 것입니다. 변동성으로 인해 오르고 내리는 것을 반복하게 되죠. 현금을 보유하게 되면 이러한 변동성에 대해 완충장치를 가지는 것과 같습니다.

이로 인해 A안과 B안의 투자 성과가 차이가 나는 것이죠. 같은 기간에 A안보다 더 적은 금액을 주식에 투자한 B안이 A안 대비 약 10% 정도의 초과수익을 올린 것을 볼 수 있습니다.

그래서 **주식투자 자금을 일정 비율로 나누어 현금 또는 예적금으로 보유하는 것이 체계적 위험을 줄이는데 큰 역할을 하게 되는 것입니다.** 주식과 현금의 비율을 정할 때 워런 버핏의 스승인 벤저민 그레이엄은 투자자의 성향에 따라 25 ~ 75% 사이의 주식투자 비중을 정하고 나머지는 현금 또는 안전한 채권에 투자하길 권장했습니다.

체계적 위험 줄이기

❶ 현금을 보유하고 있는 것이 손해가 아닙니다. 보유한 현금은 시장 전체의 주가가 하락해 저렴한 시기에 기존 종목이나 새로운 종목을 매수할 수 있는 강력한 무기가 되어주죠.

❷ 단순히 현금만 보유하고 있다가 저렴한 느낌이 들 때 매수에 나서는 것이 아닙니다. 기준이 필요한 것이죠. 주식과 현금의 비중을 정하고 얼마에 한 번씩 리밸런싱을 할지 정해야 합니다.

❸ 그레이엄은 투자자의 성향에 따라 25 ~ 75% 사이의 주식투자 비중을 가져가길 권장했습니다.

❹ 개별 종목에도 리밸런싱 전략을 사용한다면 같은 시기에 전체 투자금에 대한 리밸런싱도 함께 실행하는 것이 좋습니다. 이 경우 전체 투자금에 대한 리밸런싱을 먼저 진행한 후 개별 종목에 대한 리밸런싱을 진행해야 합니다.

3. 위기는 반복된다!

'금융위기 10년 주기설'이라는 것이 있습니다. 10년마다 금융시장에 큰 위기가 찾아와 주가가 폭락하게 되는 것인데요. 우리나라 증시만 보더라도 1997년에 IMF, 2008년에 서브프라임이 있었습니다. 그로 인해 주가지수가 70%, 60%씩 하락했습니다. 최근 2018년에도 미·중 무역분쟁으로 인해 주가가 30% 이상 하락하면서 다시금 금융위기론이 대두되었죠. 그래서 진짜 금융위기는 2020년이라는 말도 나오고 있는 상황입니다.

그러나 지나온 주가지수를 보면 금융위기 당시에는 큰 폭으로 지수가 하락하였지만, 위기 이후 주가지수는 빠르게 회복되며 금융위기 이전보다 더 높은 수준의 성장을 이뤄내었습니다. 지나고 나서야 위기가 기회라는 것을 알게 되죠. 제대로 된 위험관리를 하지 않은 투자자들은 주식시장의 하락 속에서 모두 떠나게 될 것입니다.

만일 지금 30대라면 살면서 7번의 금융위기는 더 경험할 수 있을 것입니다. 앞으로 7번의 금융위기가 누군가에게는 7번의 큰 위기가 될 수 있지만, 또 다른 누군가에게는 7번의 큰 기회가 될 수 있습니다. 이 책을 읽고 있는 여러분이라면 위험관리를 통해 위기를 기회로 바꿀 수 있어야 합니다.

투자금이 적다면 어떻게 해야 할까?

사실 돈을 벌려면 어느 정도 리스크에 노출시킬 필요가 있습니다. 장기적인 관점에서는 포트폴리오를 구성해 위험관리를 하는 것이 좋지만, 투자금이 적은 상황에서는 투자 기간만 길어질 수 있습니다. 1천만원을 가지고 매매를 하는데 10종목, 20종목의 포트폴리오를 구성한다면 1억원을 만들기가 굉장히 힘들 것입니다.

5천만원 이하의 자금을 가진 투자자라면 자신이 잘 아는 3~4종목을 정해놓고 집중 매매를 해야 합니다. 이를 통해 수익률을 극대화시켜 초기에는 빠르게 투자금을 불려 나가야 하는 것이죠. 이후 투자자금이 1억원이 넘어가기 시작하면 그때부터 분산투자를 시작해도 늦지 않습니다.

투자금 규모	종목 수
1천만원 이하	2종목~3종목
5천만원 이상	5종목~10종목
1억원 이상	10종목 이상
2억원 이상	20종목 이상

내 계좌를 지키는 특급 투자전략

— 양봉이, 음봉이, 개선 선생이 입장하셨습니다. —

개선 선생
투자전략에 대한 전반적인 내용을 알아보았는데요. 어떤가요? 주식투자를 어떻게 해야 하는지 알겠나요?

음봉이
네! 그런데 개선 선생님처럼 투자를 잘 하는 사람들은 어떤 전략을 쓰나요?

개선 선생
대표적인 투자전략을 알려드릴게요. 추가로, 자동으로 포트폴리오를 관리해주는 엑셀 양식도 갖고 왔으니 꼭 활용해 봐요!

양봉이
혹시 개개인의 성향에 맞는 투자전략이 있는 건가요?

개선 선생
네, 당연하죠. 자신이 어떤 성향의 투자자인지 정확히 알고 전략을 수립한다면 그것이야말로 특급 투자전략이겠죠?

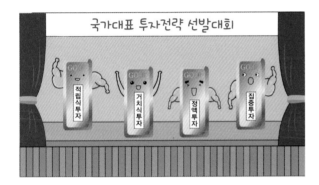

1. 장세에 따른 자금관리 전략

투자할 때는 항상 시장상황을 점검해야 합니다. 역사적으로 투자자들은 시장이 현재 어떤 모습인지에 대해 관심이 많았습니다. 현존하는 가장 오래된 기술적 분석인 다우이론부터 이를 발전시킨 엘리어트 파동이론까지 투자자들의 **장세에** 대한 관심은 지금까지도 지속되고 있습니다.

장세

주식시장에서 주가의 움직임을 뜻합니다.

다우이론과 엘리어트 파동이론에 따르면 어떤 추세가 반전했다는 명확한 신호를 보이기 전까지는 그 추세가 유효하다고 설명합니다. 그 근거는 관성에 있습니다.

시장의 방향이 정해지면 가속도가 붙어 그 방향으로 움직이는 힘이 점점 강해집니다. 반대로 국면 전환이 가까워져 오면 가속도가 떨어지게 됩니다. 그 이후 뚜렷한 추세가 없는 비추세 구간에 접어듭니다. 이러한 장세를 **보합장**이라 부릅니다.

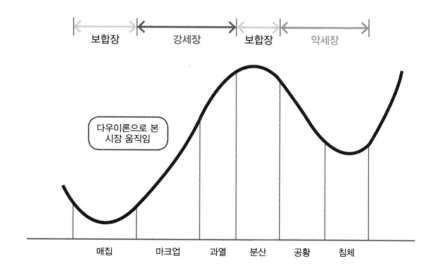

이렇듯 시장은 크게 강세장, 약세장, 보합장으로 구분할 수 있습니다. 장세는 급격하게 변하기보다 순차적으로 나타나는 것이 일반적입니다. 강세장 이후 보합장이 나타나며 그 이후 다시 강세장이 나타나거나 약세장이 나타납니다.

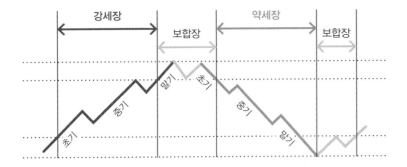

시장 추세는 관성에 의해 초기, 중기, 말기로 나누어 볼 수 있습니다. 시장이 현재 어느 위치에 있는지를 파악하고 그에 맞는 자금관리 방법을 사용한다면 좋은 투자 성과를 기대해 볼 수 있겠죠. 그럼 자금관리에 대해 세부적으로 알아보겠습니다.

전체 투자금액이 1억원(100%)이라 가정할 때, 모든 투자금액을 증권계좌에 넣어서 운용하는 것은 바람직하지 않습니다. 증권계좌에 있는 금액이 무계획적으로 금방 소진될 가능성이 높기 때문이죠.

따라서 활성화된 증권계좌에 5천만원만 넣고 나머지 금액은 예금 및 적금성 계좌에 넣어 따로 관리하는 것이 바람직합니다. 그리고 현재의 시장이 어느 수준인지를 판단하고 그에 맞는 방법으로 투자에 임해야 합니다.

① 약세장에서의 자금관리

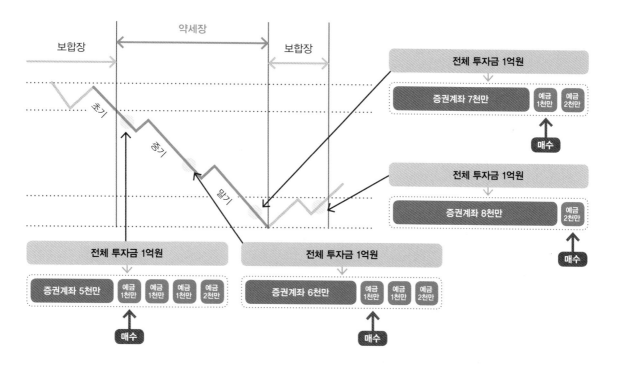

주식투자를 하다 보면 개별 종목의 주가뿐만 아니라 시장지수가 하락하는
시기가 옵니다. 이러한 장세를 약세장이라 부릅니다.

약세장 자금관리의 핵심은 구체적인 기준에 따라 주식 비중을 확대하는 것입
니다.

▶ 약세장 자금관리 핵심포인트

❶ 초기 약세장에서는 기존 5천만원(50%)에 예금 1천만원(10%)을 더해
증권계좌로 이동하여 신규 매수를 진행합니다.

❷ 중기 약세장에서는 기존 6천만원(60%)에 추가로 예금 1천만원(10%)을
신규 매수에 사용합니다.

❸ 약세장의 강도가 약해지는 말기 약세장에서도 추가로 1천만원(10%)을 신규
매수에 사용합니다.

❹ 이후 주가가 추가로 하락하지 않고 추세 전환의 신호가 하나씩 보인다면
남은 예금 2천만원(20%)을 신규 매수에 사용합니다.

② 강세장에서의 자금관리

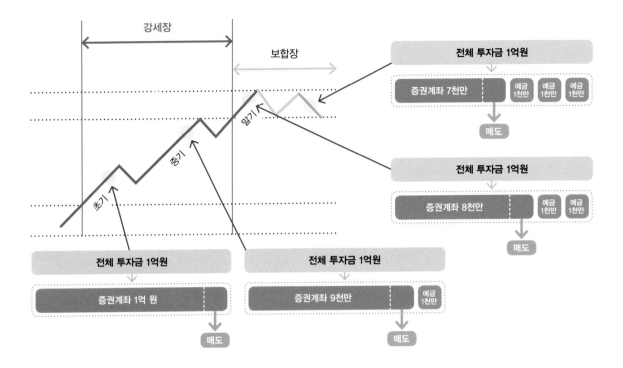

약세장과는 반대로 시장지수가 상승하는 강세장이 있습니다. 강세장 자금관리의
핵심은 구체적인 기준에 따라 주식 비중을 줄이는 것입니다.

▶ **강세장 자금관리 핵심포인트**

❶ 초기 강세장에서는 기존에 확대해두었던 주식(100%) 중 일부(1천만원,
10%)를 매도하여 다시 예금에 넣습니다.

❷ 중기 강세장에서도 보유한 주식 중 일부(1천만원, 10%)를 매도하여 예금에
넣습니다.

❸ 강세장의 강도가 약해지는 말기 강세장에서도 보유한 주식 중 일부(1천만
원, 10%)를 매도하여 주식 비중을 축소합니다.

❹ 이후 주가가 추가로 상승하지 않고 추세 전환 신호가 하나씩 보인다면
2천만원(20%)을 매도하여 현금을 확보합니다.

2. 나 자신을 알아야 투자도 백전백승!

주식투자에 있어서 개인투자자의 성향은 크게 두 가지 유형으로 나눠볼 수 있습니다. **첫 번째는 적극적인 성향입니다.** 시간적 여유가 있고, 경쟁심이 강하며 복잡한 지적 탐구를 마다하지 않는 사람들이 여기에 해당합니다.

두 번째는 소극적인 성향입니다. 항상 시간이 부족하고, 단순한 것을 좋아하며, 금전적인 계산을 번거롭게 생각하는 사람들이 여기에 해당합니다.

이러한 유형에 따라 투자자에게 맞는 투자 방식을 찾고 기준과 원칙을 세워야 합니다. 다음 질문들을 답변하면서 자신의 유형을 판단해 보세요.

---

1. 나는 새로운 것을 배우기를 좋아한다.
2. 나는 운동경기나 게임에서 졌을 때 그 원인을 철저하게 분석하는 편이다.
3. 나는 평소 숫자를 좋아하고, 계산이 빠른 편이다.
4. 나는 이루고자 하는 것이 있으면 잠을 줄여서라도 해내는 편이다.
5. 나는 미리 계획을 세우고 그것을 잘 지키는 편이다.
6. 나는 앞으로 최소 20년 이상 투자를 지속할 수 있다.
7. 나는 꾸준히 운동을 하는 등 체력관리에 신경을 쓰고 있다.
8. 나는 평소 과소비를 하지 않고, 항상 미래를 생각하는 편이다.
9. 나는 감정 기복이 크지 않은 편이다.
10. 나는 사물, 현상 등 무언가를 볼 때 다양한 시각으로 보려고 한다.

위 선택지 중 6개 이상에 해당하면 적극적인 성향에 가깝다고 볼 수 있습니다. 이러한 성향의 투자자는 주식 보유 비중을 늘리고, 종목 선정과 여러 분석 툴을 사용해 시장에 적극 대응하기에 적합합니다.

반대로 3개 이하에 해당한다면 소극적인 성향으로, 현금 보유 비중을 늘리는 것이 바람직합니다. 종목 선정과 분석 방법에도 복잡하거나 어려운 방법보다는 자신이 잘 알고 있는 기업과 재무적으로 탄탄한 기업에 투자할 필요가 있습니다.

3. 대표적인 공격적 투자전략

시장의 상황이 파악되셨나요? 앞에서 파악한 자신의 투자성향에 따른 매매
전략도 궁금하실 텐데요. 우선 공격적인 매매전략에 대해서 알아보겠습니다.
대표적인 공격적 투자전략으로는 피라미드 전략이 있습니다.

피라미드 전략이란 주식시장의 추세를 이용하여 추세가 생기는 전환점에서
매수하여 주가가 추가로 상승할 때마다 투자금을 늘려 수익을 극대화하는
것입니다.

포트폴리오 전략에서 포트폴리오 전체에 대한 기준이 중요하다면, 피라미드
전략에서는 개별 종목에 대한 기준을 명확히 하고 이를 철저히 지키는 것이
중요합니다.

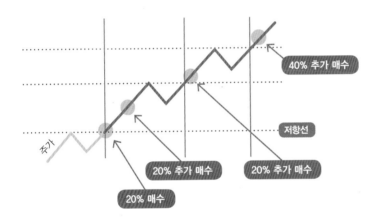

예를 들면 주가가 기존의 저항선을 돌파하는 시점에 20%를 매수하고, 이후
저항선까지 밀리지 않고 상승한다면 20%를 추가로 매수합니다. 그 이후에도
계속 상승한다면 추세가 형성된 것으로 보고 20%를 매수합니다. 그리고
마지막으로 상승하던 주가가 조정 후 상승이 재개된다면 남은 40%를 마저
매수하는 전략입니다.

이 전략의 중요한 점이자 어려운 점은 **추가 매수할 때마다 직전 매수 가격보다
높은 가격에 매수해야 한다**는 것입니다. 그래서 경험이 적은 투자자나
소극적인 성향의 투자자가 실행하기에는 어려움이 뒤따르게 되는 것이죠.

피라미드 전략을 사용하기 위해서는 지속적인 관심과 민첩함이 필요합니다. 그리고 사용하는 시기도 면밀히 검토해보아야 합니다. **피라미드 전략을 사용하기에 최적의 구간은 바로 추세 형성의 초기**입니다. 추세가 이미 형성된 상태에서 이 전략을 사용하게 된다면 수익을 보기보단 손절을 해야 할 경우가 더 많을 수 있습니다.

다른 전략보다 개별 종목에 대한 자세한 원칙을 세워야 합니다. 추가 매수 횟수, 손절폭, 보유기간, 목표가격 등과 같은 것 말이죠.

> ▶ **피라미드 전략 예시**
> – 추가 매수 횟수 : 3회(30%, 30%, 40%)
> – 손절폭 : 10%
> – 보유기간 : 2주
> – 목표가격 : 최초 매수 가격의 20% 상승 이후, 고점 대비 −10% 마다 분할 매도

🔦 피라미드 전략 절대매매 TIP! 📖

나만의 피라미드 전략 세워보기

❶ 매매에 나서기 전에 매수하고자 하는 총주식수나 총 투자금을 먼저 정해두어야 합니다.

❷ 몇 번에 나누어 살 것인지, 한 번 매수할 때 얼마나 살 것인지를 정합니다.

❸ 손절폭을 설정합니다. 여기서는 손절 금액이 전체 투자금의 5% 미만이 되도록 정하는 것이 중요합니다.

❹ 목표 가격을 설정합니다. 20%, 30%와 같은 일정한 퍼센트를 정하거나 고점 대비 몇%의 형식으로 정하는 것이 좋습니다.

❺ 매도도 마찬가지로 분할 매도로 대응해야 합니다. 그리고 이익금의 일부는 항상 예비 자금으로 떼어 두는 것이 좋습니다.

❻ 투자와 관련된 모든 행동은 사전에 계획을 세우고 지켜야 하며 기록해야 합니다. 이후 투자 성과가 좋거나 좋지 않음에 따라 전략을 수정하는 것이 바람직합니다.

❼ 마음의 여유를 가지는 것이 중요합니다. 전체 포지션은 단번에 구축하려다 보면 많은 기회를 놓치게 되고, 손실을 입을 확률이 높습니다.

4. 대표적인 방어적 투자전략

소극적 성향의 투자자들에게 적합한 대표적인 투자전략은 포트폴리오 전략입니다.

포트폴리오 전략이란 종목별 최대 투자비중, 현금 보유 비중, 종목 선정 방법 등을 사전에 정하여 이를 지키면서 포트폴리오를 조정하는 것입니다. 이 전략에서 가장 중요한 것은 뛰어난 두뇌, 날카로운 판단력 같은 것이 아닙니다. 그것은 바로 **올바른 원칙을 세우는 것**과 그 원칙을 잘 지켜나가는 것입니다.

> 1. 주식투자 비중 : 50%
> 2. 최대 종목 수 : 20 종목
> 3. 종목당 투자 비중 : 5%(동일 비중)
> 4. 리밸런싱 주기 : 1개월(매달 마지막 영업일)
> 5. 주된 매매 방법 : 분할 매수, 분할 매도

위와 같은 기준을 세워두고 개별 종목의 매수와 매도 타이밍에 집중하기보다는 **포트폴리오 자체를 관리한다는 생각으로 주식을 운용하는 것이 중요합니다.** 그렇다고 해서 종목 선정 작업과 매매 작업을 소홀히 해도 된다는 뜻은 아닙니다. 투자자의 능력 선에서 최선을 다하되, 위와 같은 기준을 가지고 포트폴리오 전략을 사용하면 위험을 크게 감소시킬 수 있습니다.

포트폴리오 운용전략은 크게 3단계로 구성되어 있습니다.

> ❶ 포트폴리오 구성(신규 구성 혹은 재구성)
> ❷ 일정 기간 후 포트폴리오 리밸런싱
> ❸ 조정 후 포트폴리오

① 포트폴리오 구성하기

▶ 포트폴리오 구성 양식

전체 투자금액	주식	현금
200,000,000	50%	50%

Esang School 이상미디어

조정 전 포트폴리오

No	종목명	종목코드	현재가	보유비중	매수 수량	평가금액
1	삼성전자	005930	47,150	5%	106	4,997,900
2	삼성에스디에스	018260	230,500	5%	21	4,840,500
3	신세계	004170	285,000	5%	17	4,845,000
4	아이에스동서	010780	34,250	5%	145	4,966,250
5	엔씨소프트	036570	430,500	5%	11	4,735,500
6	대한항공	003490	36,400	5%	137	4,986,800
7	LG디스플레이	034220	20,600	5%	242	4,985,200
8	넷마블	251270	118,500	5%	42	4,977,000
9	에스엠	041510	48,150	5%	103	4,959,450
10	펄어비스	263750	188,000	5%	26	4,888,000
11	LG화학	051910	383,500	5%	13	4,985,500
12	신라젠	215600	72,000	5%	69	4,968,000
13	텔콘RF제약	200230	8,120	5%	615	4,993,800
14	유진기업	023410	7,590	5%	658	4,994,220
15	인바디	041830	24,700	5%	202	4,989,400
16	파라다이스	034230	19,150	5%	261	4,998,150
17	토니모리	214420	14,550	5%	343	4,990,650
18	청담러닝	096240	20,650	5%	242	4,997,300
19	에이블씨엔씨	078520	15,450	5%	323	4,990,350
20	LG유플러스	032640	15,100	5%	331	4,998,100

포트폴리오를 구성하기 위해 가장 먼저 해야 할 일은 바로 투자금액과 투자비중을 결정하는 것입니다. 전체 투자자금 중 주식투자 비중을 결정합니다. 자신만의 특별한 기준이 없다면 50대 50으로 시작하는 것이 가장 좋습니다. 이후 포트폴리오 내 종목별 보유비중을 정해야 합니다. 이 경우 동일하게 같은 비중을 가져갈 수도 있고, 주력 종목이 있다면 그 종목에 조금 더 높은 10%, 15% 등의 높은 비중을 설정할 수도 있습니다.

주식투자 비중과 종목별 투자비중이 결정되었다면, 매수할 종목들을 선정해 포트폴리오를 구성해야 합니다. 종목을 선정할 때는 앞에서 알아본 것처럼 충분한 분산투자가 이루어질 수 있도록 구성하는 것이 중요합니다.

② 포트폴리오 리밸런싱

▶ 포트폴리오 리밸런싱 양식

리밸런싱

No	종목명	현재가	보유수량	현재 평가금액	수익률	현재 보유비중	부족 금액	매수수량	매도수량	조정 후 평가금액	조정 후 보유비중
1	삼성전자	47,850	106	5,072,100	1.48%	4.72%	139,225	2	-	5,167,800	4.93%
2	삼성에스디에스	245,000	21	5,145,000	6.29%	4.78%	66,325	0	-	5,145,000	4.91%
3	신세계	345,000	17	5,865,000	21.05%	5.45%	(653,674)	0	- 1	5,520,000	5.27%
4	아이에스동서	38,950	145	5,647,750	13.72%	5.25%	(436,424)	0	- 11	5,219,300	4.98%
5	엔씨소프트	540,000	11	5,940,000	25.44%	5.52%	(728,674)	0	- 1	5,400,000	5.15%
6	대한항공	31,200	137	4,274,400	-14.29%	3.97%	936,925	30	-	5,210,400	4.97%
7	LG디스플레이	23,200	242	5,614,400	12.62%	5.22%	(403,074)	0	- 17	5,220,000	4.98%
8	넷마블	103,500	42	4,347,000	-12.66%	4.04%	864,325	8	-	5,175,000	4.94%
9	에스엠	32,150	103	3,311,450	-33.23%	3.08%	1,899,875	59	-	5,208,300	4.97%
10	펄어비스	192,000	26	4,992,000	2.13%	4.64%	219,325	1	-	5,184,000	4.95%
11	LG화학	410,000	13	5,330,000	6.91%	4.96%	(118,674)	0	-	5,330,000	5.09%
12	신라젠	98,000	69	6,762,000	36.11%	6.29%	(1,550,674)	0	- 15	5,292,000	5.05%
13	텔콘RF제약	14,500	615	8,917,500	78.57%	8.29%	(3,706,174)	0	- 255	5,220,000	4.98%
14	유진기업	8,350	658	5,494,300	10.01%	5.11%	(282,974)	0	- 33	5,218,750	4.98%
15	인바디	17,500	202	3,535,000	-29.15%	3.29%	1,676,325	95	-	5,197,500	4.96%
16	파라다이스	21,500	261	5,611,500	12.27%	5.22%	(400,174)	0	- 18	5,224,500	4.99%
17	토니모리	14,500	343	4,973,500	-0.34%	4.62%	237,825	16	-	5,205,500	4.97%
18	청담러닝	28,600	242	6,921,200	38.50%	6.44%	(1,709,874)	0	- 59	5,233,800	4.99%
19	에이블씨엔씨	18,000	323	5,814,000	16.50%	5.41%	(602,674)	0	- 33	5,220,000	4.98%
20	LG유플러스	12,000	331	3,972,000	-20.53%	3.69%	1,239,325	103	-	5,208,000	4.97%

일정 기간(리밸런싱 주기)이 지난 후 주가의 상승 혹은 하락으로 인해 달라진 종목별 보유비중을 다시 이전 상태로 맞춰주는 리밸런싱을 진행해야 합니다.

조정 전 포트폴리오 시트에 자료가 입력된 상태라면 리밸런싱 시트에서는 현재가만 입력하면 됩니다. 그럼 자동으로 주가 상승으로 인해 보유비중이 늘어난 종목의 매도 수량을 알려주고, 주가 하락으로 인해 보유비중이 줄어든 종목의 매수 수량을 계산해 알려줍니다.

이 과정에서 주식투자와 현금보유 비율과 정확하게 금액이 맞아 떨어지지 않을 수 있습니다. 이 경우 임의로 주식을 더 매수하거나 그대로 놔두어도 무방합니다.

③ 조정 후 포트폴리오

▶ 조정 후 포트폴리오 양식

Esang School **이상미디어**

조정 후 포트폴리오

No	종목명	현재가	보유수량	보유비중	평가금액
1	삼성전자	47,850	108	4.93%	5,167,800
2	삼성에스디에스	245,000	21	4.91%	5,145,000
3	신세계	345,000	16	5.27%	5,520,000
4	아이에스동서	38,950	134	4.98%	5,219,300
5	엔씨소프트	540,000	10	5.15%	5,400,000
6	대한항공	31,200	167	4.97%	5,210,400
7	LG디스플레이	23,200	225	4.98%	5,220,000
8	넷마블	103,500	50	4.94%	5,175,000
9	에스엠	32,150	162	4.97%	5,208,300
10	펄어비스	192,000	27	4.95%	5,184,000
11	LG화학	410,000	13	5.09%	5,330,000
12	신라젠	98,000	54	5.05%	5,292,000
13	텔콘RF제약	14,500	360	4.98%	5,220,000
14	유진기업	8,350	625	4.98%	5,218,750
15	인바디	17,500	297	4.96%	5,197,500
16	파라다이스	21,500	243	4.99%	5,224,500
17	토니모리	14,500	359	4.97%	5,205,500
18	청담러닝	28,600	183	4.99%	5,233,800
19	에이블씨엔씨	18,000	290	4.98%	5,220,000
20	LG유플러스	12,000	434	4.97%	5,208,000

포트폴리오 리밸런싱을 통해 새롭게 구성된 포트폴리오입니다. 이를 그대로 다시 조정 전 포트폴리오 시트로 옮겨서 작성하거나, 추가로 편입할 종목 혹은 제외할 종목이 있다면 이 단계에서 조정한 이후 조정 전 포트폴리오 시트로 옮겨 작성하시면 됩니다.

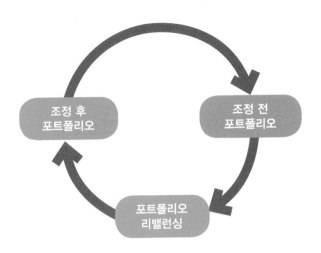

앞서 말했듯, 위 3가지 과정이 지속적으로 순환하게 되면서 포트폴리오가 운영 되는 것입니다.

④ 포트폴리오 수익률 현황표

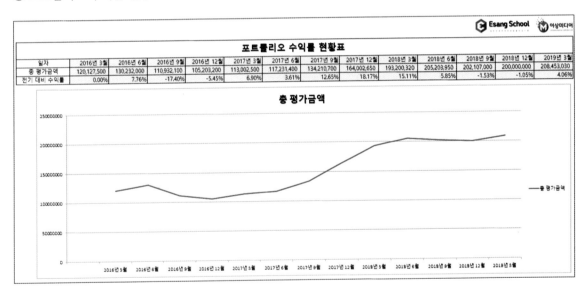

포트폴리오 수익률 현황표

일자	2016년 3월	2016년 6월	2016년 9월	2016년 12월	2017년 3월	2017년 6월	2017년 9월	2017년 12월	2018년 3월	2018년 6월	2018년 9월	2018년 12월	2019년 3월
총 평가금액	120,127,500	130,232,000	110,932,100	105,203,200	113,002,500	117,231,400	134,210,700	164,002,650	193,200,320	205,203,950	202,107,000	200,000,000	208,453,030
전기 대비 수익률	0.00%	7.76%	-17.40%	-5.45%	6.90%	3.61%	12.65%	18.17%	15.11%	5.85%	-1.53%	-1.05%	4.06%

위 과정을 거치게 되면 리밸런싱 주기마다 전체 투자금액의 증가와 감소를 확인할 수 있습니다. 이를 포트폴리오 수익률 현황표 시트에 기입하여 한눈에 볼 수 있습니다.

양음양 매매 끝장내기

양음양 법칙은 많은 투자자들이 사용하고 있는 법칙입니다. 이는 주가가 싱승하면서 양봉, 음봉, 양봉의 순서로 캔들을 만드는 패턴을 말합니다. 장대양봉은 아무나 만들 수 있는 캔들이 아닙니다. 큰 자금을 가진 주체만이 만들 수 있는 것이 바로 장대양봉이죠.

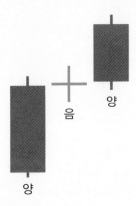

그러나 주가가 강하게 상승하더라도 하루도 빠짐없이 상승추세를 지속하기란 쉽지 않은 일입니다. 그래서 쉬어가는 구간이 필요하고, 이는 양음양 패턴으로 나타나게 됩니다. 이 과정에서 큰 자금을 가진 주체는 개인투자자들의 실망 매물을 받으며 추가 상승을 준비합니다. 따라서 음봉이 나오는 구간에서 큰 자금을 가진 주체와 함께 매수하게 된다면 큰 수익을 낼 수 있는 기회를 잡는 것이죠.

양음양이 나온다고 해서 모두 주가가 상승하는 것이 아니기에 다음 조건을 잘 따져봐야 합니다.

❶ 첫 번째 양봉은 장대양봉으로 형성되는 것이 좋습니다. 꼭 장대양봉이 아니더라도 대량 거래가 발생한 양봉이라면 양음양의 첫 번째 양봉으로 볼 수 있습니다.

❷ 두 번째 음봉이 전일 양봉의 종가를 지켜준다면 신뢰도 높은 양음양 패턴이 될 수 있습니다.

❸ 두 번째 음봉에서 주가가 하락하더라도 전일 양봉의 50%를 지켜줘야 합니다. 그렇지 않다면 손절매를 하는 것이 바람직합니다.

❹ 두 번째 음봉에서는 거래량이 크게 감소하는 것이 신뢰도가 높습니다.

❺ 양음양 패턴에서 양음음양이 나오기도 합니다. 세 번째 캔들에서 음봉이 나올 때 전일 음봉과 유사한 가격과 적은 거래량이 나올 때만 동일하게 양음양 패턴으로 해석할 수 있습니다.

❻ 세 번째 캔들에서 나오는 양봉은 전일 음봉의 최저가를 지지해야 합니다. 전일 최저가를 이탈한다면 상승세가 약한 것으로 보고 매도하는 것이 좋습니다.

❼ 양음양 패턴에서 세 번째 나오는 양봉은 첫 번째 양봉보다 더 크게 나타납니다.

▶ 양음양 매매 사례 ①

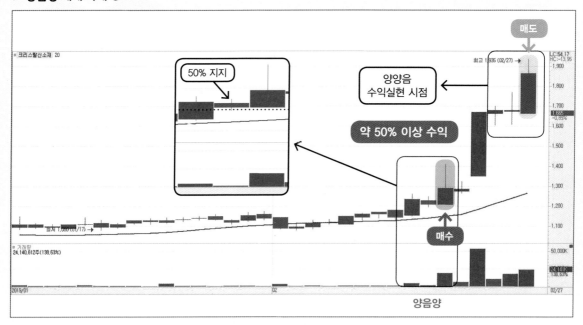

50% 지지

매도

양양음
수익실현 시점

약 50% 이상 수익

매수

양음양

▶ 양음양 매매 사례 ②

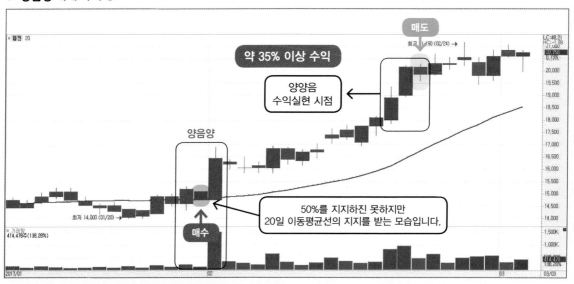

약 35% 이상 수익

매도

양양음
수익실현 시점

양음양

매수

50%를 지지하진 못하지만
20일 이동평균선의 지지를 받는 모습입니다.

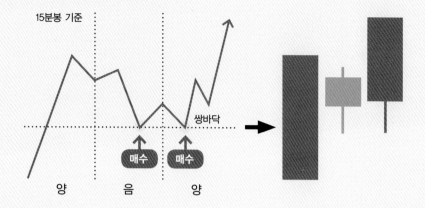

① 두 번째 음봉의 종가 부근이나 첫 번째 양봉의 50%를 지지한다면 매수하기에 적합한 지점이 됩니다.

② 두 번째 음봉에서 매수하지 못했다면 세 번째 양봉의 15분봉 기준으로 쌍바닥이 형성되는 것을 확인하고 매수하는 것이 좋습니다.

③ 매수 이후 양양음의 모습을 보여준다면 단기적인 관점에서 수익을 실현하고 다시 공략하는 것이 좋습니다.

④ 두 번째 음봉에서 첫 번째 양봉의 50%를 지지하지 못하더라도 20일 이동평균선이 아래에 두고 지지받는다면 매수할 수 있는 지점이 됩니다.

PART 09에서는 …

실전투자로 가는 마지막 단계인 '복기'에 대해 알아볼 예정입니다. 복기의 중요성과 복기를 하는 방법 중 하나인 매매일지 작성법을 알아보고, 매매일지 엑셀 양식 작성 방법도 함께 알아보도록 해요!

PART

09

돌아보기

실패에 교훈이 담겨있다

CHAPTER 01

– 양봉이, 음봉이, 개선 선생이 입장하셨습니다. –

개선 선생

벌써 마지막 시간이네요!

양봉이

맞아요. 주식투자가 무엇인지 배우던 때가 바로 어제 같은데요.

음봉이

이제 저희는 주식투자해서 성공하는 일만 남은 것 같죠?

개선 선생

성급한 생각입니다! 주식투자에 대한 지식은 알고 있다고 해서 끝나는 것이 아니에요.

주식투자는 공부를 통해 알고, 경험을 통해 익히고, 복기를 통해 체득하는 것이 중요합니다. 그럼 복기하는 법에 대해 알아보도록 해요!

1. 오늘의 패자만이 내일의 승자가 될 수 있다

복기 ⁴ 復棋/復碁

발음   [복끼] 🔊 🔊

파생어   복기-하다²

표준국어대사전   고려대한국어대사전   우리말샘   >

명사

1. 운동 바둑에서, 한 번 두고 난 바둑의 판국을 비평하기 위하여 두었던 대로 다시 처음부터 놓아 봄.

   비가 오는 날은 바둑판 앞에 앉아 명대국집을 펴 놓고 혼자 복기를 하거나....

   출처 <<김원일, 불의 제전>>

주식투자에 대한 이야기를 하다가 '갑자기 웬 복기?'라는 의문이 들 수도 있습니다. 바둑에서 한 번의 대국을 하고 난 뒤, 다시 바둑을 두었던 대로 처음부터 놓으면서 어떤 실수가 있었는지, 좋은 한 수가 어디였는지 등을 파악하는 것을 복기라고 합니다. 바둑 기사들도 복기 없이 그저 바둑만 둔다면 필시 좋은 기사가 될 수 없습니다.

주식투자에 있어서도 복기란 굉장히 중요한 요소 중 하나입니다. 많은 초보 투자자들이 주식서적 몇 권과 인터넷에서 주식과 관련된 글 몇 개만 읽고 주식투자를 시작합니다.

조훈현 프로

"승리한 대국의 복기는 이기는 습관을 만들어주고, 패배한 대국의 복기는 이기는 준비를 만들어준다. 복기는 바둑에만 국한되지 않는다. 특히 승부의 세계에서 복기는 기본이다."

물론 주식과 관련된 공부를 하는 것은 중요하죠. 하지만 그보다 더 중요한 것은 배운 것을 실천하고 기록으로 남기는 것입니다. 기록으로 남기지 않는다면 웅덩이의 물이 말라가듯, 투자를 통해 배울 수 있었던 것들이 다 날아가 버리는 것과 같습니다. 또한, 투자 성과가 좋지 않은 사람은 자신이 어떤 실수를 했는지 정확히 알지 못해 그 실수에서 벗어나지 못하게 됩니다. 운이 좋아 투자 성과가 좋았던 사람은 그 사례에 묶여 차후에 큰 손실을 입게 될 수도 있죠. 그래서 바둑 대국을 복기하듯 주식투자도 거래 하나 하나를 되돌아 보고 배울 수 있어야 합니다.

사실 개인투자자들이 매매일지를 작성하는 것은 어려운 일입니다. 그 이유는 크게 3가지로 볼 수 있습니다.

첫 번째, 귀찮음 때문입니다. 사람들은 무언가 꾸준히 하는 것을 어려워합니다. 특히 동기가 없는 행동은 더 그렇죠. 아마 개인투자자들 중 매매일지를 꼭 작성해야 한다고 생각하는 투자자는 극소수일 것입니다.

두 번째, 방법을 모르기 때문입니다. 매매를 하며 어떤 부분을 어떻게 기록해야 하는지 작성법을 모르는 투자자가 많습니다. 갑자기 매매일지를 쓰려고 하면 막막함이 앞서 포기하고 말죠.

마지막으로 매매일지를 작성하는 것은 고통스럽기 때문입니다. 투자 손실을 본 날에 매매일지를 작성하는 것은 더욱 힘들 것입니다. 특히 매매일지의 필요성을 느끼지 못하고 있을 때 자신의 손실을 복기한다는 것은 큰 아픔으로 다가오게 됩니다.

대부분의 투자자가 매매일지를 작성하지 않고, 실천에 어려움을 느낍니다. 하지만 그럴 때일수록 더 열심히 매매일지를 작성해야 합니다. 조훈현 프로의 말처럼 자신의 실수를 파악하고 이를 하나씩 고쳐나감에 따라 투자 성과는 점점 더 좋아질 것입니다.

*

"아파도 뚫어지게 바라봐야 한다. 아니 아플수록 더욱 예민하게 들여다봐야 한다. 실수는 우연이 아니다. 실수를 한다는 건 내 안에 그런 어설픔과 미숙함이 존재하기 때문이다."

― 조훈현 프로

*

2. 어떻게 기록할 것인가?

매매일지의 중요성을 인지하더라도 작성 방법에 대한 막연함 때문에 실천하기가 쉽지 않습니다. 매매일지는 정형화된 양식이 있는 것은 아닙니다. 그러나 매매일지에 포함되어야 할 중요한 요소들은 존재하죠. 이 요소들이 포함된 엑셀 양식을 이상스쿨 홈페이지에서 다운받을 수 있습니다. 매매일지 양식을 다운받았다면 망설이지 말고 지금부터 꾸준히 작성해보시기 바랍니다. 자세한 작성 방법은 다음 챕터에서 함께 알아보겠습니다.

이상스쿨 연결하기

★ 엑셀 양식은 이상스쿨 홈페이지 ▶ 커뮤니티 ▶ 학습자료실 에서 다운로드 할 수 있습니다.

QR코드로 영상 보는 법 p.12 참고!

더 알아보기!

매매일지의 구성 요소

❶ 거래한 종목의 차트

차트는 전혀 보지 않고 기업 가치만 평가하여 투자하는 사람이 아니라면 자신이 거래 했던 종목의 차트는 반드시 캡쳐해서 기록해야 합니다.

일봉을 보고 매매했다면 일봉 차트를, 주봉을 보고 매매했다면 주봉 차트를, 분봉을 봤다면 분봉 차트를 말이죠.

❷ 구체적인 매매 이유 또는 전략

주식을 매매할 때는 항상 그에 상응하는 이유나 전략이 있어야 합니다. 매매일지를 작성하지 않는다면 그저 끌리는 종목을 매수할 수도 있지만, 매매일지를 작성한다면 반드시 구체적인 매수 이유가 있어야 합니다.

만약 저렴한 가격 때문에 매수했다면 매수 이유에 단순히 '저렴한 가격'이라고 적으면 안됩니다. '3년간 지켜왔던 강한 지지선 부근까지 주가가 하락하여 매수에 가담했다'와 같이 명확하고 구체적인 이유를 작성해야 합니다.

❸ 목표 보유기간과 목표 가격 등을 미리 설정

전략을 세워 매수했다면 이후에 추가 매수할 것인가, 손절할 것인가 등에 대한 계획을 세워 기록해야 합니다. 또한, 수익실현을 할 때는 어느 정도의 가격에서 매도할 것인지, 어느 정도 기간을 보유한 뒤 매도할 것인지에 대한 기록을 미리 해야 합니다.

❹ 당시 시장의 주요한 이슈

중요한 경제, 정치 등의 이슈나 변화가 있다면 같이 기록해야 합니다. 주식시장과 종목은 별개 항목이 아니기 때문에 전체 주식시장의 움직임이 개별 종목까지 영향을 미칠 수밖에 없습니다.

시장 분위기, 스스로가 판단하는 호재와 악재, 앞으로 주가가 어떻게 움직일 것인지에 대해 간략히라도 기록하는 것이 필요합니다.

매매 일기장을 작성하라

- 양봉이, 음봉이, 개선 선생이 입장하셨습니다. -

개선 선생

이번 시간에는 매매일지 양식의 사용법을 익히고, 직접 매매일지를 써보면서 본인만의 경험을 쌓아가도록 해요.

음봉이

주식투자는 정말 끝날 때까지 끝난게 아니군요!

양봉이

매매일지를 쓰는게 처음에는 귀찮긴 하겠지만, 정말 도움이 되는 일이겠죠?

개선 선생

반드시 습관으로 만들어야 하는 것이 바로 매매일지입니다. 경험을 배움으로 바꾸는 가장 확실한 방법이죠!

1. 매수일지 작성 방법

▶ 매수일지 작성 양식

Esang School 이상미디어

매수일지

No	일자	종목명	매수가	수량	매수금액	테마 혹은 업종	매매 전략 혹은 매수 이유
예시	2019-01-03	신라젠	72,000	56	4,032,000	바이오	이평 혼조세, 매물대 부담 없음, 구름대 안착 / 70,000원 이탈시 손절 / 목표가 89,000원 / 1달
예시	2019-02-20	휴네시온	7,700	500	3,850,000	보안	화웨이 관련 보안이슈가 있을 것을 예상하고 매수 / 7,000원 이탈시 손절 / 목표가 11,000원
예시	2019-02-21	에스에스알	13,600	300	4,080,000	보안	보안 관련 종목들 상한가 진입으로 후속주 매수 / 5% 수익율 목표로 매수
1							
2							
3							
7							
8							
9							
10							

사실 매매일지를 작성할 때 매수가나 수량, 수익률 등의 항목은 크게 중요하지 않습니다. 매매일지에 있어 가장 중요한 부분은 바로 매매 전략과 매수 이유를 기록하는 것입니다. 이를 잘 기록해둔다면, 투자 성과가 좋았을 때와 그렇지 않았을 때의 이유를 쉽게 알 수 있습니다. 이로 인해 좋은 투자습관은 익히고 나쁜 투자습관은 줄여나갈 수 있습니다.

2. 매도일지 작성 방법

▶ **매도일지 작성 양식**

Esang School 이상미디어

매도일지

No	일자	종목명	매수번호	매도가	수량	평단가	매도금액	실현수익률	손익금액	매도 이유
예시	2019-01-17	신라젠	1	70,000	56	72,000	3,920,000	-2.78%	- 112,000	설정한 손절가에 닿아 손절처리
예시	2019-02-21	에스에스알	3	12,500	300	13,600	3,750,000	-8.09%	- 330,000	매수한 이후 너무 빠르게 하락해 불안한 마음에 매도
예시	2019-02-22	휴네시온	2	10,100	500	8,700	5,050,000	16.09%	700,000	당일 고점을 찍고 음봉으로 밀리기 시작해서 매도
1										
2										
3										
4										
5										
6										
7										
8										
9										
10										
11										

매도일지를 작성할 때도 매도 이유가 가장 중요합니다. 손절을 했다면 원칙에 따른 손절이었는지, 감정적인 손절이었는지를 점검해야 합니다. 반대로 수익을 냈다고 하더라도, 기분에 따라 매도한 것인지, 시장상황에 따른 선택이었는지를 확인하고 기록해야 합니다.

그래서 필요에 따라 시가총액과 같은 종목정보를 추가할 수도 있고, 기존에 추가되어 있는 항목들을 제외하는 등 엑셀 양식을 수정할 수 있습니다.

3. 감정 노트 작성 방법

▶ **감정 노트 작성 양식**

| | | | Esang School | 이상미디어 |

No	일자	당일 매매한 종목	감정기록				
예시	2019-02-21	에스에스알	보안관련 이슈로 라온시큐어가 상한가를 들어간 이후 기존 보유주 휴네시온까지 상한가에 진입하여 흥분, 종목에 대한 정확한 정보를 파악하지 않고 조급한 마음에 에스에스알을 매수하였지만, 매수한 시점부터 주가가 하락하여 불안한 마음에 전량 매도.. / 기준 없이 감정에 따라서 매수 매도 한 날				
1							
2							
4							
5							
6							
7							
8							

투자자의 심리에 따라 투자 성과가 좋지 않은 기간도 있을 수 있습니다. 이럴 때 매매일지나 감정 노트를 작성하지 않고 무작정 투자를 하다 보면, 매매전략이 잘못된 것인지, 종목 선정이 실수였는지, 감정적인 매매 때문인지 알 수 없게 됩니다. 그래서 감정 노트는 매일 혹은 정기적으로 작성하기보다는 이슈가 있을 때마다 일기를 쓰듯이 편안하게 작성하는 것이 좋습니다.

해당 일자와 당일 매매한 종목이 있다면 그 종목을 기입하고, 그날 매매하면서 느꼈던 감정을 자유롭게 작성하면 됩니다. 당시 감정 상태와 그 감정으로 인해 어떤 행동을 했는지, 그 결과가 어떠했는지 등을 기록해 이후에도 같은 실수를 반복하지 않도록 해야 합니다.

우리에게 '유종의 미'라는 말로 더 잘 알려진 고사성어인 '유종지미'라는 말이 있습니다. 이는 일을 시작하는 것보다 더 중요한 것이 끝맺음을 잘 하는 것을 뜻하는 말입니다. 지금까지 종목 선정부터 매수와 매도, 투자전략 등 주식투자를 할 때 꼭 알아야 할 내용을 배웠습니다.

이를 실전 매매에서 잘 활용하는 것이 성공적인 주식투자의 시작이라면, 꾸준한 매매일지 작성은 주식투자의 마무리를 짓는 일입니다.

유종의 미를 잘 거두어 성공적인 투자자로 거듭나길 바랍니다.

특별부록

1

급등주 찾기
훈련 차트
50선

예쁜 차트를 많이 봐야 급등주를 잘 찾을 수 있습니다.
아래에 제시된 급등주 차트를 매일매일 반복해서 보며, 급등주 찾는 훈련을 하시기 바랍니다.

①

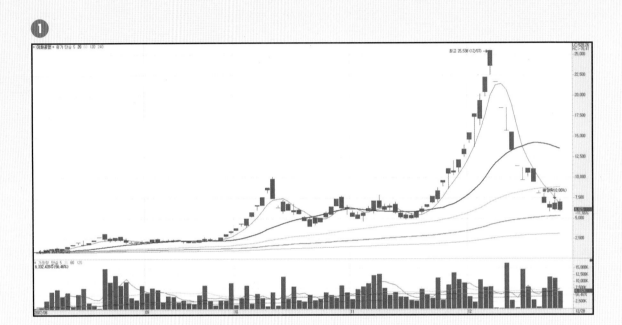

②

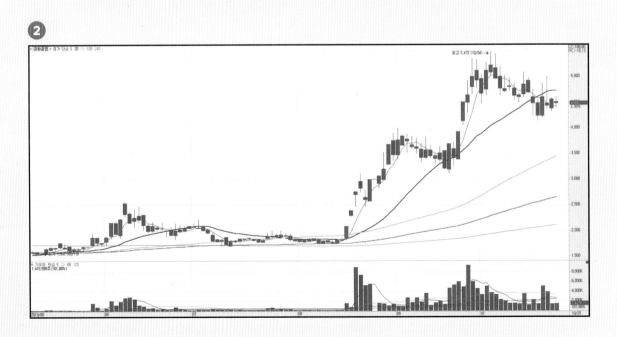

❸

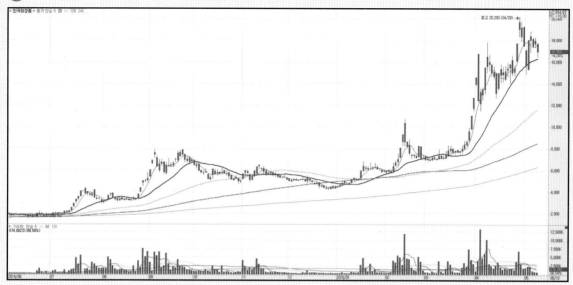

❹

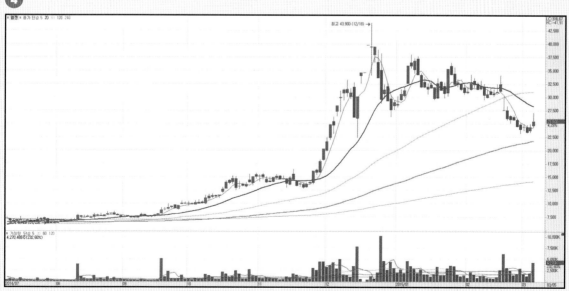

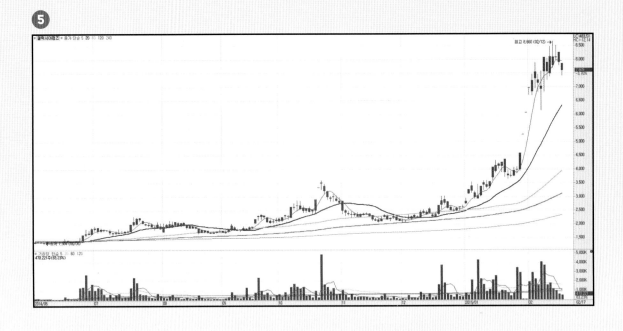

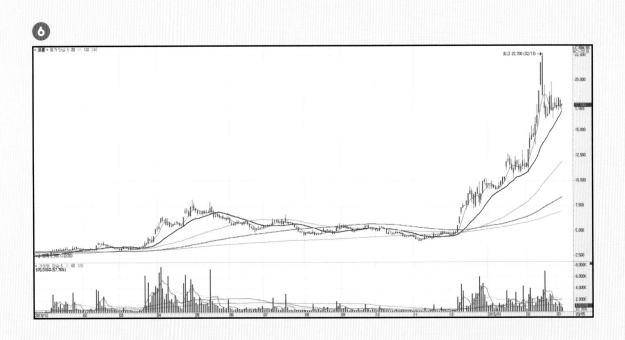

❼

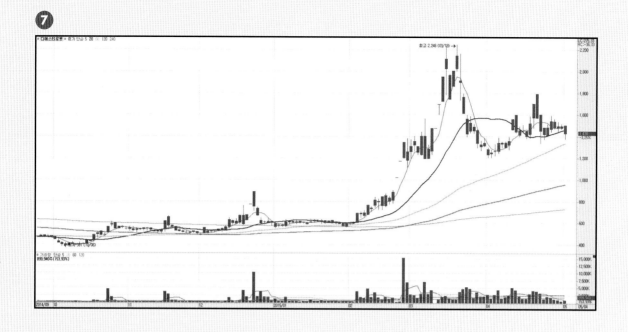

❽

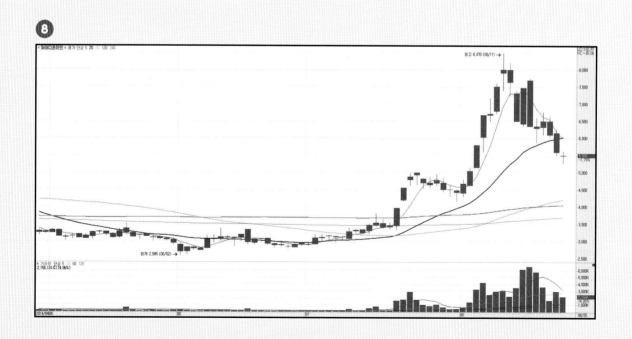

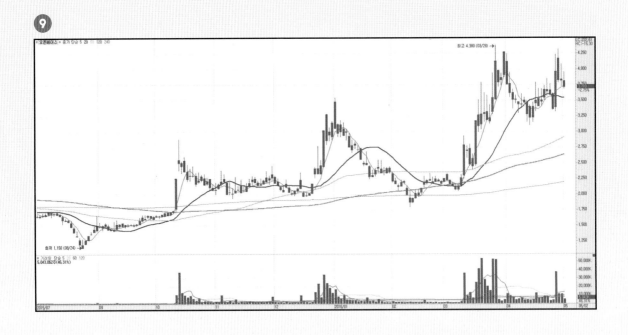

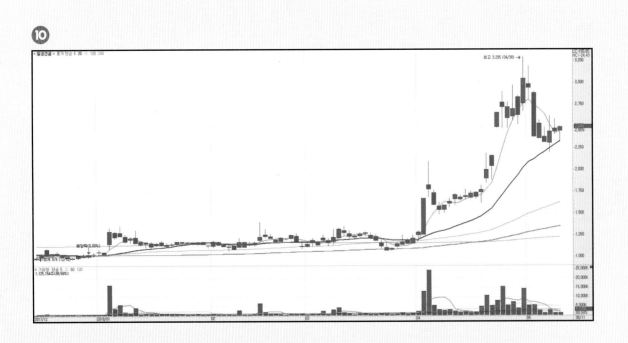

⑪

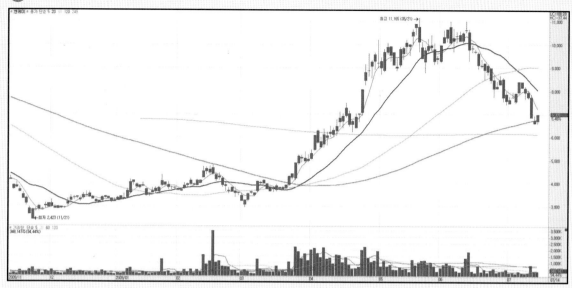

⑫

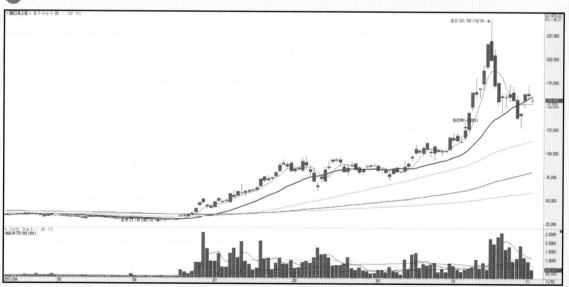

⓭

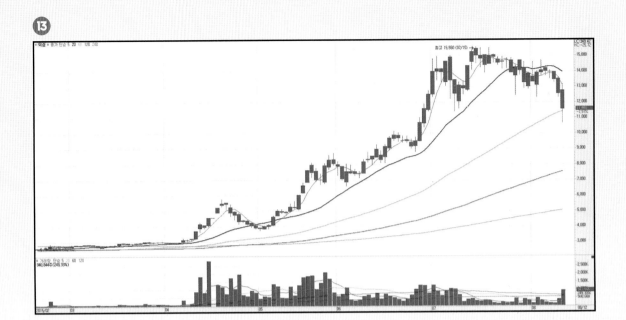

⓮

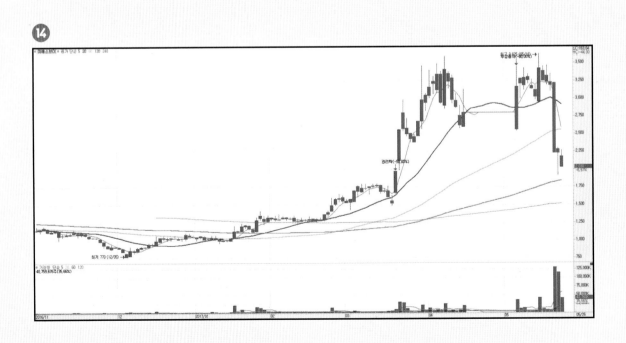

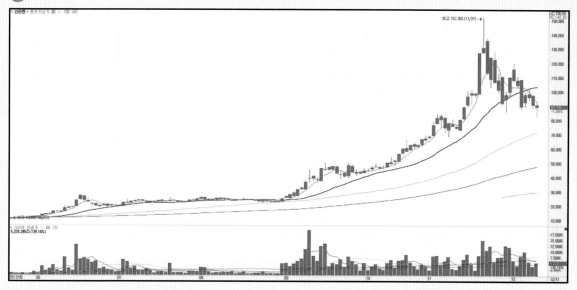

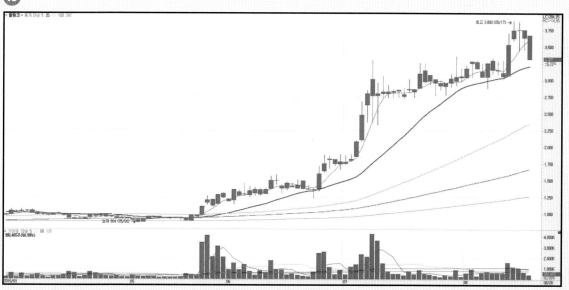

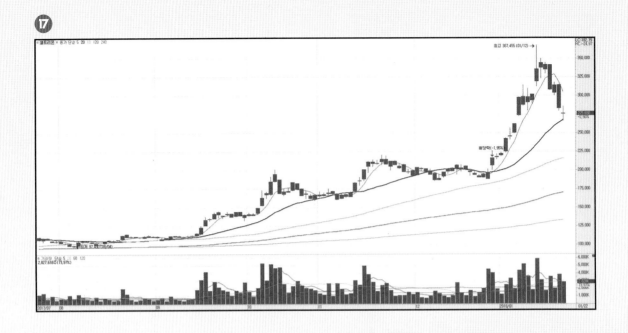

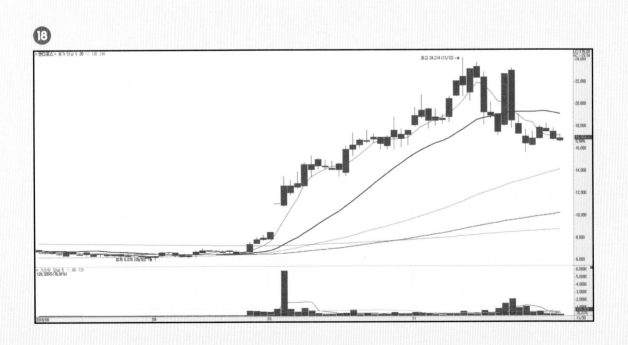

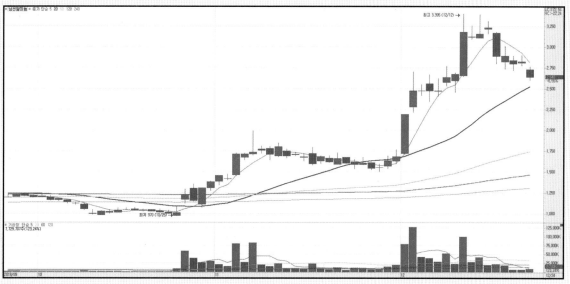

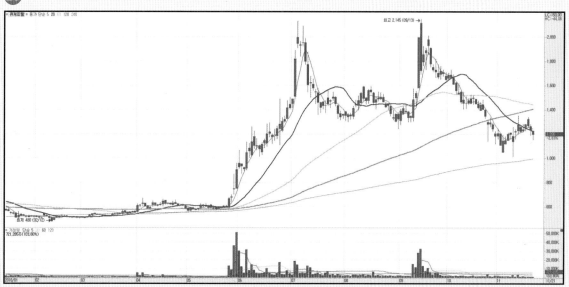

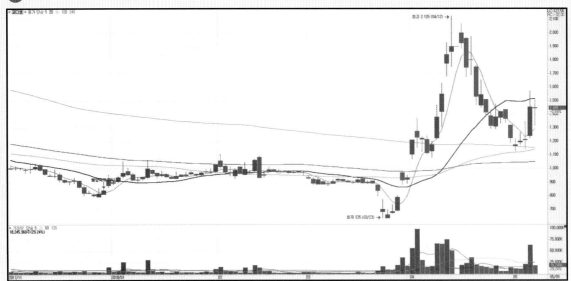

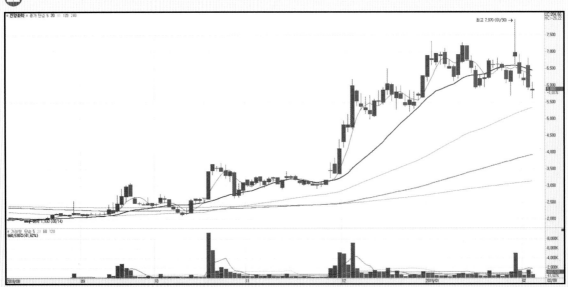

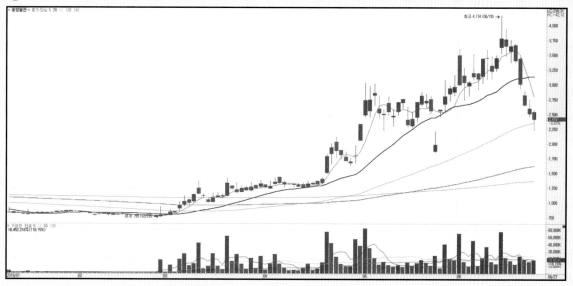

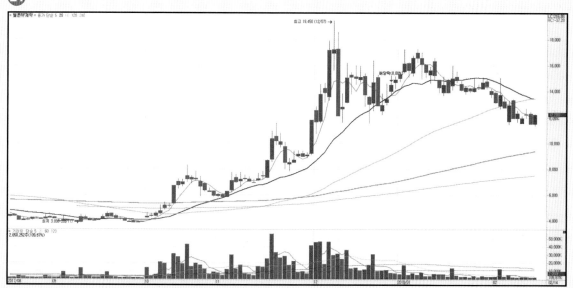

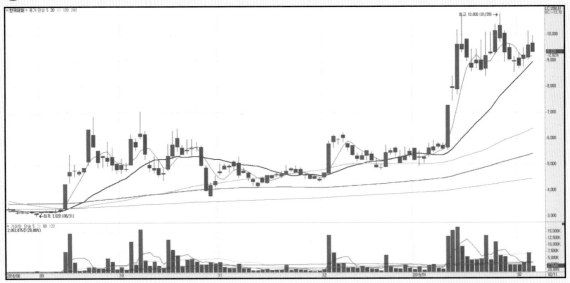

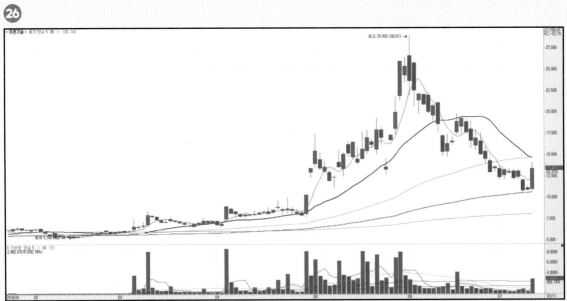

27

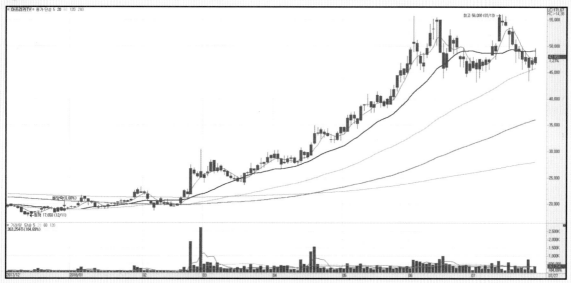

28

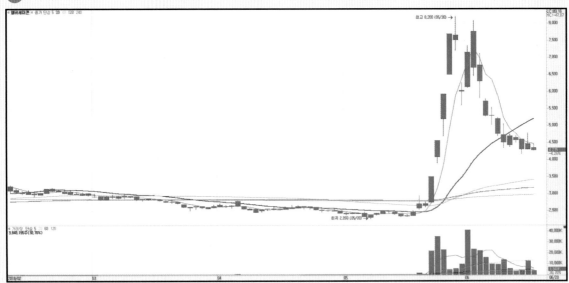

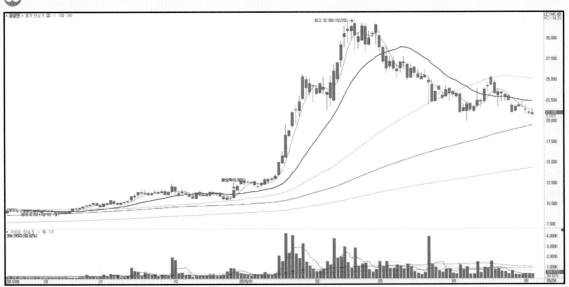

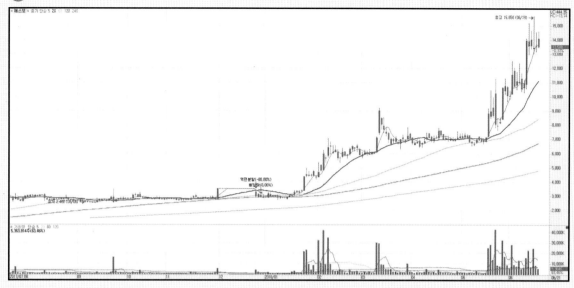

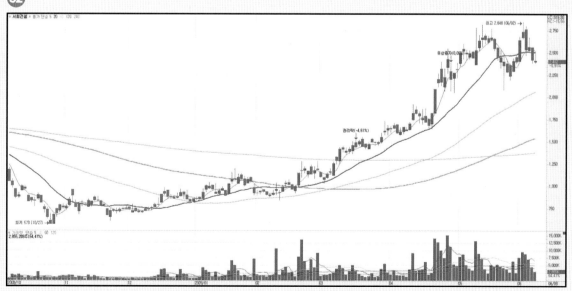

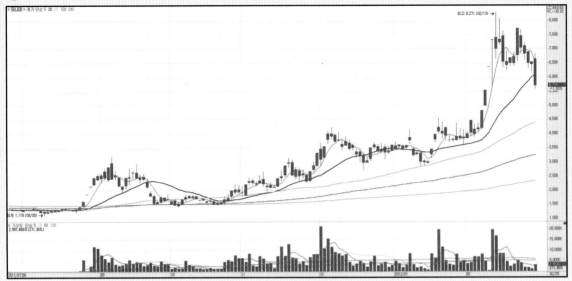

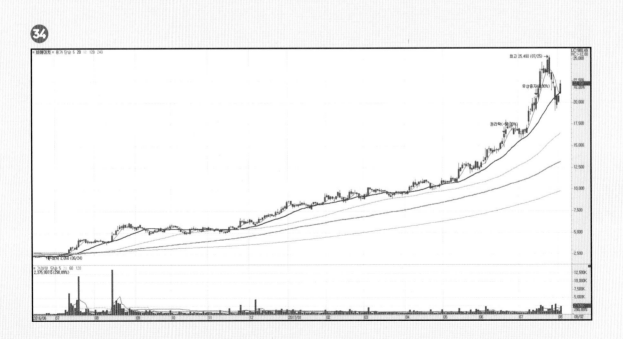

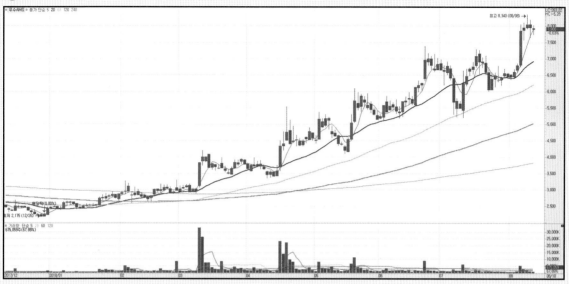

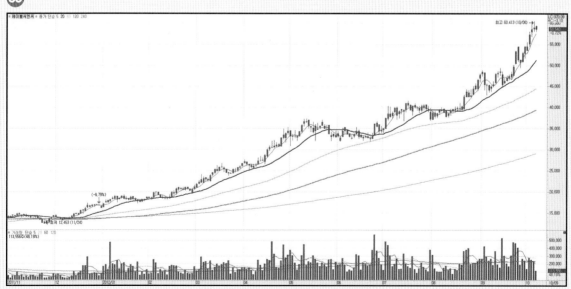

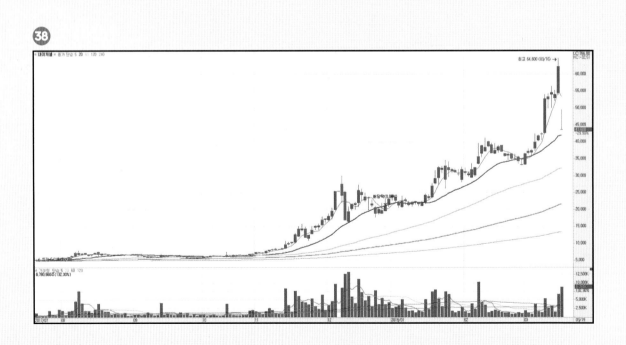

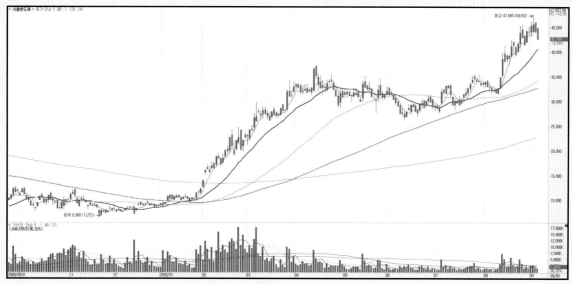

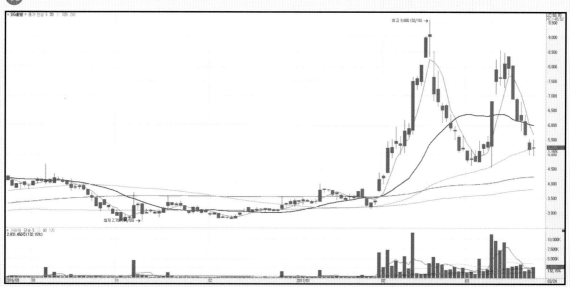

41

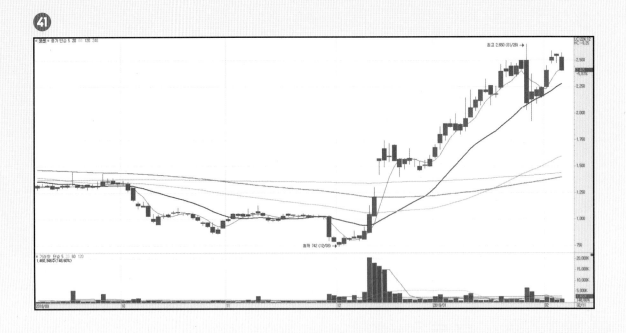

42

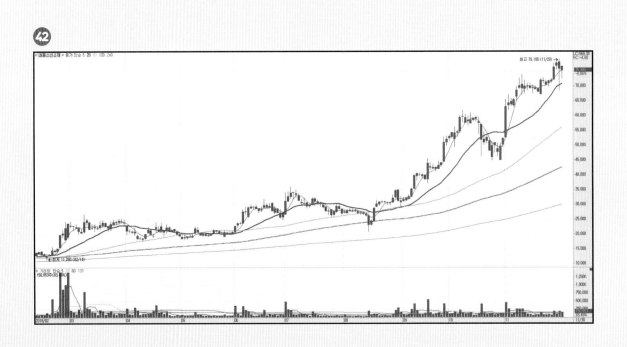

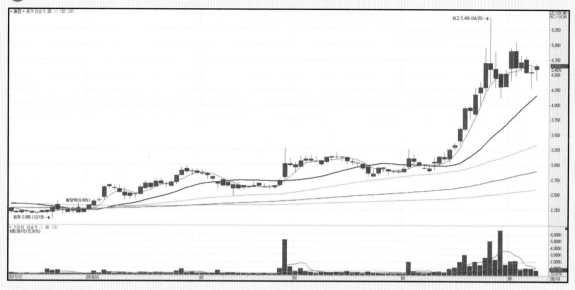

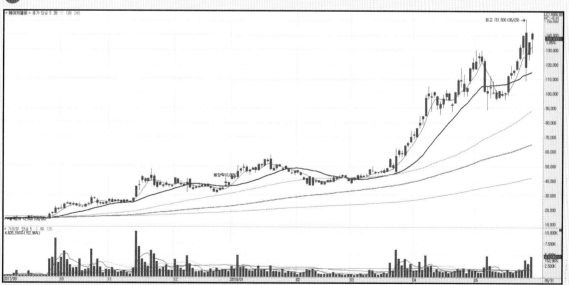

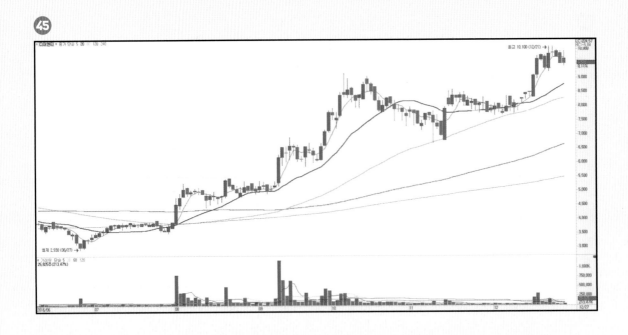

45

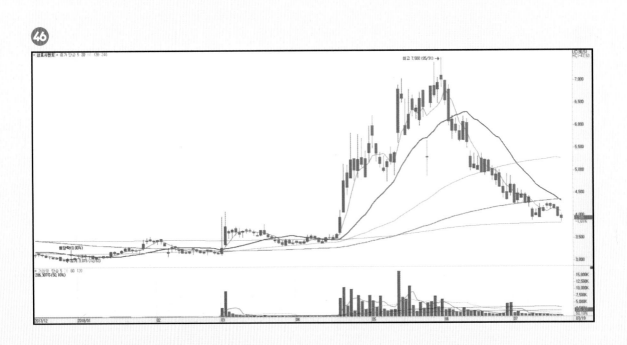

46

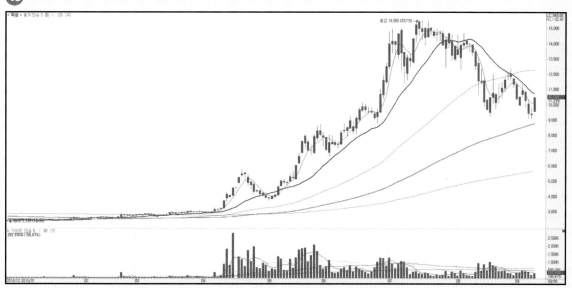

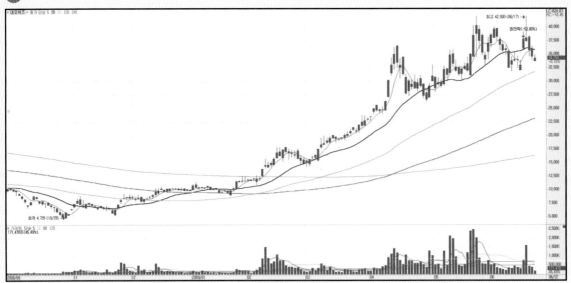

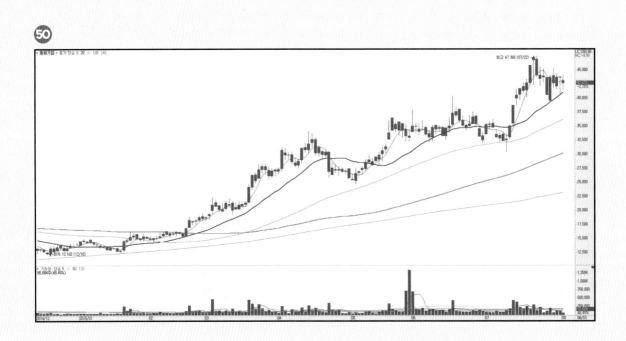

특별부록

2

고수의
실전 검색기
15개

1. 낙폭과대 대형주 엔벨로프 검색기

1. [일]0봉전 Envelope(20,10) 종가가 Envelope 하한선 3% 이내 근접
2. 시가총액 : 현재가기준 500십억원 이상
3. 영업이익률 : 최근3년평균 1% 이상
4. 부채비율 : 최근결산 150% 이하
5. 유동비율 : 최근결산 100% 이상

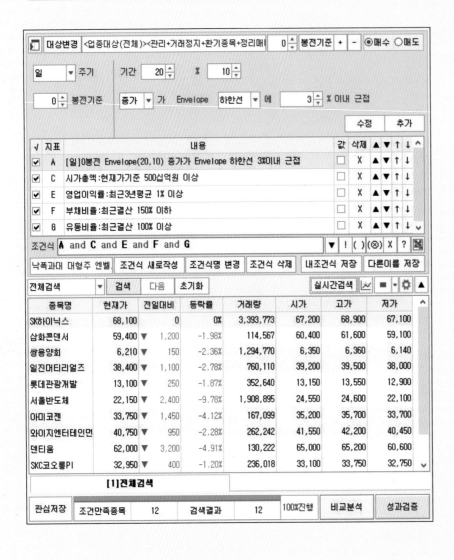

2. 매물대 돌파 검색기

1. 20일 매물대 상향 돌파
2. 5일 매물대 상향 돌파
3. 전일거래량대비 금일 첫 60분봉 거래량 50% 이상
4. 시가총액:현재가기준 50십억원 이상
5. [일] 거래량:50000 이상 50000000 이하

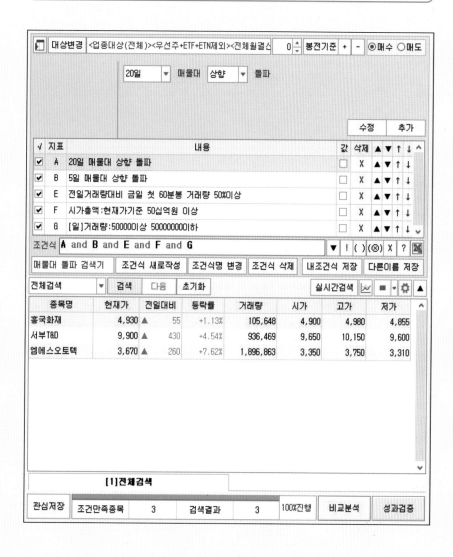

3. 정배열 초기 검색기

1. 주가이평배열(3):[일]0봉전 5이평 ≥ 20이평 ≥ 60이평
2. 주가이평배열(3):[일]0봉전 5이평 ≥ 20이평 ≤ 120이평
3. 주가이평배열(3):[일]0봉전 5이평 ≥ 20이평 ≤ 2400이평
4. 시가총액:현재가기준 50십억원 이상
5. 영업이익률:최근3년평균 5% 이상
6. [일] 거래량:50000 이상 999999999 이하

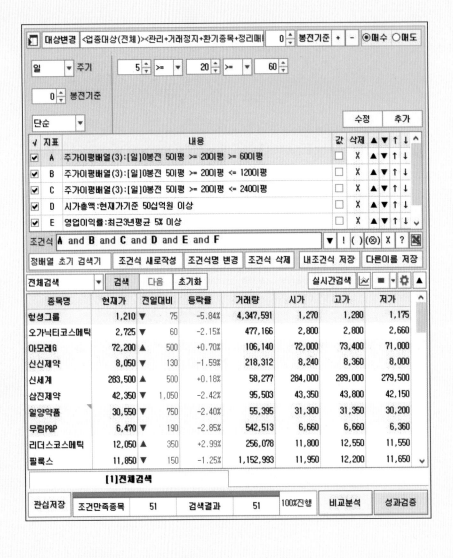

4. 전일대비 거래량 폭증 검색기

1. [일] 0봉전 20봉중 신고거래량
2. [일] 1봉전 거래량 50000 이상 999999999 이하
3. 전일거래량대비 금일 첫 10분봉 거래량 50% 이상
4. 주가등락률:[일] 1봉전(중) 종가대비 0봉전 종가등락률 1% 이상
5. 시가총액:현재가기준 50십억원 이상
6. 영업이익률:최근3년평균 5% 이상

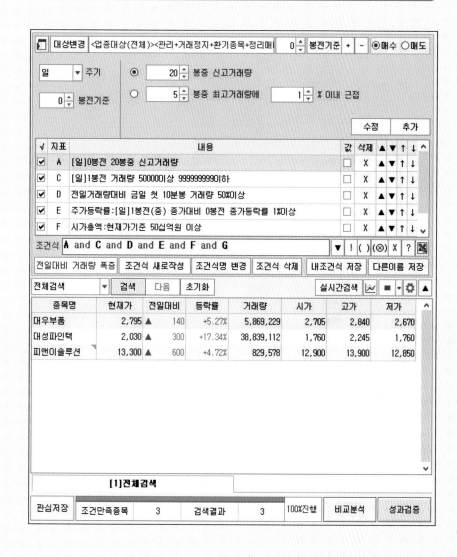

5. MACD 단타 검색기

1. [일] 0봉전 MACD Osc(12,26,9) 3봉 연속 추세유지 후 상승반전
2. [일] 0봉전 MACD Osc(12,26,9) 0선 이하
3. [일] 거래량 : 50000 이상 999999999 이하
4. 시가총액 : 현재가기준 50십억원 이상
5. 영업이익률 : 최근3년평균 5% 이상

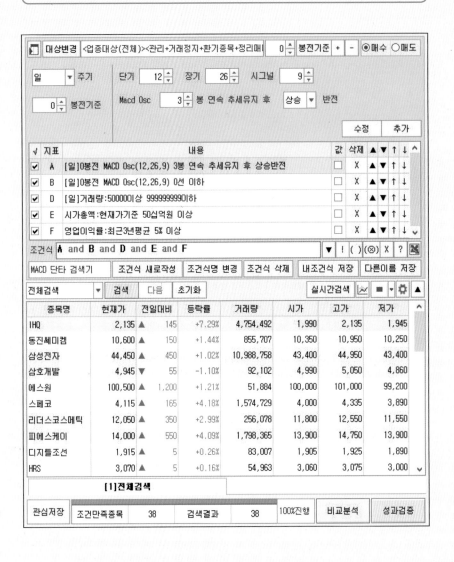

6. 17/20지수이평 크로스 검색기

1. 주가이평돌파 : [일] 0봉전 (종가 17)이평 (종가 20)이평 골든크로스
2. [일] 거래량 : 50000 이상 999999999 이하
3. 시가총액 : 현재가기준 50십억원 이상
4. 영업이익률 : 최근3년평균 5% 이상
5. 부채비율 : 최근결산 150% 이하
6. 유동비율 : 최근결산 100% 이상

※ 1번 조건은 단순 이평이 아닌 지수이평으로 설정해야 합니다.

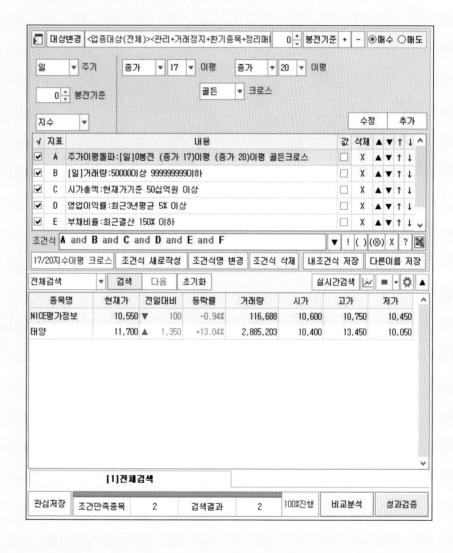

7. 정적 VI 실시간 검색기

1. 변동성완화장치:[전체] [전체] VI 종류 : 정적, 상태 : 발동
2. 이평이격도:[15분] 0봉전(종가 1, 종가 60) 3% 이내 근접 1회 이상
3. [일] 거래량:50000 이상 999999999 이하
4. 시가총액:현재가기준 50십억원 이상

※ VI가 발동되어 있는 상태만 검색되기 때문에 실시간 검색을 통해 장 중에 사용할 수 있습니다.

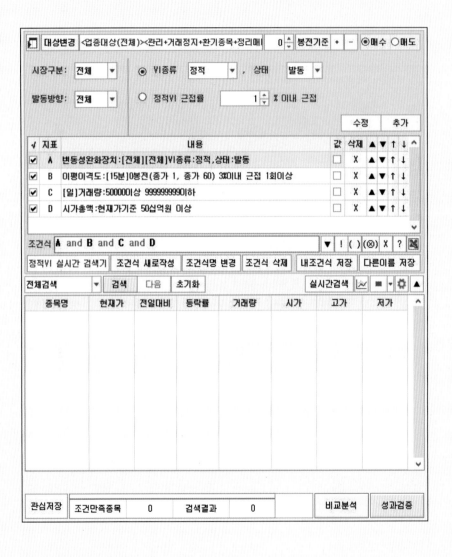

8. 시가 갭 시초가 공략 검색기

1. [일] 0봉전 종가시가기준 상승갭 3% 이상
2. [일] 거래량 : 50000 이상 999999999 이하
3. 시가총액 : 현재가기준 50십억원 이상
4. 영업이익 : 최근분기 1억원 이상

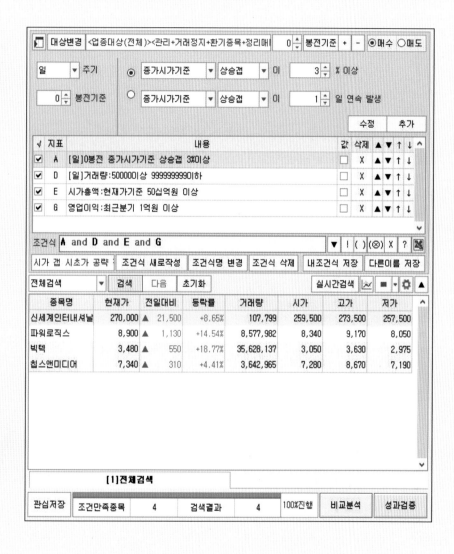

9. RSI 검색기

1. [일] 0봉전 RSI(14) 30 상향돌파
2. [일] 거래량 : 50000 이상 999999999 이하
3. 시가총액 : 현재가기준 50십억원 이상
4. 영업이익률 : 최근결산 5% 이상

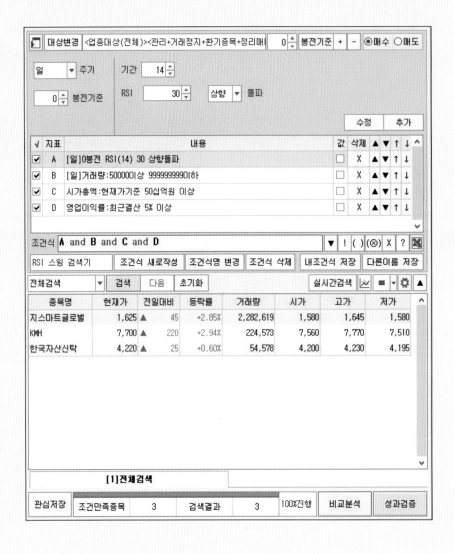

10. 일목균형 후행스팬 돌파 검색기

1. [일] 0봉전 일목균형표(9, 26, 52) 후행스팬이 주가 근접률 2% 이내
2. [일] 0봉전 일목균형표(9, 26, 52) 전환선 기준선 근접률 2% 이내
3. [일] 0봉전 일목균형표(9, 26, 52) 1봉이내 전환선 기준선 상향돌파 후 지속
4. [일] 거래량 : 50000 이상 9999999999 이하
5. 시가총액 : 현재가기준 50십억원 이상
6. 영업이익률 : 최근3년평균 5% 이상

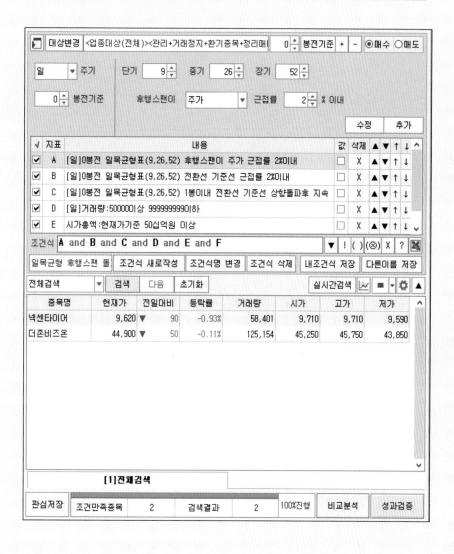

11. 외국인매집 우량주 검색기

1. 전일까지 5일 연속 외국인지분율 상승발생
2. ROE : 최근3년평균 15% 이상
3. 유동비율 : 최근결산 100% 이상
4. 부채비율 : 최근결산 90% 이하
5. 영업이익증가율 : 최근3년평균 증감률 2% 이상
6. 시가총액 : 현재가기준 500십억원 이상

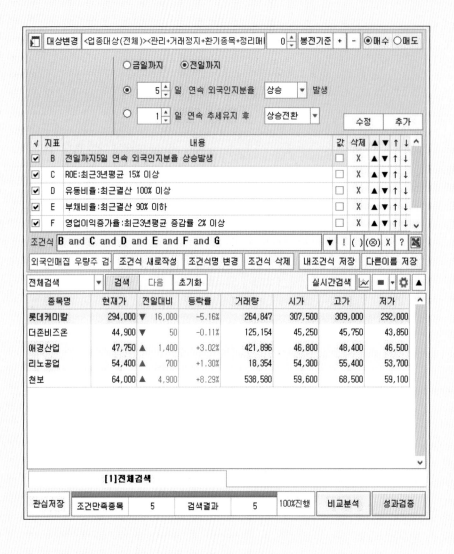

12. 저평가된 기업 검색기

1. PER : 최근결산 10배 이하
2. PBR : 최근결산 1배 이하
3. 부채비율 : 최근결산 100% 이하
4. 유동비율 : 최근결산 100% 이하
5. 영업이익률 : 최근결산 10% 이상
6. EV/EBITDA : 최근결산 5배 이하

√	지표	내용	값	삭제				
✓	A	PER:최근결산 10배 이하	☐	X	▲	▼	↑	↓
✓	B	PBR:최근결산 1배 이하	☐	X	▲	▼	↑	↓
✓	C	부채비율:최근결산 100% 이하	☐	X	▲	▼	↑	↓
✓	D	유동비율:최근결산 100% 이상	☐	X	▲	▼	↑	↓
✓	E	영업이익률:최근결산 10% 이상	☐	X	▲	▼	↑	↓

조건식 **A and B and C and D and E and F**

저평가 된 기업 | 조건식 새로작성 | 조건식명 변경 | 조건식 삭제 | 내조건식 저장 | 다른이름 저장

전체검색 ▼ | 검색 | 다음 | 초기화 | 실시간검색

종목명	현재가	전일대비	등락률	거래량	시가	고가	저가
풍산홀딩스	37,650 ▼ 150	-0.40%		456	37,800	37,900	37,200
대한유화	153,000 ▲ 1,000	+0.66%		11,659	153,000	156,500	152,500
우진아이엔에스	10,350 ▲ 470	+4.76%		181,582	9,880	10,600	9,810
롯데케미칼	281,000 ▲ 3,000	+1.08%		47,373	280,000	286,500	279,000
서한	2,005 ▲ 10	+0.50%		366,495	2,015	2,045	1,980
경동인베스트	38,300 ▼ 150	-0.39%		884	38,450	38,700	38,050
하이록코리아	16,800 ▲ 350	+2.13%		4,390	16,550	16,800	16,500
동원개발	4,280 ▼ 10	-0.23%		35,527	4,250	4,290	4,250
삼목에스폼	12,150 ▲ 150	+1.25%		13,226	11,900	12,250	11,850
디씨엠	11,000 0	0%		966	11,100	11,100	10,950

[1]전체검색

관심저장 | 조건만족종목 69 | 검색결과 69 | 100%진행 | 비교분석 | 성과검증

13. 변동성이 적은 기업 검색기

1. 영업이익 : 최근분기 10억원 이상
2. ROE : 최근3년평균 10% 이상
3. 시가총액 : 현재가기준 200십억원 이상
4. 360일 베타계수 0.1 이상 1 이하
5. 영업이익률 : 최근결산 10% 이상

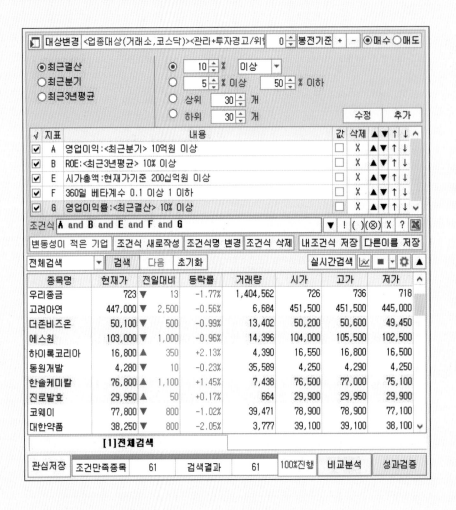

14. 고성장 기업 검색기

1. 매출액증가율:최근3년평균 증감률 50% 이상
2. 영업이익률:최근결산 20% 이상
3. 영업이익률:최근분기 15% 이상
4. 부채비율:최근결산 100% 이하
5. 유동비율:최근결산 100% 이상
6. ROE:최근3년평균 15% 이상
7. 총자본증감률:최근3년평균 증감률 10% 이상

| 대상변경 | <업종대상(거래소,코스닥)><관리+투자경고/위 | 0 | 봉전기준 | + | - | ◉매수 ○매도 |

- ○ 최근결산기의 전년대비 증감률
- ○ 최근분기누적실적의 전년동기대비 증감률
- ◉ 최근3년평균 증감률
- ○ 최근분기실적의 전년동기대비 증감률
- ○ 최근분기실적의 전분기대비 증감률

◉ 50 % 이상
○ 10 % 이상 500 % 이하
○ 상위 30 개
○ 하위 30 개   수정   추가

√	지표	내용	값	삭제	▲	▼	↑	↓
✔	E	영업이익률:최근분기 15% 이상	☐	X	▲	▼	↑	↓
✔	F	부채비율:최근결산 100% 이하	☐	X	▲	▼	↑	↓
✔	H	유동비율:최근결산 100% 이상	☐	X	▲	▼	↑	↓
✔	I	ROE:최근3년평균 15% 이상	☐	X	▲	▼	↑	↓
✔	J	총자본증감률:최근3년평균 증감률 10% 이상	☐	X	▲	▼	↑	↓

조건식 A and D and E and F and H and I and J   ▼ ! ( ) (⊗) X ?

| 고성장 기업 | 조건식 새로작성 | 조건식명 변경 | 조건식 삭제 | 내조건식 저장 | 다른이름 저장 |

전체검색 ▼ | 검색 | 다음 | 초기화   실시간검색 📈 ■ ▼ ⚙ ▲

종목명	현재가	전일대비	등락률	거래량	시가	고가	저가
코휠패션	4,465 ▲	35	+0.79%	140,636	4,445	4,560	4,430
이엘피	12,700 ▼	100	-0.78%	3,268	12,800	12,900	12,600
웹젠	17,050	0	0%	46,100	16,900	17,400	16,850
휴젤	348,100 ▲	10,000	+2.96%	7,624	340,200	348,600	338,100
유티아이	5,410 ▲	50	+0.93%	196,006	5,300	5,480	5,280
민앤지	17,950	0	0%	6,601	17,950	18,100	17,850
메카로	14,050 ▲	300	+2.18%	7,033	13,750	14,200	13,700
브이원텍	18,600 ▲	550	+3.05%	61,880	17,850	18,900	17,850
야스	15,400 ▲	100	+0.65%	15,237	15,100	15,750	15,000

[1]전체검색

| 관심저장 | 조건만족종목 | 9 | 검색결과 | 9 | 100%진행 | 비교분석 | 성과검증 |

15. 실전호전 기업 검색기

1. 영업이익증가율 : 최근분기실적의 전년동기대비 증감률 25% 이상
2. 영입이익증가율 : 최근분기실적의 전분기대비 증감률 25% 이상
3. 영업이익증가율 : 최근분기누적실적의 전년동기대비 증감률 25% 이상
4. 영업이익 : 최근결산 10억원 이상
5. 순이익 : 최근결산 10억원 이상
6. 부채비율 : 최근결산 100% 이하
7. 유동비율 : 최근결산 100% 이상
8. 매출액증가율 : 최근결산기의 전년대비 증감률 20% 이상

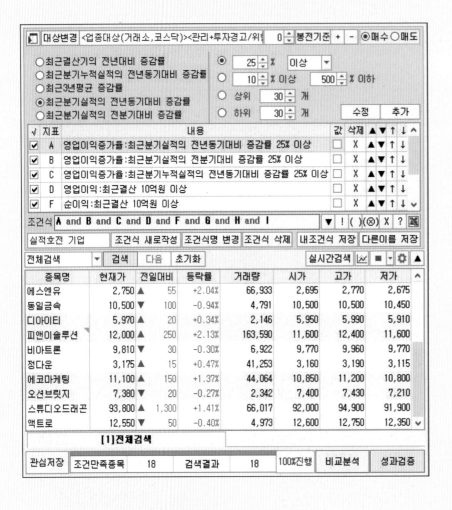